Das Buch

»Nachdenken über Deutschland« ist das Thema dieses Buches, ist die Aufforderung von Günter Gaus, der von 1974 bis 1981 erster Leiter der Ständigen Vertretung der Bundesrepublik in Ost-Berlin war. Gaus stellt die Grundfrage, ob es eine entstaatlichte Identität oberhalb der beiden deutschen Staaten gibt und wie diese sich definieren ließe. Um diese Fragen beantworten zu können, bedarf es einer »Ortsbestimmung« besonders auch des anderen deutschen Staates. Was Gaus in der DDR sah, was er hörte, lernte und empfand, was er an Einsichten gewann in diesen sechs Jahren bei offiziellen und privaten Gesprächen mit den führenden Männern der DDR wie mit ihren Bürgern, auf Reisen durch das Land – das alles wird anschaulich und nuancenreich zur Summe dieses Buches. Die Schilderung der vielfältigen Wirklichkeit des DDR-Alltags verbindet Gaus mit einer Analyse der Bundesrepublik Deutschland und ihres Standorts in bezug auf die offenen deutschen Fragen und das Problem der nationalen Identität. Dabei bewegt ihn die Sorge, die Deutschlandpolitik könnte erneut von Irrationalität bestimmt werden. Dem setzt er mögliche Perspektiven deutsch-deutscher Gemeinsamkeit entgegen und plädiert für eine rationale Phantasie bei der Suche nach Lösungen für die deutsche Frage.

Der Autor

Günter Gaus, geboren 1929 in Braunschweig, wurde nach dem Studium der Geschichte und Germanistik Journalist. Er war Programmdirektor des Südwestfunks, bekannt u. a. durch seine Fernsehinterviews ›Zur Person‹. Von 1963 bis 1973 war er Chefredakteur des ›Spiegel‹. 1973 holte ihn Willy Brandt als Staatssekretär ins Bundeskanzleramt. 1974 ging er als erster Leiter der Ständigen Vertretung der Bundesrepublik Deutschland nach Ost-Berlin. Seit 1981 lebt er als freier Journalist in Hamburg. Veröffentlichungen u. a.: ›Bonn ohne Regierung?‹ (1965), ›Gespräche mit Herbert Wehner‹ (1966).

Günter Gaus:

Wo Deutschland liegt

Eine Ortsbestimmung

Deutscher
Taschenbuch
Verlag

dtv

Ungekürzte Ausgabe
Mit einem Vorwort zur Taschenbuchausgabe
April 1986
Deutscher Taschenbuch Verlag GmbH & Co. KG,
München

ISBN 3-455-08694-2
Umschlaggestaltung: Celestino Piatti
Umschlagfoto: Thomas Höpker, München
Gesamtherstellung: C. H. Beck'sche Buchdruckerei,
Nördlingen
Printed in Germany · ISBN 3-423-10561-5

Inhalt

Meinen Mitarbeiterinnen
und Mitarbeitern
in der Ständigen Vertretung

Vorwort zur Taschenbuchausgabe

Ein Buch erscheint gebunden zwischen harten Deckeln – hardcover sagt der deutsche Verleger heute – und erweckt, wenn es gut geht, eine erste Aufmerksamkeit. In manchen Fällen folgt dem hardcover dann in einigem zeitlichen Abstand eine Ausgabe als Taschenbuch: paperback. So ist es nun auch meinem vorliegenden Buch ergangen. Für den Autor ist diese zweimalige Vermarktung seines Textes eine Genugtuung – aber auch ein Anlaß, noch einmal zu prüfen, was er seinerzeit den Lesern überantwortet hat. Hat es standgehalten den Veränderungen, den Wendungen, die die Zeit mit sich bringt? Natürlich stellt sich diese Frage nicht bei Werken der schönen Literatur, deren Thematik ihren Abschluß, ihre Vollendung in sich selber findet. (Dennoch ist der Gedanke reizvoll, ob vielleicht manche Romane nach einem gewissen Zeitablauf ein anderes Licht auf ihre Figuren geworfen, zu anderen Schlüssen geführt hätten, weil ihre Verfasser beim Älterwerden sich gewandelt haben.) Für Bücher, die – wie meines über die DDR und die Einsichten, die ich in meiner Zeit dort gewann – einen politischen Zustandsbericht geben, gilt die Frage, was etwa zu korrigieren ist, in peinlicher Schärfe. Ich habe also nachgelesen: und halte unverändert an dem Psychogramm fest, das ich über den anderen deutschen Staat, über die Deutschen dort und auch über uns Westdeutsche beim Blick nach *drüben* zu schreiben mich bemüht habe. (Nun bin ich freilich seit dem Erscheinen der gebundenen Ausgabe auch erst gut zwei Jahre älter geworden.)

Der Begriff von der *Nischengesellschaft* in der DDR, den ich in meinem Buch begründet und belegt habe, ist inzwischen allgemein eingeführt; immer öfter begegne ich ihm in anderen Publikationen. Ich benutze die Gelegenheit, noch einmal zu bekräftigen: Die Nischengesellschaft als solche ist keine Besonderheit der DDR, sondern die Tatsache ist wichtig, daß auch drüben, im anderen deutschen Staat, die private Nische der bevorzugte Aufenthaltsort der Bürgerinnen und Bürger ist – wie bei uns, wie überall. Dies dem vorherrschenden westdeutschen Bewußtsein zu vermitteln, bedeutet, eines der stärksten Klischees über die DDR anzugreifen, die hierzulande den Blick über die Elbe hinweg verfälschen: die folgenschwere Vorstellung, in Mecklenburg, in Thüringen, Sachsen und Brandenburg verhindere eine allmächtige, allgegenwärtige Staatspartei das Privatsein der Menschen; dort seien individuelles Glück und Leid, Erfolg und Frustration unablässig überlagert von den ideologischen Vorgaben des gesellschaftlichen Lebens.

Wenn es gelingt, dieses Klischee zu widerlegen, was eine wesentliche Absicht meines Buches ist, so resultiert daraus ein doppelter Nutzen. Zum einen rücken die wirklichen Bedingungen und Umstände des Lebens in der DDR für den hiesigen Betrachter nach vorn, kann er sie ins Auge fassen ohne Scheuklappen. Zum anderen wird die Macht der SED im Bewußtsein der Westdeutschen entdämonisiert, wird sichtbar, welche Möglichkeiten einer Ideologie gegeben sind – und welche Grenzen gezogen. Bedenkt man, wie weit viele Westdeutsche mit ihrem *totalitären Antikommunismus* von nüchtern-normalen Kategorien des politischen Denkens in Europa entfernt sind, dann erhellt sich der nützliche Sinn solcher Entdämonisierung: Sie bewirkt eine Hinwendung zur europäischen Normalität, die wir Deutschen in diesem Jahrhundert so oft verfehlt haben – und in manchem noch immer verfehlen.

Als das Buch zuerst erschien, verwunderte es einige Leser und Rezensenten, daß ich nicht nur über die Menschen in der DDR, das *Staatsvolk der kleinen Leute*, über Honeckers Partei und die Nischen geschrieben, sondern häufig auch einen Seitenblick auf die Befindlichkeiten der hiesigen Deutschen und ihres Staates, der Bundesrepublik, geworfen hatte. Aber es steht im ersten Kapitel: In sechseinhalb Jahren Dienst als erster Leiter der Ständigen Vertretung unseres deutschen Staates bei dem anderen deutschen Staat, vom Juni 1974 bis Januar 1981, habe ich gelernt, daß der eine nicht zu verstehen ist ohne den anderen.

Die Fragen nach der Identität der Deutschen haben in den vergangenen zwei Jahren zugenommen. Und nicht beendet ist – nach meinem Verständnis – jene Entwicklung in Europa, die die Nachkriegsordnung, wie sie aus dem Kalten Krieg hervorgegangen ist, mählich, aber von Grund auf verändert. Der Abschluß der aktuellen Diskussion über neue atomare US-Mittelstreckenraketen in der Bundesrepublik durch den Bonner Stationierungsbeschluß vor zwei Jahren ist trügerisch. Der seinerzeit sichtbar gewordene Trend setzt sich inzwischen, mit entsprechenden Reaktionen der östlichen Seite, in der Entwicklung eines Waffensystems im Weltraum, SDI genannt, fort: eine schrittweise Veränderung des westlichen Bündnisses, der NATO, von einem regionalen Verteidigungspakt in ein Instrument der globalen Strategie der westlichen Vormacht USA. Ist dagegen ein Kraut gewachsen? Kann es ohne Auflösung der Blöcke, was die Stabilität Europas gefährden würde – eine *Reform der Blöcke* westlich und östlich der Elbe geben, die den mittleren und kleinen Staaten des alten Kontinents eine größere Berücksichtigung ihrer von den Weltmächten partiell abweichenden Interessen ermöglichen würde? Im vorliegenden Buch habe ich nach gaullistischen Antworten für Westeuropa, für Westdeutschland gefragt. Seither hat es eine Diskussion gegeben, beispielsweise, über ein etwa zu veränderndes Verteidigungskonzept Frankreichs, das Deutschland in einer anderen Weise als bisher einbezöge. Ich rücke also auch von diesem Teil des Buches, von diesen leise hoffenden Fragen und von den starken Sorgen vor Antworten, die von Kreuzzugsmentalität bestimmt sind, nicht ab.

Eines kann ich an dieser Stelle für die Taschenbuchausgabe hinzufügen: die Nachricht über die erstaunlich weite Verbreitung, die mein Buch bisher schon in der DDR gefunden hat. Es ist drüben nicht erschienen – die Verhältnisse, sie sind nicht so, sie sind noch nicht so –, aber nach meiner Einschätzung ist es auf mancherlei Wegen in einigen hundert Exemplaren in die DDR gelangt. Ich habe mit vielen Lesern dort Gespräche über meinen Bericht, meine Einsichten und meine Schlußfolgerungen führen können. Soweit sie Mitglieder der SED sind, stießen sie sich vor allem an meinem Hinweis auf den alten Adam, die alte Eva, die in den Nischen leben: ein, wie ich meine, verständlicher Schmerz angesichts der ideologisch begründeten, parteiamtlich als gesichert behaupteten Hoffnung auf einen neuen Menschen. Jene Gesprächspartner, die nicht zur Regierungspartei der DDR gehören, haben sich, wie sie mir sagten, in vielen Passagen des Buches wiedererkannt, sind über manche Stellen stutzig geworden und haben andere bezweifelt und bestritten. Aber alle billigten dem Buch zu, daß es ihre Existenz im anderen deutschen Staat, ihre Andersartigkeit im Vergleich zu uns wie ihre Gleichartigkeit trotz aller Unterschiede – daß das Buch dies alles aus den Bedingungen der DDR heraus zu erkennen versuche, und nicht aus dem Bild, das wir uns gewöhnlich in der Bundesrepublik davon machen. Sie fühlten sich ernst genommen. Ich habe aus naheliegendem Grund gezögert, das hier niederzuschreiben. Aber die Reaktion auf das Buch war drüben so, wie hier mitgeteilt; und nichts hat mich seit dem ersten Erscheinen gleichermaßen befriedigt, beglückt.

Frühjahr 1986 Günter Gaus

Altes Unglück

Deutschlands Unglück hat sein volles Maß noch nicht erreicht. Eine lange, gnädige Atempause von gut drei Jahrzehnten, die von vielen hierzulande schon als die endgültige Überwindung des Ungemachs von 1933 und 1945 empfunden wurde, geht zu Ende. Zeichen, daß das unterbrochene Trauerspiel wieder aufgenommen wird, gibt es seit einigen Jahren; anfangs kaum zu erkennen, nun aber immer deutlicher. Werden die Deutschen eher davor weglaufen oder eher den Kopf in den Sand stecken? Wie viele werden in Wolkenkuckucksheime flüchten, und wie viele werden so tun, als sei nichts zu sehen und zu hören? Können wir, wenn Deutschlands Unglück jetzt seinen Fortgang nimmt, wieder gefährlich werden, erst uns selber und dann unseren Nachbarn? Manche jahrzehntealte Selbsttäuschungen über Deutschlands glückliches Geschick seit Kriegsende, seine besondere Tüchtigkeit, seinen wundersamen Wiederaufstieg, seine festgefügte Ordnung sind schon verflogen, nicht ohne Benommenheit zurückzulassen. Andere gefällige Irrtümer der Nachkriegszeit werden zunehmend zu fixen Ideen: je mehr sie als trügerisch entlarvt werden, um so stärker klammern sich viele Deutsche an sie. Das gilt vor allem für den Glauben an das dauerhafte Wohlaufgehobensein Deutschlands in günstigen internationalen Gegebenheiten, die keine lästigen, gefährlichen Veränderungen jemals argwöhnen ließen und ihnen nun doch unterworfen sind.

Es ist kein neues Unglück, das uns trifft. Wir werden zurückgeworfen in alte Probleme, die wir verdrängt hatten. Fragen werden wieder gestellt – einige tastend noch, andere schon fordernd –, auf die wir glaubten, die Antwort schuldig bleiben zu können. Unsere Vergangenheit holt uns ein und sagt, sie werde Deutschlands Zukunft bestimmen. Denn die unter uns irrten, die meinten, wir hätten die seelischen Verheerungen des Nationalsozialismus, in dem die Anomalien des politischen Verhaltens der Deutschen seit nun bald hundert Jahren gipfelten, überwunden. Was wir tief beerdigt zu haben dachten, es war nur obenhin zugedeckt vom stetig wachsenden Sozialprodukt.

Die Feststellung wird nicht hämisch getroffen. Sie ist, im Gegenteil, begleitet von Verständnis dafür, daß die meisten Deutschen – geschundene Schinder – nach dem Währungsschnitt von 1948 ihr politisches Bewußtsein auf die hart verdienten Früchte ihrer besinnungslosen Arbeit beschränkten. Wer wollte da den ersten Stein werfen, nach dem, was vorangegangen war? Überdies ist gänzlich unbestreitbar, daß ohne florierende Ökonomie wenig Staat und Gesellschaft zu machen sind. Der Fleiß war also nötig. Auch wurden die Bewußtseinsverengungen, die mit Beginn der Atempause im Unglück, also seit den fünfziger Jahren, maßgebend wurden, zweckmäßig drapiert. Ein scheinbar funkelnagelneues, tatsächlich aber nur restauriertes deutsches Weltbild entstand, unter dessen glattem Lack die Einsichten und Vorsätze aus der ersten Zeit nach dem Kriege erstickt werden konnten. Das deutsche Wunder fand so auch seinen geistigen Ausdruck, den es haben mußte, damit das schnelle Verkümmern der anderen, besseren Absichten von 1945 nicht eine störende Lücke im frisch gewonnenen Selbstwertgefühl hinterließe. Wir hatten bald alle Etiketten, die wir brauchten, um das Neue, mit dem wir das Unglück des Vaterlands überwunden wähnten, benennen zu können: zum Beispiel die Sozialpartnerschaft samt allem, was ihr angedichtet wurde, nach innen; das moralisch hochstehende Bündnis mit dem Stärksten auf der Welt nach außen. Deutschland seit etwa 1950: ein Treibhaus der Selbsttäuschungen.

Unsere – allmählich nun schon schmerzhaft spürbare – Rückversetzung in die alte geistige Trümmerwelt, in der die Deutschen existierten, als der Nationalsozialismus von außen besiegt worden war, bedeutet natürlich nicht ein Wiederaufleben nationalsozialistischer Werte und Verhaltensweisen; jedenfalls nicht bewußt und offen so deklariert. Von allen Sorgen und Ängsten sind die wegen eines erneuerten Faschismus nach Hitlers Art am geringsten zu veranschlagen. Die Probleme, mit denen wir auf alle absehbare Zeit nun mehr und mehr wieder zu tun haben werden, stammen zwar zum Teil von vor 1945. Aber sie holen uns ein in der Gestalt, wie wir sie nach 1945 unerledigt zurückgelassen haben – als wir uns aufmachten, die materiellen Trümmer zu beseitigen und fast alles andere: Ursachen, Schuld, gute Vorsätze, neue Maßstäbe aus den Augen verloren, sobald die kurzen Besinnungsjahre von 1945 bis 1950 vorüber waren.

Fast vierzig Jahre nach der Niederlage, der Befreiung von 1945, ist kaum noch etwas stimmig von dem, was wir seither im geistigen Überbau unseres Staates und unserer Gesellschaft für wohlfundierten, dauerhaften Besitz angesehen haben. Ratlosigkeit löst Gewißheiten ab; Angst ebenso wie Weltflucht – im heutigen Jargon: aussteigen – sind nicht nur mehr vereinzelte Erscheinungen; Fanatismus und Sektierertum können nicht länger als Kuriositäten abgetan werden. Die tonangebenden, herrschenden Kräfte hierzulande, die in den vergangenen drei Jahrzehnten am meisten von dem treuherzigen Wahn der fleißigen Besinnungslosen profitierten, wir seien wieder auf festem Boden, versuchen, die Zeichen der Auflösung und des Verfalls das eine Mal als eine gewissenlose, zweckbestimmte Erfindung von intellektuellen Feinden der angeblichen neuen deutschen Sicherheiten zu denunzieren; das andere Mal eben gerade diese Zeichen als Rechtfertigung einer schärferen Gangart im innenpolitischen Verteilungskampf zu benutzen.

Der Bonner Regierungswechsel im Herbst 1982, der diese Kräfte auch wieder öffentlich an die Macht zurückgebracht hat, ist der verbissene Versuch, an den Beginn der Atempause anfangs der fünfziger Jahre zurückzukehren und sie noch einmal neu zu gewinnen. Der Versuch wird scheitern, auch wenn die neue Regierung, am 6. März 1983 bestätigt, lange im Amt bleibt. Die Toleranz zwischen den Partnern, Gruppen, Schichten der neudeutschen Gesellschaft – Klassen hatten wir hinter uns gelassen –, die uns in den fetten Jahren so gut zu Gesicht stand, wird sich mehr und mehr als eine Toleranz der Gleichgültigkeit entpuppen: Solange alles materiell beglichen werden konnte, war nichts weniger störend als die leichten, zarten Farbnuancen der Blumen im Überbaubeet des Sozialpartners. Für die Ordnung im ganzen Garten bedeuteten sie wenig; sie zu dulden, war daher wohlfeil. Die noble Haltung – zum Beispiel der Verzicht der bürgerlichen Medien, die Sozialdemokraten weiterhin als vaterlandslose Gesellen abzumalen – machte uns auch unseren ausländischen neuen Freunden ähnlicher, womit sie sich sogar noch auszahlte. Dieser Firnis ist nun schon fast ganz abgebröckelt.

Die Bezichtigungen von Ketzerei haben in den jüngst vergangenen drei, vier Jahren bereits erheblich zugenommen im Land, wie zu allen Zeiten schrecklicher Ungewißheiten, in denen man zur Polarisierung der Kräfte drängt: wenn man schon sonst sich nicht mehr auskennt, so will man doch wenigstens wissen, wer zu einem gehört, durch dick und dünn, und wer nicht. Hierzulande verblassen Nuancen dann nicht, wie in glücklicheren Ländern, sondern werden – weil einem die Abweichungen doch nicht mehr gleichgültig sein können – ins Grelle umgefärbt.

Alte Erscheinungen, die wieder zur Herrschaft drängen. Selbst der ungläubige Thomas, der den Finger in die Wunde legt und viele Jahre lang nicht lästiger war als ein nervöser Pinscher, wird allmählich wieder zum Todfeind.

Unter jenen deutschen Bürgern, die alles aus der Zeit vor 1950 abgestreift hatten und allenfalls noch als historische Fernsehprogramme in Augenschein nahmen, wächst die altgewohnte Neigung, an übermächtige Gewalten zu glauben, von denen die zutage tretenden Unsicherheiten in Gang gesetzt worden sind, um uns, wo möglich, zu verderben. Was einst von bürgerlichen Gemütern dem Walten obskurer internationaler Kräfte zugeschrieben wurde, wird heute der unfaßlichen Selbstherrlichkeit der Weltmächte, auch der befreundeten, angelastet. Darin ist gerade so viel Einsicht in die tatsächliche Abhängigkeit Deutschlands von den ehemaligen Kriegsalliierten enthalten, daß ein paar rationale Argumente am Anfang eines Gesprächs zur Hand sind, die dann aber alsbald von dumpfen Gefühlsausbrüchen über das, was gestern war und morgen sein wird, überspült werden.

Beruflich erfolgreiche Endfünfziger mit Prokura, die das deutsche Wirtschaftswunder mitbewirkt haben, seit über dreißig Jahren regelmäßig zur Wahl gegangen sind, um meistens für Adenauers Partei (über dessen Tod hinaus) zu stimmen, die das gesellschaftliche Fundament unseres Staates darstellen – nun es im Gebälk knistert, bleibt, wenn man ihnen lange genug zuhört, wenig übrig von dem rationalen Selbstvertrauen des vernünftigen, maßvollen Staatsbürgers unserer parlamentarischen Demokratie. Deutschland als Waffenlager macht ihnen Angst; jede Friedensdemonstration aber auch. Deutsche Kritik an Washington ist ihnen unbehaglich, denn schließlich gehören wir zum Westen; aber biologisch, so empfinden sie, müssen die Russen wohl doch ernster genommen werden als die Amerikaner. Gäbe es doch nur den Kommunismus in Moskau nicht.

Seit einiger Zeit eingeklemmt zwischen dem anerzogenen Verhalten der letzten dreißig Jahre, für das sie so oft gelobt worden sind in ihren Zeitungen und im verbündeten Ausland, und einer tiefer gründelnden Gefühlswelt, die Politik und Historie schleimig umfaßt, liegt der Ausweg für diese Stützen von Staat und Wirtschaft heute zunehmend in der Flucht in eine Selbstbeschwichtigung, in der das Bedürfnis nach Nichtverantwortlichsein übergeht in entlastende Vorstellungen vom ewigen Atem der Geschichte über uns, mit uns und – irgendwie – ohne uns: Wir hatten ja nie eine Wahl; die Wiederbewaffnung, die uns nun vielleicht doch ins Unglück reißt, obwohl wir natürlich auf der Seite der Moralischen und Stärkeren sind, wurde uns aufgezwungen; hätte Adenauer nicht mitgemacht damals, so hätten die Besieger Deutschlands einen anderen (von uns?) wählen lassen.

Nicht eine dieser Blasen in deutschen Gegenwartsköpfen habe ich mir ausgedacht; ich habe sie alle in vielen Gesprächen der vergangenen zwei Jahre blubbern gehört. An den schlanken Antworten, wie wir sie auf erprobte Fragen: Was würden Sie am nächsten Sonntag wählen, und wie ist Ihre Einstellung zum politischen Extremismus? gewöhnt sind, läßt sich die Kluft zwischen dem systemkonformen Benehmen, auch bei Wahlen, und den – vorerst – meistens noch verschwiegenen Ohnmachtssüchten auch des deutschen Mittelstands nicht messen. Aber hinter der Allensbacher Maske sind längst nicht mehr nur Randgruppen dabei, die Wertmaßstäbe der deutschen Nachkriegsordnung preiszugeben. Auf einen Begriff gebracht, was derzeit in nun schon nennenswerten Teilen des Mittelstands mit Zeichnungsbevollmächtigung oder eigener Praxis vorgeht: Der Glaube an eine Geschichtsmechanik belebt sich wieder, in deren schaurig-schönen Zwangsläufigkeiten man sich nur als Objekt verstehen kann. Die Selbsterniedrigung macht einen auch noch größer: Als Dünger für unbegreifliche, ewig wiederkehrende Aussaaten ist man am Ende doch mehr als so ein Wählerwurm mit seinem kleinen bißchen Mündigkeit alle vier Jahre.

Und die Angst, untergepflügt zu werden, läßt nicht zurückschrecken vor solchen Mutmaßungen über das eigene Schicksal? Nein. Eines der Kennzeichen der deutschen Beschaffenheit heute ist die Selbstbeschränkung des Lebensgefühls, des Weltverständnisses vieler Menschen auf die Gegenwart; und das nicht im Sinn zynischer Resignation, zu der die Einsicht in das Ende der Atempause gehörte, sondern in dem unbewußten Drange, das Gewohnte auf Dauer gegenwärtig zu halten. Sollte das die gewöhnliche Haltung solcher Staatsbürger unter allen Umständen sein, so wird sie jedenfalls auffällig und gefährlich, wenn Angst und Zweifel die Bürger bedrängen. Denn die erreichen auch Menschen, die gewohnheitsmäßig den Kopf in den Sand stecken. Und so gibt es dann Platz für irrationale Spekulationen über Geschichtsabläufe, in denen auch der eigene Untergang seinen realen Schrecken verliert: Die Zukunft liegt in einem Land, das zu erreichen vom Lebensgefühl nicht gewärtigt wird. Aus dem Zusammenstoß von solchem aller Logik baren Irrationalismus mit den politischen Realitäten, die unaufhörlich Zukunft produzieren, entsteht Fanatismus. Die von ihm Befallenen werden aggressiv, wenn sie auf rationale Argumente treffen, denn diese holen die Zukunft in eine schreckliche Nähe zurück.

Noch blüht dieses Kraut größtenteils im Verborgenen. Nur den Söhnen und Töchtern merkt man es an, wenn sie unseren Gesellschaftsvertrag aus der glücklichen Wunderzeit aufgekündigt haben. Die meisten Väter und Mütter verhalten sich vorläufig noch so musterhaft wie seit mehr als dreißig Jahren; so, als sei nicht bei manchen von ihnen Böses, scheinbar Überwundenes aus der deutschen Vergangenheit wieder zu Hause. Sie stimmen ihren Politikern und Zeitungen zu, wann immer diese wirkliche und auch angebliche antiamerikanische Umtriebe in Deutschland anprangern, und wissen gar nicht, wie weit sie – hinter dem schönen Schein, jenseits der Selbsttäuschung – immer von der politischen Kultur westlicher Demokratie entfernt geblieben sind. Vom Habitus abgesehen: Zwischen manchen braven Eltern und ihren ausgestiegenen Kindern ist der Unterschied nicht größer als der zwischen verschwiegenem und offenem Hang zum Fanatismus, zwischen ersehnter und vollzogener Flucht in apolitische Winkel. Obwohl sie kaum noch miteinander umgehen, hausen manche von ihnen, Ältere wie Jüngere, im selben Sumpf antirationaler Gelüste nach Selbstentmündigung – die auftritt, als entspringe sie höherer Einsicht und bewirke daher größere Freiheit. Auch viele junge Protestierer hierzulande fußen auf nichts anderem als vertrauter, vorübergehend vergessener, böser deutscher Art, den politischen Rausch zu suchen. Es gibt jugendliche Chlorophyllfaschisten.

Wenn die weitere Auflösung unserer inneren und äußeren Nachkriegsordnung das immer noch nicht volle Maß des deutschen Unglücks noch sichtbarer werden läßt, dann wird auch bemerkt werden, daß der Graben, der die Gesellschaft teilt, nicht dasselbe ist wie der Abstand, den die Generationen voneinander haben. Wir werden noch erleben, daß beispielsweise die Friedensbewegung, die Opfer so vieler Denunziationen wegen außenpolitischer Ketzerei geworden ist, in ihrem argumentierenden Teil sich ihrem Ursprung, ihrer Art nach unter Jüngeren wie Älteren als westlich gesinnt erweisen wird (was eben nicht dasselbe ist wie Widerspruchslosigkeit vor einem allein amerikanisch bestimmten Bündniskonzept), indes manche ältere Denunzianten ebenso wie jugendliche Mitläufer beim Demonstrieren sich längst wieder weit verirrt haben werden in Vorstellungen von der politischen Welt, die angeblich von uns überwunden waren. Die Zeit, in der scheinbar Festgefügtes zerbröckelt, ist gekennzeichnet von unklaren Bündnissen und verwischten Unterscheidungen. In solchem Transit befinden wir uns.

Brüchig geworden sind die außenpolitischen Verhältnisse des Landes ebenso wie seine innenpolitischen Zustände. Damit steht es nicht allein in der Welt. Auch hinter den sieben Bergen gibt es Krisen. Aber in vergleichbaren Staaten – also hochindustrialisierten, die nach einem pluralistischen System geordnet sind – brechen mit wachsender Unsicherheit nicht so viele Maßstäbe wie hierzulande, bleiben bestimmte Gewißheiten erhalten, auch unter viel Ungewißheit. Deutschland dagegen wirkt wie ein Mensch, der keinen Gleichgewichtssinn mehr besitzt, diese schwere Beschädigung aber vergessen hat, weil er sich so lange Zeit schon anlehnen kann an fremde Gleichgewichte. Das Ergebnis der Bundestagswahl im März 1983, soweit es außen-, sicherheitspolitisch bestimmt wurde, spiegelt das Bedürfnis, sich weiterhin anzuklammern, blindlings: so, als ob nichts sich ändere. Können wir – wenn nicht ein Krieg in Europa auf alle unsere Fragen die endgültige Antwort gibt – wieder lernen, auf eigenen Beinen zu stehen, ohne zu schwanken? Solche Eigenständigkeit bedeutete nicht, ohne Bündnis und Freunde zu leben. Wohl aber verlangte sie von den Deutschen, ein Selbstverständnis zu haben, das im wirklichen – und nicht nur, wie in den vergangenen drei Jahrzehnten, im scheinbaren – Einklang mit dem der anderen europäischen Völker wäre. Können wir das zurückgewinnen nach soviel Selbstverstümmelung unserer politischen Kultur? Nach soviel Selbstbescheidung auch, die sich nach dem Krieg aus allerbester Absicht entwickelte?

Schier heillos ist die Lage, in der wir uns vor solchen Fragen befinden. Denn gerade jene Deutschen, die als junge Menschen nach 1945 die Augen vor den nationalsozialistischen deutschen Verbrechen nicht verschlossen, sondern als Schuld ihres Volkes akzeptierten, haben seither aus noblen Motiven dazu beigetragen, daß wir wiederum den Einklang mit unseren Nachbarn nicht fanden. Der Nationalismus hatte den Verbrechen des Nationalsozialismus viel Vorschub geleistet: Die betroffenen, zur Annahme der elterlichen Schuld bereiten Achtzehnjährigen der kurzen Besinnungsjahre nach Kriegsende wollten daher niemals wieder in nationalen Größen denken und fühlen. In ihrem Bewußtsein, nach ihrer Absicht war das Jahr 1945 ein Jahr Null, von dem aus alles neu, besser beginnen sollte. Niemand übertraf sie in den frühen fünfziger Jahren, als sie auf der Universität waren, in ihrer Begeisterung für eine übernationale Einheit Europas. Sie nahmen nicht wahr – wie sollten sie in ihrer schuldbewußten Unschuld? –, daß für ihre Nachbarn das Jahr 1945 keineswegs ein Jahr Null gewesen war, mit dem neue politische Denkkategorien und Gefühlswerte begründet wurden, sondern ganz im Gegenteil endlich wieder ein gutes Jahr in der jeweiligen nationalen Geschichte, das Jahr der Befreiung: ein Jahr der Bestätigung nationaler Identitäten.

Die jungen Deutschen von damals verloren ihren europäischen Traum an Vertragsjuristen und Wirtschaftsbürokraten. Europa trat nicht ins Leben. Zustande kam nur ein technokratisches Monstrum, das selbst Zeus nicht mehr an ein fruchtbares Gestade tragen könnte. Ebensowenig gelang es, die auf die innere Ordnung gerichteten Wertvorstellungen von einem neuen Deutschland, das mit dem Jahr Null seinen Anfang nehmen sollte, gegen die Restauration seit Beginn der fünfziger Jahre zu behaupten, die recht behielt, weil sie wirtschaftlich erfolgreich war. Eine andere gute Absicht der seinerzeit Jungen erleichterte die Wiederbelebung althergebrachter Werte und Strukturen, die an Deutschlands Unglück und den deutschen Verbrechen mitschuldig gewesen waren: Nach der nationalsozialistischen Zeit hatten viele jener jungen Leute, von denen hier berichtet wird, eine Scheu vor Dogmen, vor geschlossenen Weltbildern. Sie wollten, auch unter angelsächsischem Einfluß, in der Politik nichts als Pragmatiker sein. Zurückgeblickt: Welch ein Bild ist es, das diese Generation, die 1950 um die zwanzig Jahre alt war, von sich macht; bewegend, schön, aber auch unheimlich, wie in ihm die gänzlich unpragmatische Erwartung eines Verschmelzens der europäischen Nationen, einer Überwindung der Vaterländer, in einen Rahmen gefaßt ist mit der Entschlossenheit, pragmatisch zu denken und zu handeln. Im Hintergrund ein Jahr Null, das keines war.

Der Hang zum Pragmatismus bewirkte in der politischen Kultur Nachkriegsdeutschlands eine Distanz zur politischen Theorie, eine Verkümmerung analytischer Fähigkeiten über den Tag hinaus, die erst von der studentischen, außerparlamentarischen Opposition Ende der sechziger Jahre ins Bewußtsein gehoben wurden. Wie sich dann zeigte, hatten die jungen Leute von 1950 und die von 1968 bereits große Verständigungsschwierigkeiten miteinander, obwohl beide Gruppen zu jenem – kleinen – Teil der Gesellschaft gehörten, der in Restauration keine ausreichende Antwort auf deutsche Fragen sah. Aber wichtiger als mißglückte Diskussionen mit Rudi Dutschke sind für unsere Gegenwart – denn von ihr und unserer Zukunft ist hier ständig die Rede, wenn auf 1945 und 1950 zurückgeblickt wird – die Folgen, die sich aus dem Wunsch nach pragmatischem Verhalten in den fünfziger Jahren ergaben. Jene jungen Deutschen, die erst nach dem Kriege ganz erwachsen wurden und wohl gerade deshalb an ihr Jahr Null glaubten, erleichterten durch ihre – sympathische – Abneigung gegen Ideologien, durch ihre Idolisierung, vielleicht gar Ideologisierung des Pragmatischen, der Mehrheit aus Gleichgültigen im Lande, mit der Währungsreform von 1948 wieder zur gewohnten Tagesordnung überzugehen – so, als ob außer materieller Zerstörung nichts zu bewältigen sei in dem sinnentleerten Land.

Pragmatismus, der an feste Grundwerte gebunden ist, tut uns Deutschen als politisches Verhaltensmuster sehr not; in unserer Geschichte hatten wir eher zuwenig als zuviel davon. Aber seine – gut gemeinte – geistige Überhöhung nach dem vergangenen Krieg ließ auch noch politische Ordnungen und Eckwerte der Gesellschaft wie einen geglückten Neubeginn aussehen, weil sie pragmatisch zu sein schienen, obwohl sie in Wahrheit nur die Früchte eines zielstrebigen Opportunismus waren. Die Grenze zwischen Pragmatismus und Opportunismus konnte fließend werden in Deutschland, weil hinter dem wachsenden Sozialprodukt bis zu den Theoriediskussionen der außerparlamentarischen Opposition 1968 hierzulande kaum jemand die Elle politischer Grundtatsachen an unsere Nachkriegslösungen anlegte. Als das die Studenten zur Zeit der Bonner großen Koalition dann schließlich versuchten, sprachen sie für die meisten Bundesrepublikaner nur noch chinesisch.

Unsere sogenannte Sozialpartnerschaft wird alsbald eines der beweiskräftigsten Beispiele für opportunistische Lösungen werden; jene Sozialpartnerschaft, die jahrzehntelang als eine pragmatische Überwindung von Klassengegensätzen galt. Es wird bei weiterem wirtschaftlichem Niedergang oder doch Stillstand oder einem Aufschwung mit noch mehr Arbeitslosen durch Computer nicht mehr opportun sein, sie zu finanzieren. Oder wenn es – der Ruhe und Ordnung halber – doch noch opportun wäre, sie zu bezahlen, so wird man die Mittel dafür nicht mehr haben. Was wird dann auftauchen aus dem verfliegenden Nebel unserer Selbsttäuschungen? Am Ende gar Klassengegensätze, die einst auch die Sozialdemokraten kannten und heute nur noch die Kommunisten? Wer wird zu welcher Klasse gehören? Und wie werden wir darauf reagieren – ungeübt im Umgang mit politischen Grundfakten, die stets hinter dem schönen Schein existierten, den wir während der zu Ende gehenden Atempause für unsere neue, sichere Realität angesehen haben?

Europa im Sinne einer Überwindung nationaler Größen nicht geschaffen; die Restauration im Inneren nicht verhindert; aus begründetem Abscheu vor dem Prokrustesbett der Ideologien das Austrocknen unserer politischen Kultur bis zur Seichtheit gefördert: Was ist den sensiblen jungen Deutschen aus den kurzen Besinnungsjahren vom Kriegsende bis zum alle und alles überwältigenden Wirtschaftswunder geblieben? Gerettet haben sie die Fähigkeit, frei von nationalistischen Gefühlen und Gedanken zu sein. Das gereicht ihnen zur Ehre und trägt mittelbar doch zum Unglück des Landes bei.

Die nachfolgende Generation hat diese Haltung übernommen, und im Laufe der Jahre wurde aus der – notwendigen – Absage an den Nationalismus die Gleichgültigkeit gegenüber allen Fragen der nationalen Identität der Deutschen. Mangels Interesse wurde der Irrtum nicht durchdacht und also nicht als solcher erkannt, der darin liegt, die inzwischen größere Urlaubsvertrautheit mit Franzosen und Italienern als mit Brandenburgern und Sachsen auch für einen bruchlosen Übergang unserer Nationalgeschichte in eine größere Einheit anzusehen. Der Irrtum ist nobel begründet – aber eben ein Irrtum; für uns und unsere Nachbarn bedenklich. Aus diesem Irrtum heraus befinden wir uns wieder einmal *nicht im wirklichen Einklang mit Europa,* das nach wie vor seine nationalen Identitäten nicht preisgegeben hat, sondern einen archimedischen Punkt in ihnen besitzt, der von Krisen nicht fortgespült wird. Das muß nicht Nationalismus bedeuten, wohl aber – unter jenen, die aus Möglichkeit und Funktion die politische Kultur einer Gesellschaft mitbestimmen – ein sicheres Selbstverständnis, das Interessen definiert und Maßstäbe setzt. Die Deutschen jedoch speisen an fremden Tischen, geduldet, weil seit mehr als dreißig Jahren sittsam und manierlich.

Unsere Verbündeten haben sich an die Reduzierung unseres nationalen Engagements auf Lippenbekenntnisse an bestimmten Gedenktagen gern gewöhnt. Das ist nach den vorangegangenen deutschen Exzessen begreiflich, aber dennoch kurzsichtig. Das Unglück, das Deutschland zuerst sich und dann seinen Nachbarn in diesem Jahrhundert bereitet hat, resultierte im Grunde stets daraus, daß seine politischen Wertvorstellungen, seine Ordnungen, die es meinte zu brauchen, seine Machtstrukturen, die über ihre Zeit hinaus tradiert wurden, nicht synchron waren mit den entsprechenden Werten und Einrichtungen seiner wichtigsten, Europas Maßstäbe eichenden westlichen Nachbarn. Immer versuchten Minderheiten in Deutschland, solche Verspätungen und Abirrungen zu bekämpfen und den Einklang herzustellen. Er kann, wie sich zeigen wird, auch verfehlt werden aus bester Absicht.

Der Oberflächenbefund der deutschen Zustände in den letzten drei Jahrzehnten ergibt eine schließlich zustande gekommene Harmonisierung. Aber was verraten die Irrationalismen, offen in den Vorstellungen mancher jungen Deutschen, verdeckt, aber lebendig auch in der Weltsicht einer wachsenden Schar älterer, die zutage treten mit dem nahenden Ende der Atempause? Haben wir etwa unter dem glatten Firnis alte Anomalien aus dem Nichtsynchronsein konserviert und ihnen neue hinzugefügt? Die Gleichgültigkeit gegenüber dem Fragenbündel unserer nationalen Identität ist jedenfalls, verglichen mit dem Wertehorizont unserer europäischen Nachbarn, nicht normal. Was unseren Verbündeten an uns so gut gefällt: unser Verzicht, Antworten auf die offenen deutschen Fragen zu suchen – sie sollten ihn eher fürchten oder doch als unbehaglich empfinden. Hätten sie, auf lange Sicht, doch besser auf Kurt Schumacher als auf Konrad Adenauer mit seinem Rheinbund-Deutschland gesetzt? Werden sie lernen können, nach so vielen Jahren gemeinsamer Selbsttäuschung, daß die paar Deutschen, die seit einiger Zeit wieder angefangen haben, an den gestanzten Sonntagsphrasen vorbei über die nationale Frage nachzudenken, ihnen in all ihrer Unbequemlichkeit, bewußt oder unbewußt, ähnlicher sind als die vor solchen Fragen Gleichgültigen hierzulande?

Hier ist nicht von der Wiedervereinigung der Deutschen die Rede. Die Geläufigkeit, mit der die politischen Kräfte rechts von der Mitte über diese Möglichkeit, die auf alle vorhersehbare Zeit keine ist und vielleicht niemals mehr eine sein wird, nun schon jahrzehntelang schwätzen: diese Geläufigkeit hat ja noch dazu beigetragen, daß die hier mit ihren guten Absichten und geringen Erfolgen beschriebene Minderheit der Deutschen, die von ihrem erhofften Jahr Null aus die Bewältigung der Kriegsfolgen nicht nur als eine materielle Aufgabe ansah, sich von der offenen deutschen Frage als etwas Verlogenem, Heuchlerischem mehr und mehr abwandte.

Zu der folgenschweren Verwechslung von Nationalismus mit einer kompromißbereiten, also rationalen, realistischen Wahrung nationaler Interessen gesellte sich unheilvoll die sterile Verquickung von Fragen der nationalen Identität mit Postulaten, die eine Wiederherstellung des deutschen Einheitsstaates von 1871 (soviel davon territorial übriggeblieben war) zum verblassenden, immer weniger glaubwürdigen Inhalt hatten. Wer aus jener linksliberalen Minderheit mochte diese Wolken mitschieben? Man unterstützte die nach Osten gewandte Vertragspolitik des Bundeskanzlers Willy Brandt, weil sie den politischen Realitäten endlich gerecht wurde, und nahm sie weithin auch als abschließende Antwort auf die nationale Frage – falls da überhaupt noch mehr offen gewesen sein sollte als das Quittieren der äußerlichen Fakten.

Das Deutschland, dessen krisenhafte äußeren und inneren Zustände gegen Ende einer dreißigjährigen Atempause, dessen neue alte Ratlosigkeiten, dessen Mangel an einem ausbalancierten Selbstverständnis hier skizziert worden sind – dieses Deutschland ist die westdeutsche Bundesrepublik. Über Krisen, Mängel des anderen deutschen Staates, der DDR, über Fragen, wie solide sein Fundament ist, wird später zu mutmaßen sein. Natürlich hat jedermann bemerkt, daß von der Bundesrepublik berichtet wurde. Aber wie viele haben sich daran gestoßen, daß sie immer, wie selbstverständlich, so benannt wurde, als sei sie allein schon ganz Deutschland?

Es ist der übliche Sprachgebrauch der Westdeutschen, so, als sei Deutschland mit der Bundesrepublik komplett. Er verrät – mindestens – eine Gedankenlosigkeit, die ich in vielen Gesprächen mit Deutschen in der DDR, mit Funktionären, Anhängern und Gegnern des dortigen politischen Systems ebenso wie mit Menschen, die unpolitisch sein wollten, niemals angetroffen habe – weder in bezug auf unseren noch auf ihren Staat. Die Kommunisten dort sehen in der DDR das bessere Deutschland, aber nicht das ganze; was sie freilich weder hindert, eine DDR-Nation zu definieren, noch veranlaßt, Illusionen über eine Vereinigung mit Westdeutschland in ihrem Sinn zu hegen. Und die Gegner des Systems, die ihren Staat verlassen möchten, visieren in der Bundesrepublik zwar das ersehnte Ziel an, haben aber nicht die Vorstellung, sie kämen nach genehmigter Ausreise oder Flucht aus einem nationalen Niemandsland endlich nach Deutschland. Aus Gründen, die zu untersuchen sein werden, von denen aber hier schon festgestellt werden kann, daß sie sich keinesfalls allein aus der entsprechenden Agitation der SED oder dem Widerstreben gegen sie erklären lassen, haben nicht nur die bewußt reflektierenden Deutschen drüben mehr Wurzeln in der deutschen Geschichte als wir hüben; Geschichte dabei weniger verstanden in ihren äußeren Daten, sondern als Quelle gesellschaftlichen Verhaltens bis in familiäre, private Gewohnheiten hinein, mit vielen überkommenen Werten und auch Unwerten.

Diese Verwurzelung hat nicht nur positive Folgen. Sie hat auch – deutsche – Verengungen des Horizonts tradiert, die nicht nur aus den Reisebeschränkungen herrühren. Es war stets ohne Ironie, sondern nur zugespitzt formuliert, wenn ich gelegentlich in früheren Texten zur deutschen Frage gesagt habe, die DDR sei der letzte bürgerliche Staat auf deutschem Boden. Aber sie ist außerdem nach dreißig Jahren, die drüben kaum einmal auch nur eine kurze Atempause zuließen, auch in manchen ganz persönlichen Lebensgewohnheiten, im Denken und Fühlen schon in einem höheren Maße das, was die SED aus ihr machen will, als dies den Menschen dort immer bewußt ist und unsere westdeutschen Agitatoren gegen die DDR erkennen können. Die Kommunisten, die mit der DDR ihr Territorium zum Regieren in die Hand bekamen, haben die Ackerkrume nicht überall nur oberflächlich geeggt; da und dort haben sie tief gepflügt. In jedem Falle ist die DDR in ihrer politischen Kultur, in der die SED zwar der tonangebende, aber nicht der einzige Faktor ist, der geschichtsbewußtere Teil Deutschlands. Ihr Sprachgebrauch verrät weniger Entwurzelung als unser.

In Westdeutschland ruft bei den meisten politisch Interessierten links von der Mitte der Hinweis auf eine bedenkliche Entwurzelung bestenfalls Mokanz hervor. Er erinnert so peinlich an »Blut und Boden«. Was haben wir uns angetan, wie tief zerstört ist unsere Fähigkeit, normal zu sein: Die wahnwitzige nationalsozialistische Lesart der deutschen Geschichte findet noch immer ihre Entsprechung in dem gutgemeinten Irrtum der undogmatischen linken Demokraten in der Bundesrepublik, intellektuelle Distanz zur nationalen Vergangenheit sichere uns vor bösen Wiederholungen oder gebe uns doch wenigstens das Flair, deutsche Provinzialität gegen Weltläufigkeit eingetauscht zu haben. Das Gegenteil ist richtig. Unsere wirkliche und nicht nur scheinbare Rückkehr zur europäischen Normalität verlangt, die nationale Bewußtlosigkeit auf der linken Seite unseres politischen Spektrums zu überwinden. Jetzt und in den nächsten Jahren – nun unsere vermeintlich ewigen außenpolitischen Sicherheiten dahinschwinden und der Opportunismus unserer staatspolitischen Nachkriegslösungen nicht länger voll zu finanzieren ist, also neue Prioritäten strittig zu setzen sind – wie soll unser Land da bestehen, wenn die Maßstäbe für nationale Interessen allein in den Händen der Kräfte rechts von der Mitte bleiben? Diese Kräfte waren – nach einer kurzen Verlegenheit, in der Konrad Adenauer mit seinem Unbehagen vor Deutschland außerhalb des Rheinlands vermutlich noch am ehrlichsten war – weniger scheu, mit Beginn der Restauration in den fünfziger Jahren die offene nationale Frage in ihrem Sinn zu beantworten: offenzuhalten.

Die herrschende Praxis, die sich dabei herausgebildet hat und an die die jetzige Bundesregierung wieder anknüpft, ist auf der Basis von Gleichgültigkeit eine Mischung aus Illusionen, Borniertheit gegenüber der DDR, wie sie wirklich, recht und schlecht, ist, und Parteiinteresse der politischen Rechten. Die Gleichgültigkeit, die links noch immer weithin geteilt wird, hätte dazu verhelfen können, das Bewußtsein von einer bundesrepublikanischen Nation zu entwickeln und so wenigstens die Gedankenlosigkeit, das Desengagement gegenüber der Tatsache, daß die DDR ein Teil Deutschlands ist, ehrlich zu machen, vom Zwang zur Heuchelei zu befreien. Zwar wäre auch dieses Fundament brüchig geblieben, weil die DDR schon allein durch ihre Existenz, von den Absichten ihrer Führer ganz abgesehen, die Geschicke Deutschlands mitbestimmt. Aber es wäre immerhin der politische Versuch gewesen, aus den vom deutschen Faschismus für Deutschland und Europa herbeigeführten äußeren Fakten eine auf den ersten Blick schlüssige Konsequenz zu ziehen. Eben diese Konsequenz haben manche linken Demokraten – fälschlich – in der Deutschlandpolitik von Bundeskanzler Brandt gesehen und sie deshalb unterstützt: Auch wenn das von ihnen zu kurz gedacht war, so war es doch ehrlicher und illusionsloser im Nachdenken über Deutschland, als das unsere traditionellen Hüter nationaler Werte zu leisten fähig und willens waren.

Gewiß läßt sich kein nationales Bewußtsein per Knopfdruck schaffen (freilich auch nicht abschaffen, sondern nur vorübergehend betäuben). Aber die politische Kultur einer Gesellschaft wird auch unter unserem pluralistischen System – entgegen unserem naiven Fibelglauben aus der demokratischen Reedukation nach 1945 oder heutiger Zweckbehauptung, die aus Demoskopie auf fundiertes Bewußtsein schließen will – von einer bewußtseinsbildenden Elite bestimmt. Die machtgewohnten Tonangeber rechts, denen diese Tatsache vertrauter war als der gutgläubigen intellektuellen Minderheit links – die zwar auch zur Elite gehört, diese Mitgliedschaft aber oft genierlich findet oder sie mit Zynismus drapiert –, haben ihre Möglichkeiten nicht genutzt, das Fundament der Bundesrepublik dadurch zu stabilisieren, daß aus der staatlichen Teilung Deutschlands redliche Konsequenzen für den geistigen Überbau unseres Teils gezogen worden wären. Das hätte zwar die Frage nach der nationalen Identität der Deutschen nicht abschließend beantwortet, wohl aber wäre der Abstand zwischen dem Desinteressement der ganz großen Mehrheit der westdeutschen Bürger an dieser Frage und der nationalpolitischen Verlogenheit am alljährlichen 17. Juni verringert worden. Das wäre gut gewesen: Denn Staaten wie Gesellschaften können nicht folgenlos auf längere Dauer Scharaden ihres angeblichen Selbstverständnisses aufführen, in denen das Bewußtsein dem Sein künstlich aufgepfropft wird. Dies gilt natürlich auch für die DDR.

Die nationale Frage wurde also von den Kräften, die die Bundesrepublik in ihren maßgebenden ersten zwei Jahrzehnten bis 1969 regierten, auch danach ihre Macht nicht verloren und sie heute wieder mit dem Stimmzettel belegen können, offengehalten. Freilich nicht als eine politische Herausforderung, realitätsbezogen über die Bundesrepublik hinaus zu denken, sondern als ein nützlicher Hexenhammer, mit dessen hochnotpeinlichen Unterscheidungen zwischen Gut und Böse das gesinnungspolitische Klima des Landes bestimmt wurde. Das Offenhalten bestand überwiegend darin, Antworten von rechts vorzugeben, die der Mischung aus Illusionen, Borniertheit und Parteiinteresse dienlich waren. Wir sind, spätestens seit der Wahl vom 6. März 1983, auf dem Weg dahin zurück. Die Deutschlandpolitik der Bonner sozialliberalen Koalition hat diese westdeutschen Klimabedingungen nur in ersten Ansätzen, vorübergehend verändern können. Sie hat vom Jahre 1969 an Grundlagen für ein langfristiges Konzept gelegt, das – mutig weitergedacht und verwirklicht – die nationale Identität der Deutschen auch unter den Gegebenheiten der staatlichen Teilung in die europäische Normalität zurückführen könnte. Diese Behauptung wird im folgenden ebenso zu belegen sein, wie die Gründe aufgedeckt werden müssen, die nach 1974, als die staatlichen Beziehungen zur Deutschen Demokratischen Republik endlich aufgenommen wurden, das konzeptionelle Denken in Bonn verkümmern ließen.

Schier heillos die Lage; abstrus das Geflecht aus Illusionen und mißbrauchten Ängsten und Ressentiments, in das die nationale Frage hierzulande eingesponnen ist. Das entsprechende Verfassungsgebot des westdeutschen Grundgesetzes entstand noch ganz aus der – in allen Parteien, unabhängig von ihrem jeweiligen Hintergrund, angesiedelten – Selbstverständlichkeit, mit der Weimar und Marbach, Frankfurt am Main und Leipzig an der Pleiße, Luthers Erfurt und sein Worms als die territorialen und geistigen Stätten einer Nation begriffen wurden, wenn schon Königsberg und Breslau durch die Schuld derselben Nation verloren waren. Aber binnen weniger Jahre wurde die Präambel der Verfassung zu einem Mundtotschläger, mit dem jeder bedroht wurde, der wenigstens ihrem implizierten geistigen Auftrag, trotz der immer stärker verfestigten materiellen Trennungsfakten, gerecht werden wollte. Muß erinnert werden an die deutsche Atemnot, an die wir in den fünfziger Jahren gewöhnt wurden, als im Bundestag westdeutsche Aufführungen von Stücken Bertolt Brechts gegen die rechte Mehrheitsfraktion des Hohen Hauses verteidigt werden mußten? Niemals waren die tonangebenden Kräfte unseres deutschen Teilstücks damals von sich aus bereit, in der ideellen Auseinandersetzung der beiden Systeme auf deutschem Boden sich anders, besser zu verhalten als die Stalinisten drüben. Unser System nötigte sie dazu, nicht ihre Einsicht. Vollends unter die Verdammungskriterien des hiesigen Hexenhammers geriet, wer gar noch die – Jahr um Jahr aus der staatlichen Teilung sich auch entwickelnden – geistigen Scheidungsmerkmale der neuen Gegebenheiten mit berücksichtigen wollte, um so die nationale Identität realistisch zu bestimmen.

An diesem Gesinnungsklima, das Ketzer braucht, hat sich bis heute kaum etwas geändert. Es wird im Gegenteil wieder rauher in dem Maße, in dem, wie hier anfangs flüchtig beschrieben, die westdeutschen Selbsttäuschungen über die scheinbar auf Dauer nach innen wie außen gesicherten Verhältnisse vergehen: und abgelöst werden von alten Fragen, die neu gestellt werden. Abgelöst werden von Ratlosigkeiten und einem sichtbar werdenden, für die Zukunft folgenschweren Mangel an rationaler wie emotionaler Eigenständigkeit, die nicht nur unter den Illusionisten, die einen Teil der verschiedenen Alternativbewegungen bilden, sondern gerade auch in der überwiegend noch schweigenden Mehrheit Westdeutschlands, den schon genannten Stützen von Staat und Wirtschaft, gefährliche Irrationalismen ins Kraut schießen lassen. Man wird bald noch mehr davon sehen. Deutschlands Unglück hat sein volles Maß noch nicht erreicht.

So, wie wir uns mehrheitlich geistig eingerichtet haben, werden wir den Gefahren der europäischen Zukunft nicht gewachsen sein. Unsere Nachkriegsfixierungen haben in den vergangenen dreißig Jahren lähmend auf unsere innen- und außenpolitische Sensibilität eingewirkt. Die Frage nach der nationalen Identität der Deutschen wurde in Westdeutschland verengt auf die Auseinandersetzung mit dem Kommunismus. Deutschlands Teilung ermöglichte der Bonner Republik, diesen Ideologiekonflikt, den andere westeuropäische Völker innerhalb ihrer nationalen Gesellschaften auszutragen haben, staatlich auszugrenzen: die DDR als unser Ersatz für eine nennenswerte kommunistische Partei. Die nationale Frage wurde zu einem Fall für den Verfassungsschutz.

Unter den Konditionen des Kalten Krieges, die morgen schon wieder herrschen können, erschien – erscheint – den restaurierten Kräften in Westdeutschland diese Reduzierung des nationalen Selbstverständnisses, eine Reduzierung, die keine andere europäische Nation kennt, als äußerst opportun. Antikommunismus als der geistige Gehalt, als der Zweck einer Nation: Das Schnittmuster dieses Mantels stammte zwar aus keiner demokratischen Werkstatt, der Zuschnitt erinnerte an jüngst Vergangenes. Aber wer wollte sich daran stören, da unter diesem Mantel soviel geborgen und verborgen werden konnte? Die Selbstverstümmelung der politischen Kultur Westdeutschlands gewann in den fünfziger Jahren schnell Methode. Die von den Anforderungen des Nationalsozialismus erschöpfte Mehrheit des bundesrepublikanischen Staatsvolks war dankbar, daß den neuen Demokraten gelang, was den früheren beim selbständigen Versuch in den zwanziger Jahren nicht gelungen war: das Weimarer System, oberflächlich betrachtet, ohne Weimarer Zustände. Denn der altböse Feind lebte diesmal nicht unter uns, sondern außerhalb der Grenze: drüben. Bald erkannte man von hier aus kaum noch die Landsleute dort, wenn man hinüberblickte, weil sie mehr und mehr hinter dem Bild verschwanden, das sie in unserem Welttheater darstellten: Schergen und Opfer. Angesichts der sonstigen Gleichgültigkeit gegenüber der nationalen Frage konnten die anderen realen Bedingungen des Lebens drüben, das sich nicht in den zwei Polen erschöpft, nur auf das Interesse rechnen, das Exotisches immer findet.

So war alles ganz einfach in der westdeutschen Wunderwelt – bis noch vor ganz kurzem. Das nationale Interesse galt nach innen wie außen als gewahrt durch einen – weit über die Hallstein-Doktrin hinausgehenden – geistigen Alleinvertretungsanspruch für ganz Deutschland: der Geist auf bundesrepublikanische Flaschen gezogen. Die sozialdemokratischen Kanzlerschaften: in diesem Zusammenhang nicht mehr als ein Hautjukken. Lächerlich könnte sein, wäre es nicht so traurig, wie sich die beiden deutschen Staaten durch ihre jeweiligen Verkürzungen der nationalen Geschichte ähneln: bis hin zur spiegelverkehrten Gleichheit. Wie heißt die Hochschule von Oldenburg, ist sie nach Carl von Ossietzky benannt? Trägt ein Intercity-Zug den Namen August Bebels durch das Ruhrgebiet? Keine sozialdemokratisch geführte Bundesregierung hat sich je so weit von den Gefühlen der tonangebenden Kräfte Westdeutschlands entfernt, eine solche Namensgebung auch nur einmal zu erwägen.

Außenpolitisch war das nationale Interesse der Deutschen, wie es die herrschenden Kräfte der Bundesrepublik seit den fünfziger Jahren definierten, auf eine ganz bestimmte internationale Konstellation fixiert. Oh, deutsche Einfalt: die Politik gedacht als ein ewiger Stillstand, die Welt, pardon, als Wille ohne Vorstellung. Und wenn das, was im Innern und nach außen als so einfach erschien, nun künftig für lange Zeit nicht mehr einfach ist? Wenn die Konstellation sich verändert hat oder für uns neuerdings zu unerträglichen Konsequenzen führen kann? Was wird, wenn solche Einsichten uns zunehmend verstören? Was bleibt konsensfähig, wenn die Brüchigkeit oder die falsche Eichung unserer bisherigen Maßstäbe allgemein offenkundig werden? Was ist, wenn sich zeigt, daß auch ein Rechtsruck bei Wahlen die Atempause nicht verlängern kann, sondern die Probleme nur kaschiert und sie damit mittelfristig, langfristig noch verschärft?

Mit einer Ratlosigkeit, die wüten wird, sollte gerechnet werden. Schnelle Abhilfe steht nicht ins Haus. Zu spüren ist, daß die Frage nach der nationalen Identität der Deutschen, aus der wohlverstandene politische Interessen abgeleitet werden können, die bevorstehenden Konflikte stärker mitbestimmen wird, als dies noch vor wenigen Jahren vorstellbar war. Vielleicht wird die westdeutsche Friedensbewegung, wenn sie erst wieder in Sekten zerfallen ist, am Ende nur – aber immerhin – bewirkt haben, daß in einer Minderheit, die jedoch Einfluß auf die politische Kultur des Landes hat, ein neues nationales Bewußtsein entstanden ist: so, wie die Kaufleute und frühen Fabrikanten im vorigen Jahrhundert aus ihren Bedürfnissen heraus zum Zollverein kamen und über ihn zur deutschen Frage gelangten, so mag aus der heutigen Einsicht, daß im europäischen Kriegsfall das Schlachtfeld gesamtdeutsch wäre, die nationale Identität der Deutschen wiederbelebt werden.

Die *Selbstgefährdung durch neue Illusionen* müßte dann freilich hoch veranschlagt werden. Wenn wir aus der westdeutschen Grube herauskommen wollen, die wir uns nach dem Krieg nicht ganz allein gegraben haben, aber in die wir uns doch gern duckten, so müssen wir vor allem mehr begreifen von dem Teil Deutschlands jenseits unseres Grubenrands. Wir werden unseren Begriff von der deutschen Nation *entstaatlichen* müssen, also loslösen von der Vorstellung, ihre Existenz sei an einen Einheitsstaat gebunden. Nur so werden wir den Realitäten gerecht: den beiden deutschen Staaten, ihren Vormächten und Nachbarn und deren Erinnerungen. Und allenfalls so könnten wir diesen Realitäten im Laufe der Zeit vielleicht eine weitere hinzufügen: politische Formen der deutsch-deutschen nationalen Zusammenarbeit, die Europa ertragen könnte.

Aber werden wir den geistigen Gehalt der Nation aus den westdeutschen Verengungen befreien können, zu denen die Degradierung der nationalen Frage auf ideologische Handlangerei im Ostwestkonflikt geführt hat? Die Zeichen dafür stehen schlecht. Die Westdeutschen haben sich an ihre politischen Selbstverstümmelungen nicht nur gewöhnt; viele verwechseln sie sogar mit einem Schutz in gefährlichen Zeitläufen. Aggressionen, Intoleranz werden sich verstärken, neu-alte Feindbilder sich beleben, wenn die Bundesrepublik Deutschland in den nächsten Jahren ihr bisheriges Selbstverständnis zu überprüfen haben wird, da die gnädige Atempause in der tiefgreifenden Veränderung der inneren und äußeren Existenzbedingungen des Landes zu Ende geht. Wohin das Land geraten wird? Eher zu beantworten ist, wodurch es noch einmal sein Gleichgewicht verfehlen würde: durch die weitere geistige Ausgrenzung der Deutschen Demokratischen Republik in allen ihren Realitäten, den guten wie den bösen, aus der nationalen Identität der Deutschen. In sechseinhalb Jahren Dienst als erster Leiter der Ständigen Vertretung unseres deutschen Staates bei dem anderen deutschen Staat, von Juni 1974 bis Januar 1981, habe ich gelernt, daß der eine nicht zu verstehen ist ohne den anderen.

Staatsvolk der kleinen Leute

Nach einem halben Jahr Wohnen in Berlin (Ost), ersten Spaziergängen zwischen den Schrebergärten von Niederschönhausen, Ausflügen am Wochenende bis nach Thüringen hin und immer wieder in Richtung Neuruppin und Rheinsberg; nach den beiden ersten Unterredungen mit Erich Honecker im Herbst 1974 und zaghaften Gesprächsanfängen mit Deutschen dort, die keine parteilichen oder staatlichen Funktionen innehatten, aber auch nach erstem, unbeholfenem Meinungsaustausch auch über Privates mit Menschen, die solche Funktionen ausübten; nach dem ersten Dutzend Mittagessen in mecklenburgischen und sächsischen Kleinstädten und Dörfern, den Kirchenbesichtigungen, bei denen der Pastor den Besucher »vom Fernsehen her« erkannte und zu Tische lud; nach der offiziellen Teilnahme als Missionschef an den beiden ersten Massenkundgebungen – FDJ-Aufmarsch zur Ostseewoche in Rostock im Sommer und 25. Jahrestag der DDR-Gründung im Oktober 1974 in der Hauptstadt –; nach erstem Besuch eines Volksfests in einem Stadtbezirk, dem ersten Kinobesuch in der Provinz, dem ersten Streit mit Regisseuren und Schauspielern der DDR über eine Ost-Berliner Theaterinszenierung, wobei die Art, wie man stritt, lehrreich war; nach dem ersten, noch verlegenen Teilhaben an privaten Geselligkeiten in winterfesten Sommerhäusern, in Neubauten, deren eingebaute Wohnzimmerregale man alle kannte, wenn man eines gesehen hatte, und in alten Wohnungen, die man über verfallende Treppenhäuser erreichte und hinter deren Eingangstüren oft schöne Möbel, vergilbte Tapeten und altmodische Küchen sich zu einer Zuflucht verbanden, der nichts mangelte: Nach alledem und noch vielem mehr, frühestens sieben, acht Monate nach meiner Akkreditierung als erster Leiter unserer Ständigen Vertretung am 20. Juni 1974, konnte ich anfangen zu hoffen, allmählich mein Gastland, die Deutsche Demokratische Republik, hinter unseren bundesrepublikanischen Klischees von dem anderen deutschen Staat zu erkennen und – soweit es einem privilegierten Westdeutschen möglich ist – zu begreifen. Unter den Mitarbeitern der Vertretung entwickelte sich im ersten Jahr die Gewohnheit, montags morgens die Erfahrungen vom vergangenen Wochenende auszutauschen: Orte und Landschaften, die man gesehen hatte, Menschen, denen man begegnet war, Gastwirtschaften, die von der grauen Norm wenigstens in Nuancen abwichen, Liederabende in überfüllten Vorstadtsälen, Badeseen rund um Berlin.

Eine Vielzahl persönlicher Eindrücke und Erfahrungen war nötig, damit sich der Nebel, in dem wir uns zunächst bewegten, zögernd lichten konnte. Die – überwiegend außergewöhnlich tüchtigen und engagierten – Mitarbeiter der Vertretung in den Anfangsjahren wußten in ihrem jeweiligen Fach sozusagen alles über die DDR, was aus zugänglichen Papieren zu lernen war. Ich selber führte, in der Nachfolge Egon Bahrs, schon seit etwa einem Jahr vom Bonner Kanzleramt aus die Verhandlungen mit der DDR über den Status der Missionen, die die beiden Staaten dann wechselseitig errichteten. Noch bevor wir uns in Berlin (Ost) etablierten, waren mir also Kurt Nier, der seinerzeit für Westeuropa zuständige Vizeaußenminister der DDR, und Karl Seidel, der Leiter der »BRD«-Abteilung im DDR-Außenministerium, halbwegs geläufige Kontrahenten geworden. Mit meiner Delegation war ich bei zweitägigen Verhandlungsrunden in Ost-Berlin auch schon ein paarmal um die Marienkirche am Alexanderplatz gegangen, wenn wir eine interne Zwischenbilanz über den Verhandlungsstand ziehen, das aber nicht im Hotel tun wollten. Wir waren also gerüstet – das Wort bezeichnet unsere damalige Verfassung genau –, als wir im Sommer 1974 (am 2. Mai hatten wir ein Vorauskommando entsandt) in die DDR kamen.

Und dann war fast alles so, wie wir es erwartet hatten – aber es war auch alles anders. Einer der ersten wichtigen Schritte, um die Realitäten der DDR zu begreifen, ist die Einsicht in deren heutige Vielfalt. Für fast alle Meinungen und Urteile (für die Vorurteile ohnehin), die es hierzulande über den anderen deutschen Staat gibt, lassen sich drüben Belege finden. Zu jedem Beleg jedoch gehört ein weiterer, der den ersten Befund verändert, und dann noch einer, der nach dem zweiten Blick einen dritten nötig macht. Dies gilt gewiß für alle Staaten und Gesellschaften, die zu verstehen man sich bemüht. Im Falle der DDR kommen aber zu der gewöhnlichen Komplexität eines Gemeinwesens die besonderen, komplizierten, oft verdeckten Merkmale hinzu, die sich bis heute aus dem gemeinsamen Geburtsfehler der beiden deutschen Staaten – aus einer Teilung hervorgegangen zu sein – ergeben. Der weite Abstand zwischen einem Oberflächenbefund der DDR, gleichgültig, ob ihn die dortige

Propaganda positiv schildert oder unsere hiesige Agitation ihn ganz anders darstellt, und den Wirklichkeiten des Lebens im anderen deutschen Staat ist mit keiner Phrase zu überbrücken. Selbst die drüben lebenden Gegner des SED-Regimes werden von den bei uns gängigen Behauptungen über ihre Haltung und deren Gründe nur sehr unvollständig erfaßt. Nach dreißig Jahren entzieht sich Deutschland jenseits der Elbe einer reinlich scheidenden Lackmusprobe. Die Mischung aus guter und böser deutscher Vergangenheit, aus Maßstäben des real existierenden Sozialismus, die sich auch Systemgegner längst angeeignet haben, ohne es noch recht wahrzunehmen, aus fruchtbarer und steriler Provinzialität, aus Idealismus und aus Anpassung, aus ganz anderem Umgang untereinander und mit uns, wenn wir zu Besuch kommen; wobei im Verkehr mit uns auch wieder eine Mischung zutage tritt aus wirklicher Distanz zum eigenen Staat und behaupteter, womit man auf gemutmaßte westdeutsche Erwartungen spekuliert: die Mischung des vielfältigen Existierens in der DDR spottet schier jeder Beschreibung.

Wo man einsteigt in das zerklüftete Gebirge, ist ziemlich gleichgültig. Man kann über diese Route beginnen: Unter allen Gesellschaften des Ostblocks, die erst nach 1945 kommunistisch strukturiert wurden, also in dieser Hinsicht zwei Generationen jünger sind als die sowjetische, ist die Gesellschaft der DDR die einzige, in der die frühere Oberschicht (einschließlich des oberen Mittelstands) keinerlei Rolle mehr spielt. Man kann da und dort noch dem Träger eines alten Namens, einem großbürgerlichen Nachfahren begegnen. Aber deren Existenz ist eine gänzlich private, sie hat keinerlei gesellschaftliche Relevanz – anders als etwa in Polen oder Ungarn. Natürlich haben die Abkömmlinge der einstigen Besitz- und Machteliten auch dort keine Positionen mehr inne, die aus ihrer Herkunft sich ableiten. Aber sie haben noch, unbeabsichtigt, ungewollt, eine gesellschaftliche Funktion: Sie sind noch so viele, daß sie bestimmte Formen, Gewohnheiten, Erscheinungsbilder der Gesellschaft beeinflussen.

Die Bedeutung dieser Rolle erschöpft sich nicht in der Gewandtheit eines kommunistisch-polnischen Handkusses oder der Eleganz eines kommunistisch-ungarischen Kaffeehauses. Unterhalb der Macht ist auf diese Weise eine gewisse Verbindung mit der einstmals anders gegliederten Gesellschaft des Landes erhalten geblieben. Da, wo sich Privates und Öffentliches berühren, gibt es spürbare, die Gegenwart mitprägende Rückgriffe auf den Geschmack, auch auf die Erfahrungen einer differenzierteren Gesellschaftsstruktur. Wer mit westlich justierten Augen das privat-öffentliche Leben – in Geschäften, in Gasthäusern, beim Flanieren auf den Straßen – in Berlin (Ost) und Budapest betrachtet, sieht Unterschiede, die nicht nur auf die unverblümtere Hinwendung der Ungarn zum Gulasch-Sozialismus zurückzuführen sind oder mit dem Operettenklischee von Honved-Schick ausreichend erklärt werden. An dieser Stelle wird nicht über die eine oder die andere Gesellschaft geurteilt, wohl aber daran erinnert, daß auch ästhetische Kriterien bedeutsame politische Fakten sind.

Es liegt auf der Hand, warum die DDR freier ist von Überbleibseln der ehemaligen Eliten als die osteuropäischen Volksrepubliken. Die Flucht oder Ausreise war für Polen, Ungarn oder Tschechen schon immer der Übertritt in ein anderes Land mit einer fremden Sprache, in einen ausländischen Staat. Manchen erschien dieser Schritt, auch wenn er möglich war, als zu groß. Für ihre mitteldeutschen Standesgenossen, sofern sie nicht schon 1945 vor der Roten Armee geflohen waren, war es zunächst nur ein Wechsel über die grüne Grenze zwischen einer Besatzungszone und den anderen. Auch nachdem diese zu zwei Staaten geronnen waren, blieb es bis zum Mauerbau im Jahre 1961 relativ leicht, der DDR den Rücken zu kehren, nicht nur äußerlich. So viel man auch verlor, mit dem Bewußtsein, eine regelrechte Emigration auf sich zu nehmen, sind damals wohl nur wenige ins West-Berliner Aufnahmelager Marienfelde gekommen. Dazu mußte die staatliche Teilung Deutschlands sich auch in den Gefühlen der Deutschen erst festsetzen. Seinerzeit, in den fünfziger Jahren, war die Vorstellung, etwas von Dauer vollziehe sich, noch sehr blaß, kaum vorhanden. Wenn man ging, so wechselte man die ideologischen Fronten, blieb aber dem Empfinden nach im selben Land; der sozialen, gesellschaftlichen Herkunft gemäß: in dessen angemessenerem Teil.

Die Konsequenzen aus der Eigentumspolitik der kommunistischen SED, die den Exodus hauptsächlich bewirkten, zielten nicht nur auf die Oberschicht, auf Rittergutsbesitzer und Industrielle. Sie griffen, etwa beim großen Bauernlegen in den fünfziger Jahren, als die Landwirtschaftlichen Produktionsgenossenschaften (LPG) entstanden, weit in den Mittelstand hinein, hinunter bis zu Landwirten und Handwerksmeistern als Eigentümern auch nur mittelgroßer Betriebe. Viele Akademiker, Ingenieure, Ärzte, Chemiker fühlten sich mitbetroffen, obwohl sie es zum Teil nur mittelbar waren; freilich waren es ihre Kinder in ihren Ausbildungschancen: keine Studienplätze für die Gestrigen. Einige sind geblieben; es sieht so aus, als seien es in Dresden mehr als in Berlin: private Existenzen ohne gesellschaftliche Prägekraft, ohne stilbildende Wirkung.

Oberflächlich betrachtet, ist uns das geläufig. Das westdeutsche Bild von der DDR wird stark mitbestimmt von dramatischen Fluchtversuchen. Die volle Bedeutung der Massenabwanderung in den fünfziger Jahren bleibt aber dennoch in unserem öffentlichen Bewußtsein weithin unbeachtet, sogar unerkannt. Unter den hochentwickelten Industriegesellschaften der Welt, also unter Ausschluß von Bevölkerungsverschiebungen beispielsweise in Indochina, ist die der DDR in den Bedingungen ihrer Gründerzeit, ihrer ersten drei Jahrzehnte, bis heute einmalig auf Erden. Allmählich bilden sich neue Schichtungen heraus; die heute Dreißigjährigen in der DDR – geboren, erzogen und ausgebildet in dem neuen Staat – bringen Differenzierungen in die Gesellschaft hinein, die sich aus ihren unterschiedlichen Funktionen und Interessen ergeben. Es gibt heute wohlhabende, sogar reiche Leute in der DDR; Ärzte, beziehungsstarke Handwerker, Künstler haben einen speziellen Lebensstandard erreicht. Aber alle nennenswerten Auffächerungen der Gesellschaft der DDR entwickeln sich aus ihrer sozialen Einschichtigkeit, wie sie nach 1949 aus dem – im Sinne gesellschaftlicher Bedeutung – vollständigen Verschwinden der einstigen Oberschichten resultierte.

Bis auf den heutigen Tag, und sicherlich noch für längere Zeit, wird der andere deutsche Staat davon geprägt, daß in ihm als soziale Schicht, als Klasse, nur die sogenannten kleinen Leute zurückblieben. Auch von ihnen drängten und drängen viele aus der DDR heraus. Aber als gesellschaftliche Kraft, die zählt, gab es bald nach Staatsgründung nur noch sie. Im pathetischen Sprachgebrauch der Sozialistischen Einheitspartei Deutschlands (SED) heißen sie Arbeiter (sowie Genossenschaftsbauern und klassenverbundene, werktätige Intelligenz); in bezug auf die Arbeit, die sie verrichten, trifft das zu. Korrekter aber ist es, von Kleinbürgertum zu sprechen. Denn in der gemeinsamen Vergangenheit bis 1945 ist der Wandel von der bewußten, selbstbewußten Arbeiterklasse zum Kleinbürgertum, der sich in den letzten fünfzig Jahren vollzog, an den mitteldeutschen* Arbeitern ebensowenig vorübergegangen wie an den westdeutschen. Die SED hat es weit überwiegend mit Kleinbürgern zu tun, die in der Produktion tätig sind; nicht mit Arbeitern in des Wortes klassischer Bedeutung, wie es in der kommunistischen Ideologie und Heldensaga verwendet wird. Aber immerhin: Es ist ein Staatsvolk aus kleinen Leuten. Das kann man zärtlich und zynisch sagen.

In Westdeutschland wird gewöhnlich übersehen, daß die Massenabwanderung aus der DDR bis zum Jahre 1961 die staatliche Teilung des deutschen Volks auch zu einer sozialen hat werden lassen. An diesem Faktum werden alle Bemühungen scheitern, die nationale Identität der Deutschen in Gegenwart und Zukunft nach dem herkömmlichen bürgerlich-nationalliberalen Verständnis zu definieren. Eine solche Definition läßt sich allenfalls auf die Bundesrepublik anwenden, obwohl sie auch für den westdeutschen Staat nur noch bedingt tauglich ist. Nach meinen Erfahrungen trägt die unterschiedliche Sozialschichtung diesseits und jenseits der Elbe erheblich zum Auseinanderleben der Deutschen hüben und drüben bei; stärker hier als dort. Bei vielen Westdeutschen bewirkt die Dominanz des Kleinbürgerlichen in der DDR, wenn sie das Land besuchen, ohne Verwandte oder Freunde dort zu haben, ein Gefühl des Unbehagens vor Fremdartigem. Sie sagen dann meistens, das liege am Regime der SED; auch am Mangel an hübschen Restaurants und Geschäften, wie man sie von zu Hause gewohnt sei; es sei alles so grau in der DDR. Das ist nicht falsch, aber es bleibt in diesem Zusammenhang ein Oberflächenbefund. Bei weiterem Nachfragen erweist sich sehr oft, daß die stärkste Wurzel für das unbehagliche Empfinden der Bundes-

**Mitteldeutschland* nenne ich häufig in diesem Buch die DDR und weiß genau, daß dies ein ungenauer Sammelbegriff ist; denn Mecklenburg, natürlich, ist norddeutsch, an manchen Stellen mit ersten, leisen Anklängen des Ostens; und an den Elbhängen flußaufwärts von Dresden spielt nach meinem Empfinden Süddeutsches in das Mitteldeutsche hinein. Mein Sammelbegriff vernachlässigt das. Auch weicht er von der Übung ab, die DDR – im Gegensatz zu Westdeutschland – Ostdeutschland zu nennen. Damit könnte er mißdeutet werden als Ausdruck einer revanchistischen Haltung in bezug auf das ehemalige Deutschland jenseits von Oder und Neiße; das ehemalige, das aber doch ein unbestreitbarer Teil unserer Vergangenheit ist. Also stelle ich ausdrücklich fest: keine Spur von diesem Revanchismus schwingt bei mir mit, wenn ich die DDR nicht Ostdeutschland nenne. Ich bringe es nur aus kulturellen, historischen Gründen nicht über mich, den Thüringer Wald, Weimar, Leipzig ostdeutsch zu nennen.

bürger auf Reisen in der DDR, etwas Fremdartigem, Unvertrautem gegenüberzustehen, in den unverfälschten Zeugnissen kleinbürgerlichen Lebensgefühls dort zu finden ist; in Mentalitäten und deren sichtbarem Ausdruck, die im Grunde nichts mit dem politischen System der DDR und dessen ökonomischen Mängeln zu tun haben, sondern damit, daß im privatöffentlichen Leben kleine Leute, wie man sagt, den Ton angeben, stilistisch, geschmacklich – mit einem Wort: ungeniert.

Daran stoßen sich unbewußt viele Westdeutsche, so habe ich beobachtet, selbst dann, wenn sie zu Hause keineswegs zu den materiell besonders gesegneten Schichten gehören. Was sie verstört, ist die Begegnung mit Gewohnheiten und Formen des täglichen Lebens, denen nicht der Hang zu Höherem, der Drang nach oben innewohnt, wie sie direkt und indirekt die westliche Werbeindustrie als Voraussetzungen des Glücks anpreist. Ganz gewiß wollen die Menschen in der DDR mehr konsumieren und allgemein bessere Existenzbedingungen erreichen. Aber so, wie ihre Gesellschaft ist, sind ihre Bemühungen um einen höheren Lebensstandard frei von der Vorstellung, damit wäre auch ein Aufstieg in eine höhere Klasse, das Emporkommen zu feineren Kreisen verbunden. Die Westdeutschen treffen in Mitteldeutschland auf Kleinbürgertum pur. Die Bewohner der DDR kennen bisher und wohl noch auf lange Zeit keine quälenden Selbstzweifel an ihrem gesellschaftlichen Standort. Man lebt als das, was man ist; ohne jene Kaschierungen, die sich in der Bundesrepublik dank der verkaufsfördernden, scheinbar stilbildenden Orientierung an Oberschichten breitgemacht haben. Das Unbehagen des ahnungslosen Besuchers verrät, daß nicht nur Mauer und Stacheldraht die Deutschen trennen, sondern auch Idole, die der Wohlstand schafft. Eine Gesellschaft ohne sie, und sei es auch nicht aus Einsicht, sondern wegen der vorgegebenen Verhältnisse: das ist exotischer als Bangkok.

Manche Intellektuellen in der DDR (richtiger wohl: manche aus der Intelligenzschicht) gründen ihre Zustimmung zu ihrem Staat auf eben diese soziale Vorherrschaft der kleinen Leute. Ihre Zweifel am ideologischen Überbau, ihre Unzufriedenheit mit ideellen und materiellen Mängeln des Systems kompensieren sie mit der Genugtuung, daß endlich einmal die von unten, die soziologisch größte Schicht der Gesellschaft, den allgemeinen Lebenszuschnitt bestimmen. Diese Haltung verrät viele Sentimentalitäten und wenig Theoriebewußtsein. Soweit ich es erkennen konnte, hat es in den siebziger Jahren in der DDR so gut wie keine Theoriediskussion über den Kommunismus gegeben. Weder der Eurokommunismus noch ökologische Probleme, die auf den Wachstumszwang des Systems einwirken und auf die Wolfgang Harich aufmerksam machen wollte, haben einen spürbaren Widerhall bei jenen Intellektuellen gefunden, die sich zwar nicht unbedingt der SED, wohl aber ihrem Staat verbunden fühlen und also am ehesten disponiert wären, in der Theorie nach neuen Wegen zu suchen. Auch Rudolf Bahro und Robert Havemann haben keine nennenswerten Spuren im Bewußtsein dieser Leute hinterlassen. An Bahro interessierten die heimlichen DDR-Leser weit mehr dessen Analysen der Zuständigkeitsfeigheiten im täglichen Planwirtschaftsablauf – da lasen sie von ihren Problemen und Frustrationen – als die theoretischen Schlußfolgerungen; das ist jedenfalls der Eindruck, den ich aus Gesprächen gewonnen habe. Das ohnehin spärliche Echo für Havemann in seinen letzten Jahren beruhte fast ausschließlich auf der Sympathie, die sein Stehvermögen unter den widrigen Lebensumständen, wie sie das westdeutsche Fernsehen in der DDR bekanntmachte, auslöste.

Bei beiden, Bahro wie Havemann, und bei manchen anderen Personen und Vorgängen in der DDR, deren Außergewöhnlichkeiten im Sinne der mitteldeutschen Norm erst durch die ›Tagesschau‹ zu einem allgemeinen Ereignis jenseits der Elbe werden, liegt ein Teil der Bedeutung ohnehin an der Art des Bekanntwerdens: Die Schadenfreude, daß das Regime die Nachricht über Abweichungen nicht verhindern konnte, ist in der Regel bei vielen Mitteldeutschen stärker als das Interesse an den Inhalten, die mit den Abweichlern und demonstrativen Handlungen verbunden sind. Diese Tatsache wird weder die westdeutschen Agitatoren gegen die DDR noch die Gesinnungskontrolleure dort um Lohn und Brot bringen. Beider Wirken basiert auf fixen Ideen, die um so dauerhafter sind, je mehr sie sich von den Realitäten entfernen.

Unter jenen Intellektuellen, die kein nennenswertes Interesse an Fragen der Theorie haben, aber mit dem Staat der kleinen Leute sympathisieren, sind Parteilose, Mitglieder von Blockparteien der DDR, aber auch solche, die der SED angehören. Für diese ist zwar jedes Jahr ein Parteilehrjahr. Aber die Schulung, die dabei den Genossen der SED zuteil wird, zielt thematisch und ihrer Art nach eher darauf, agitatorische Fähigkeiten zu entwickeln – glatte, standardisierte Antworten auf aktuelle internationale und innenpolitische Fragen werden zum Weitergeben vermittelt –, als darauf, den ideologischen Überbau diskutiv zu durchdringen. Das ist zweckmäßig bei einer Partei, die mit zwei Millionen Mitgliedern in einem Staat von nicht einmal siebzehn Millionen Bewohnern längst keine Kaderpartei mit avantgardistischen Vorstellungen mehr ist, sondern sozusagen Hausobmann-Funktionen wahrnimmt. Ich habe nicht herausfinden können, welche Theorieprobleme in den Oberseminaren der Parteihochschule diskutiert werden. Aber welche immer es auch sein mögen, einen spürbaren Einfluß auf das intellektuelle Klima des Landes üben sie nach meinen Beobachtungen nicht aus. Das Theoriedefizit, die weitgehende Erstarrung des Überbaus resultieren vor allem wohl daraus, daß die SED (wie die anderen Staatsparteien des Ostblocks) eine Partei *regierender* Kommunisten ist. Es ist ein Tribut an die Macht. Ohne Regierungsverantwortung theoretisiert es sich auch für Kommunisten sehr viel leichter.

Hier wird berichtet von politisch interessierten Menschen in der DDR, die älter als vierzig Jahre sind, Intelligenzfunktionen innehaben, um keinen Preis blinde Parteigänger des Regimes sein wollen, die vieles aus eigener frustrierender Erfahrung bemängeln, von denen nur einige sich ohne komplizierte Wenn-und-Aber-Erklärungen als Kommunisten bezeichnen – die aber alle doch meinen, ihr deutscher Staat habe seine Chancen wenigstens teilweise gut und richtig genutzt. An der herrschenden Ideologie theoretisch wenig interessiert, stützt sich ihr bedingtes Einverständnis mit der Deutschen Demokratischen Republik auf das tiefwurzelnde Gefühl, in ihrem Land der kleinen Leute sei man den grundlegenden Absichten der ersten Nachkriegszeit im geschlagenen Deutschland – Absichten, die nach ihrem Verständnis oberhalb der systemgebundenen Ideologien angesiedelt waren – enger verhaftet geblieben als in der Bonner Bundesrepublik. Woraus dieses Gefühl sich speist, ist typisch für viele Empfindungen und Meinungen drüben: Nur zum Teil leben sie aus den Gegebenheiten der DDR selber, ebenso stark nähren sie sich aus dem unablässigen Vergleich mit Westdeutschland. Es gibt jenseits der Elbe eine argwöhnische, gelegentlich auch hochmütige Betrachtung mancher restaurativer Entwicklungen in der Bundesrepublik, die hierzulande weit weniger noch wahrgenommen werden als drüben. Unter den obwaltenden Umständen sind dies in der ganz überwiegenden Regel, die nur wenig Ausnahmen kennt, Beobachtungen mit den Augen anderer; also vor allem durch das bundesrepublikanische Fernsehen, das in die DDR ausstrahlt. Aber das gilt natürlich für fast alle Schlüsse, die von den Bewohnern der DDR aus den Zuständen in der Bundesrepublik gezogen werden. Was beim zwischenstaatlichen Vergleich im Blick auf den materiellen Lebensstandard und die Freizügigkeit zu unseren Gunsten wirkt, schlägt bei jener Minderheit, die sich auch für die Dauerhaftigkeit von Idealen interessiert, die man nach 1945 für einige Jahre in ganz Deutschland hegte, zu unserem Nachteil aus.

Gerade mit dem andauernden Seitenblick auf die Bundesrepublik, der für die Menschen in Mitteldeutschland bezeichnend ist, meint diese Minderheit, sich mit ihrem deutschen Staat in einer Sache sehen lassen zu können: die grundsätzliche, tiefgreifende, umfassende Überwindung des Nationalsozialismus als verpflichtendes, konkretes Ideal, von dem man auch durch keinerlei Relativierungen ablassen wollte – dieser Vorsatz von 1945, so sagen jene Leute, die solche Fragen wichtig nehmen und damit dort wie hier eine Minderheit sind, sei in Deutschland nur in der DDR lebendig geblieben. Haben sie unrecht?

Für die Jüngeren in der DDR, die Zwanzig- und Dreißigjährigen, ist die Überzeugung, in ihrem Staat sei man in diesem Punkt konsequenter, moralischer, ehrlicher geblieben als in der Bundesrepublik, von weit geringerem Wert als für jene, die über vierzig Jahre alt sind. Natürlich: Für die Jüngeren sind die Träume von 1945 blaß; sie sind nur ein Hörensagen, das auch noch durch das ritualisierte Antifaschismuspathos von Partei und Staats wegen verballhornt worden ist. Aber viele Ältere im Land aus dieser Gruppe – mittlere Chargen in den verschiedenen Intelligenzberufen, die sich nicht nur für das Private interessieren – haben aus dieser Überzeugung ihren begrenzten Frieden mit den Mängeln, den Widrigkeiten der DDR geschlossen.

Es ist ein brüchiger Friedensschluß. Nicht selten wird er aus einer einzigen weiteren Enttäuschung heraus – manchmal nur einem falschen Zungenschlag des Vorgesetzten, einer wirklichen oder vermeintlichen Ungerechtigkeit in der Arbeit oder bei der Zuweisung eines Ferienplatzes – aufgekündigt. So gut wie immer war es dann ein Vorgang, der sich nicht zum ersten Male ereignete: Der Beobachter erkennt, daß es viele Fässer dort gibt, die zum Überlaufen nur noch eines Tropfens bedürfen. Von der Mentalität der Bürokratie in Ämtern und Betrieben, mit deren Hilfe die SED das Land verwaltet, und die immer diesen Tropfen zur Hand hat, wird noch zu berichten sein. Wenn das Maß dann voll ist, liegt angesichts der deutschen Teilung für die Menschen in der DDR die vollständige Abkehr, die radikale Lösung scheinbar nahe: Gleich nebenan gibt es uns, den anderen deutschen Staat. Der Ausreiseantrag wird gestellt. Die damit verbundenen Nachteile, oft Schikanen, und vor allem die schließliche Ablehnung des Antrags verfestigen bei den Betroffenen die Frustration, die zunächst nur einen Tropfen – wenn auch den letzten – schwer war, auf lange Zeit, oft auf Dauer. Einigen aus der hier beschriebenen Gruppe wird gestattet, die DDR zu verlassen. Sie kommen in die Bundesrepublik Deutschland und finden manches anders vor, als sie es zu kennen meinten, teils besser, teils böser. Einige von ihnen schicken sich darein; die anderen wirken, wenn man mit ihnen über die beiden Staaten spricht, wie blasse Schemen, die jeden Hintergrund verloren haben. Die Aufteilung Deutschlands auf zwei einander feindliche Weltlager hat ihre geistige Existenz ausgehöhlt. Mit ihnen wird eines Tages viel Sensibilität für tiefere Gründe des Auseinanderlebens zwischen hüben und drüben aus dem Bewußtsein der deutschen Nation entschwinden. Wir haben mit ihrem Pfund kaum je gewuchert.

Ich komme zurück auf die Überzeugung mancher Vierzigjähriger und Älterer in der DDR, in ihrem Teil Deutschlands sei man dem »Niemals wieder« treuer geblieben, mit dem die Gutwilligen, Bereitwilligen unter den Deutschen 1945 den Faschismus, seine vielfältigen Abarten und auch Vorstufen quittierten. Ich verharre dabei, weil diese Auffassung – obwohl nur die einer, allerdings geschichtsbewußten Minderheit – das geistige Klima des Landes drüben in den vergangenen drei Jahrzehnten mitbestimmt hat und auch noch für einige weitere Zeit beeinflussen wird. Der Generationswechsel, der diese Nabelschnur zurück ins Jahr 1945 abreißt, ist in der DDR bisher weit weniger vollzogen worden als in der Bundesrepublik. Wenn man in die DDR hineinhorcht; privaten Gesprächen mancher ihrer Bürger über die Geschichte der Deutschen in den letzten hundert Jahren zuhört; wenn man am Tonfall und der Formulierung wahrnimmt, wie gegenwärtig vielen Menschen dort Ereignisse und Entwicklungen der Nachkriegszeit in Deutschland noch sind, die in Westdeutschland längst zur Zeitgeschichte absanken – dann läßt sich erkennen, daß die DDR den ersten Nachkriegsjahren, die nicht nur Nöte mit sich brachten, sondern auch neue Gläubigkeiten, ideelle Wertmaßstäbe und Vorsätze, noch viel näher ist als unser deutscher Staat.

Diese größere Nähe, die vorläufig noch andauernde Gegenwärtigkeit von Stimmungen aus den damaligen Besinnungsjahren beruhen zuallererst auf dem geringeren Wirtschaftsaufstieg aus den Ruinen. Die materiellen Mängel tragen erheblich dazu bei, Erinnerungen wachzuhalten, die bei uns an Konsummöglichkeiten erstickt sind. Aber Mitteldeutschland ist der jüngsten gemeinsamen Vergangenheit der Nation – der ersten, noch staatenlosen Nachkriegszeit – nicht nur um ein ausgebliebenes Wirtschaftswunder näher als Westdeutschland. Maßgeblich mitbestimmt von den materiellen Bedingungen, auch davon, daß sich drüben eine stalinistisch-sowjetische Besatzungsmacht etablierte, der man sich weit weniger öffnete als den hiesigen westlichen, verlangsamten sich der Lebensrhythmus, das Verwandlungstempo des Landes auch im Geistigen, verstärkte sich das Beharrungsvermögen. Dies ist immer im Vergleich zur Bundesrepublik gesehen, nicht zu anderen Staaten des Ostblocks.

Gelegentlich habe ich während meiner Jahre dort gedacht, daß diese mitteldeutsche Mentalität normaler, bekömmlicher geblieben sei als unsere, deren Wegwerftrieb nicht auf Polstermöbel beschränkt ist. Es wird davon berichtet werden, was der konservative Grundzug des ersten Arbeiter- und Bauernstaats auf deutschem Boden, als den sich die DDR deklariert, im täglichen Leben der Menschen bewirkt. An dieser Stelle ist, auf die Beharrungskraft bezogen, noch immer die Rede von jener Gruppe älterer Intelligenzler, die uns, der Bundesrepublik gegenüber skeptisch, manchmal sogar ablehnend ist und halbwegs mit der DDR einverstanden (falls nicht einmal der letzte Tropfen das Faß zum Überlaufen bringt), weil sie an Idealen festhält, die aus der Niederlage des nationalsozialistischen Deutschlands geboren wurden. Das paßt schlecht in unser grobgerastertes Bild vom anderen deutschen Staat – und ist doch (neben anderen) ein Schlüssel zu seiner Entzifferung ebenso wie zu der unseres eigenen. Unsere fast reflexhaften Reaktionen, mit denen wir solche Einsichten, die sich dem herrschenden Klischee nicht anbequemen, gewöhnlich zurückweisen, mit denen wir sie vor uns nicht zulassen wollen: aus ihnen ist die Mauer zusammengesetzt, die wir gebaut haben.

Daß auch drüben ehemalige Mitglieder der NSDAP in die verschiedenen Apparate und Organisationen des neuen Staates aufgenommen wurden; daß der DDR die Merkmale eines totalitären Regimes zu eigen sind: Einwände von solcher Vordergründigkeit, in denen sich hierzulande die geistige Auseinandersetzung mit *drüben* oft erschöpft, sind nicht falsch, aber sie verfehlen dennoch die bestimmende Wirklichkeit des deutschen Staates zwischen Elbe und Oder und Neiße. Der Besitz von nicht verdrängten Erinnerungen an – damals gesamtdeutsche – Ideale der ersten Nachkriegszeit, von dem die beschriebene Gruppe in der DDR nicht nur zehrt, sondern aus dem sie auch bis über die Schwelle der achtziger Jahre hinweg einen noch, gerade noch mitwirkenden Klimafaktor des Landes gemacht hat, weist sich für den westdeutschen Beobachter in vielen Einzelheiten aus und fügt sich in manchen dort geführten Gesprächen zu einem historischen Bewußtsein zusammen, das ihn zunächst verwirrt. Zu den – beispielhaft gemeinten – Einzelheiten, auf die man sich etwas zugute hält, gehört, daß nach dem Kriege nicht nur Anna Seghers und Bertolt Brecht aus der Emigration in die spätere DDR zurückkamen, sondern daß auch Arnold Zweig es tat und Heinrich Mann es fest vorhatte, bevor er in Kalifornien starb. Der Hinweis zum Beispiel auf Brechts Zweifel nach dem 17. Juni 1953 verfängt bei den Gesprächspartnern nicht: schließlich sei er aber doch geblieben. Die Dürftigkeit einer solchen Antwort ficht sie nicht an. Gegen das argumentative Durchdringen einzelner Fälle oder genereller Entwicklungen in der DDR, die den Idealen der Heimkehrer schweren Abbruch getan haben, setzen sie Brechts Wort von den Mühen der Ebene, auf der man sich vorwärts quäle: aber eben doch mit dem Gepäck des Aufbruchs, das bei ihnen – anders als bei uns – nicht als Ballast abgeworfen worden sei.

Natürlich steckt viel Selbstschutz in dieser Haltung. Der Schatz, den sie hüten, ist gelegentlich auch ihr Notpfennig, wenn Zweifel sie zu plagen beginnen. Manche Gespräche habe ich versickern lassen, ohne immer noch einmal ein Argument vorzutragen: Der Debattensieg um jeden Preis – also auch um den Preis, etwas zu beschädigen, das manchen Älteren dort das Herz erwärmt – hätte die Möglichkeit zu verstehen, was diese Menschen in der DDR hält und stützt, zu der Gelegenheit vermindert, recht zu behalten. Und die Chance des Rechthabens ist jedenfalls keine, die der getrennt lebenden Nation nützt; noch dazu viele Westdeutsche, wie ich oft erlebt habe, die Vorzüge unseres hiesigen Systems nur an den Mängeln des dortigen zu belegen wissen. Bei solcher Beweisführung bleibt mindestens ein wichtiger Vorzug unseres Pluralismus auf der Strecke, bleibt für das Verstehenkönnen ungenutzt: die andere Seite zunächst einmal aus deren eigenen Bedingungen und Vorstellungen heraus zu begreifen, anstatt nur nach unserem eigenen Bilde. Solcher Art von Beweisführung entspricht im Materiellen das Begriffsvermögen mancher westdeutscher Besucher drüben, die ihren Mercedes, mit dem sie angereist sind, nur nach Komfort und Motorstärke mit dem Wartburg-Automobil ihres mitteldeutschen Verwandten vergleichen, ohne zu bedenken, daß die Leistung ihres Gastgebers, die zum Wartburg führte, die für den Kauf des Mercedes beträchtlich übersteigt.

Manche Einzelheiten der gehüteten Erinnerung findet man am Straßenrand. Nördlich von Berlin, von Oranienburg in die Mark hinein, stehen in Dörfern und an Kreuzwegen hölzerne Tafeln – Marterl sagt man in Bayern –, auf denen, Ort um Ort, der Todesmarsch aufgezeichnet ist, auf den im Frühjahr 1945 viele hundert KZ-Häftlinge von der SS getrieben worden sind. Die Farbe auf den Tafeln verblaßt freilich mehr und mehr. Zusammenfassen läßt sich dies alles wohl so: Was im Jahre 1945, nach dem Zusammenbruch des nationalsozialistischen Regimes, als Deutschlands Rest vorerst nur in Besatzungszonen aufgeteilt war, was damals den dafür aufgeschlossenen Deutschen auf beiden Seiten der Elbe, in Braunschweig ebenso wie in Magdeburg, nach zwölf Jahren Verfemung als Orientierungswerte angeboten wurde, das ist nach der Überzeugung der beschriebenen Gruppe nur in der DDR unrelativiert erhalten geblieben. Also: Carl von Ossietzky nur als Opfer der Nationalsozialisten; und nicht auch inzwischen als ein dubioser Linker, dem aus Reichswehrgründen ein Landesverratsprozeß gemacht werden mußte und nach dem besser keine westdeutsche Universität benannt wird. Heinrich Heine als ein deutscher Dichter, über den es keinen Denkmalstreit geben kann. Rosa Luxemburgs Briefe aus dem Gefängnis. Und, zum Beispiel, unverändert die negative Einschätzung Ernst Jüngers, wie sie nach dem vorläufig letzten hiesigen Krieg noch gesamtdeutsch vorherrschte; weswegen die Ehrungen, die Jünger 1982 in Frankfurt am Main dargebracht wurden, die deutsche Teilung vertiefen. So denken, so empfinden im anderen deutschen Staat nicht nur blinde Parteigänger der kommunistischen SED, sondern, über diesen geschlossenen Kreis hinaus, auch ältere geschichtsbewußte Deutsche, deren Friedensschluß mit dem Regime ein kritischer, ein bedingter ist – aber eben jener über Rosa Luxemburg einerseits und Ernst Jünger andererseits.

Mir sind die Einwände, die gegen eine solche Sicht der Dinge vorzutragen sind, geläufig. Ich habe sie oft geltend gemacht. Aber keiner unserer Einwände überwältigt die Skepsis dieser Menschen. Alle Gründe, die wir dafür nennen, wieder differenzierter, anders zu denken als gleich nach dem Kriege, wurzeln, so argwöhnen sie, in jener Relativierung des Nationalsozialismus – nicht der SS-Wachen von Auschwitz, aber doch und vor allem seines historischen und sozialen Umfelds –, die sie nicht mitvollzogen haben. Ihre Skepsis uns gegenüber ist öfter von Bitterkeit als von Selbstzufriedenheit begleitet. Sie sind, kann man sagen, Gesamtdeutsche aus der Nachkriegszeit, die ihr bedingtes geistiges Heimatrecht generell – nicht individuell, wenn der letzte Tropfen das Faß der Frustrationen zum Überlaufen bringt – in der Deutschen Demokratischen Republik eher verankert sehen als bei uns. Die Ideale von 1945 und die DDR – immerhin, immerhin – als der deutsche Staat der kleinen Leute: das sind die Anker, mit denen ihr beharrliches Selbstbewußtsein im Grundsätzlichen festgemacht ist.

Schier zum Verzagen ist der Versuch, die geistige Beschaffenheit eines geteilten Volkes zu ergründen. Das gedankliche Durchdringen der deutschen Teilung, ihrer bis heute schon eingetretenen Folgen stößt bis zum Verzweifeln, hüben wie drüben, an Innenmauern, die nicht weniger real sind als das Berliner Monstrum. Ich habe in meinen Jahren vor Ort erfahren, daß deutsch-deutsche Gespräche selbst unter Freunden immer wieder einmal an eine Ecke führen, um die man ohne Argwohn biegt, weil man sich doch schon ganz gut kennt und viel voneinander weiß, auch von den Bedingungen, unter denen der eine, man selber, und der andere denkt und empfindet – und unversehens steht man hinter jener Ecke vor etwas fast Fremdem, mindestens aber Unvertrautem. Solche Gesprächserlebnisse können weitere Fragen wecken; alle Antworten werden durch sie kleinlauter. Unterwegs in den vielfältigen Wirklichkeiten der DDR muß der westdeutsche Entdecker bereit sein, das Unvertraute zunächst einmal gelten zu lassen; also auf den Selbstschutz verzichten, es durch sofortiges Widerlegen vom eigenen Standpunkt aus zu überwältigen. Wie anders sollte man erforschen, was aus der deutschen Nation nach bald vierzig Jahren ihrer Entstaatlichung geworden ist?

Wenn man dem Unvertrauten sein Recht läßt, wenn man unerschrocken bleibt, gelangt man unter den skizzierten geschichtsbewußten Menschen in der DDR – durch Zuhören eher als durch Debattieren – zunächst also zu der Erkenntnis, daß ihnen Kriegsende, Ende der nationalsozialistischen Herrschaft, die ersten Nachkriegsjahre, die beginnende Teilung in allen ihren Bedeutungen um vieles näher geblieben sind als uns. Der westdeutsche Zuhörer macht sich die Gründe dafür klar (sie sind schon genannt worden). Er beginnt nach vielen Gesprächen zu begreifen, wie stark die anhaltende Gegenwärtigkeit dieser für die Bundesrepublik Deutschland schon so tief versunkenen Zeit von Ende und Anfang nicht nur die Werte und das Lebensgefühl der älteren Intelligenz drüben bestimmt hat, sondern allgemein in das mitteldeutsche Bewußtsein mit eingeflossen ist: von 1945 an gerechnet, fast vierzig Jahre lang. Der Westdeutsche schließt auf einen anderen, längeren Atem seiner Gastgeber, als er ihn von zu Hause gewohnt ist; auf einen beharrlicheren Lebensrhythmus auch im Geistigen; auf einen Konservativismus mit linken Inhalten; links von den achtziger Jahren her gesehen, nicht in allem auch von 1945 aus. War man denn damals links, wenn man Rosa Luxemburg als mutige Zeugin, als Zeugin mit ihrem Leben gegen reaktionäre Politik ansah und Ernst Jünger als einen feinsinnigen Zeugen dafür?

Der Westdeutsche erkennt betroffen einen weiteren Aspekt der Auflösung der nationalen Identität: neben der staatlichen und weithin auch der sozialen Teilung den Unterschied in den heutigen Begriffen, für den viele der beschriebenen Gesprächspartner in der DDR die einschlägige Agitation der SED nicht einmal gebraucht hätten, und der – um es noch komplizierter zu machen – nicht jeden Westdeutschen, der inzwischen anders über Jünger denkt als seinerzeit, als Reaktionär ausweist. Es ist eben nur auseinander gegangen: der Rhythmus, die Begriffe, das Sinnen, Trachten und Empfinden – und wenn es dennoch die Chance einer erneuerten nationalen Identität geben sollte, so wird diese weit ab von jeder bundesrepublikanischen Phrase liegen, mit der am 17. Juni und am 13. August die Kluft überbrückt werden soll.

Nachdenklich kann den Westdeutschen stimmen, daß heute manche engagierte, sensible jüngere Leute in der Bundesrepublik in ihren Idolen und Idealen mit den genannten Älteren in der DDR einige Berührungen haben. Natürlich gibt es auch ältere Westdeutsche mit dieser Gesinnung. Eine Minderheit sind sie in beiden deutschen Staaten. Die Mehrheit der Bevölkerung hüben wie drüben, wie überall, sucht und findet ihren Himmel nicht im öffentlichen, sondern im privaten Wertesystem. Aber sie bleibt nicht unbeeinflußt von der Bewußtseinsindustrie, deren Konsument als Leser, Zuschauer und Zuhörer sie ist, und auf die wiederum Minderheiten einwirken. Und dabei hat die Minderheit mit Nachkriegsgesinnung, wie ich sie nenne, in der DDR das allgemeine geistige Klima der Gesellschaft weit stärker mitbestimmen können als ihr Pendant in der Bundesrepublik. Zwar wird bei uns zweckbestimmt und zielgerecht von rechten Kräften immer wieder über eine angebliche Unterwanderung der Rundfunkhäuser von links lamentiert; zwar kaschiert eine – schon ziemlich brüchige – Pluralismusstukkatur an der bundesrepublikanischen Fassade die überwiegend restaurative Ausrichtung Westdeutschlands. Aber tatsächlich ist der einstmals bestehende Abstand zwischen den Medien mit Nachkriegsgesinnung und der schweigenden Mehrheit längst fast ganz aufgehoben worden – mittels und zugunsten einer Geisteshaltung, deren totalitärer Antikommunismus, bleiben wir noch einmal bei dem Beispiel, die Benennung von Oberschulen nach Rosa Luxemburg nicht duldet. Die aus diesem Geist propagierte innere Versöhnung des Volks nach dem Zusammenbruch, der Niederlage von 1945 – niemals wird in diesem Zusammenhang ein positiver Begriff verwendet –, ist auf den rechten Nenner gebracht worden. Die Errichtung etwa von Erinnerungsmalen an Konzentrationslager stört diesen inneren Frieden der Abgrenzung nach links.

Die kurze Zeit von Gustav Heinemann als Präsident und Willy Brandt als Kanzler, in der linksliberale Gesinnung wiederbelebt wurde, hat an der westdeutschen Grundhaltung wenig geändert. Die Beschäftigung mit der bösen deutschen Vergangenheit ist – als Angebot der Medien an die breite Bevölkerung – schon seit langem vordergründig geworden und gipfelt am fürchterlichsten in Abenteuerserien wie ›Holocaust‹. Ausnahmen bestätigen nur diese Regel. Gewiß sind die namhaften Schriftsteller der Bundesrepublik eher links von der Mitte als rechts von ihr zu Hause. In den meisten anspruchsvollen Zeitschriften, Rundfunk- und auch Fernsehprogrammen verficht man dementsprechende Auffassungen. So gesehen, gibt es in Westdeutschland eine politisch links orientierte Kultur. Aber daneben hat sich – auch in den Medien – längst eine rechte Grundstimmung durchgesetzt, die geradezu darin definiert ist, rechtsextremistische Formen abzulehnen, bisher jedenfalls, und dennoch in ihrer instinktiven Feindseligkeit gegen linke

Positionen, linke Analysen sogar, bis weit in sozialdemokratische Wählerschichten hineinzureichen.

Auch auf diesem Feld also, neben dem staatlichen und dem sozialen, ist die Teilung der Deutschen vertieft worden. Die Westdeutschen haben sich mit ihrem inzwischen vorherrschenden Bewußtsein weiter von dem Punkt entfernt, an dem die Spaltung begann, als es die Mitteldeutschen getan haben. Besonders sinnfällig wurde mir das, als ich als Leiter unserer Ständigen Vertretung im Jahre 1980 an der Trauerfeier der DDR-Akademie der Künste für den Sänger und Schauspieler Ernst Busch teilnahm. Ich war schon lange genug auf Posten in Ost-Berlin, um wenigstens von einigen der Trauergäste aus der DDR-Kulturszene zu wissen, in welche Intrigen, Gehässigkeiten, Anfälle von Neid und auch Feigheit sie gelegentlich verstrickt waren. Und doch: Es war eine würdige Versammlung von ein paar hundert Jahren Zuchthaus, Lagerhaft und Emigration, erlitten unter der Hitlerei. Der Tote, der geehrt wurde, hatte einen bedeutenden Abschnitt proletarischer Kultur in Deutschland verkörpert. Die Texte, die er gesungen und gesprochen hatte, waren in den ersten Jahren nach 1945 ein Teil des damals noch gesamtdeutschen Anknüpfens an Traditionen gewesen, die zwölf Jahre nicht hatten gelten dürfen. Ernst Busch und das von ihm besungene Thälmann-Bataillon im Spanischen Bürgerkrieg gehörten zur Lincoln-Brigade amerikanischer Freiwilliger auf denselben Schlachtfeldern, zu Hemingways Buch über den, dem die Stunde schlägt: Es wird schon wahr sein, daß es eine ganz naive Hinwendung zu neuen Helden und Idealen war nach Kriegsende, undifferenziert, allzu bußfertig, ohne Relativierungen, die doch nötig sind. Ist es wahr, oder ist es nur eine westdeutsche Wahrheit seither geworden, glaubwürdig nur in der Teilung?

Ich jedenfalls ging 1980 zur Ost-Berliner Trauerfeier für Ernst Busch, weil ich – neben meinem persönlichen Respekt vor seiner Kunst – als Staatsdiener der Bundesrepublik demonstrieren wollte, daß er und die von ihm artikulierte proletarische Kultur den Kommunisten und der DDR nicht allein zu eigen waren, sondern auch unser Erbe sind. Aus der Bundestagsfraktion der CDU/CSU jedoch wurde wenige Tage später die kritische Anfrage an die Regierung gestellt, was der amtliche Vertreter der Bundesrepublik Deutschland auf dieser Trauerfeier zu suchen gehabt habe. Der Einstellung, die zu solcher Frage führte, ist verwandt, wenn auch noch ins gedankenlos Arrogante gesteigert, was ein West-Berliner CDU-Politiker während meiner Verhandlungen mit der DDR über die Autobahn Berlin–Hamburg 1978 verlangte: Wenn wir die Autobahn schon mitfinanzierten, dann müsse die DDR für West-Wagen die erlaubte Höchstgeschwindigkeit heraufsetzen. So ziehen wir an den Landsleuten vorüber, und wenn wir nur schnell genug fahren, werden wir sie schließlich nicht einmal mehr sehen.

Die Mehrheit der mitteldeutschen Bevölkerung entscheidet sich allabendlich für den Westen, was die Fernsehprogramme angeht. Sie fühlt sich angeödet, manchmal geradezu beleidigt von dem Byzantinismus und der Schönfärberei ihrer Zeitungen und Rundfunk- und Televisionsprogramme. Dadurch versäumen die Leute auch manchen guten ausländischen Film, weil das Fernsehen der DDR, um ARD und ZDF Konkurrenz zu machen, seit einigen Jahren zunehmend westliche Filme anbietet. Aber dieses Herz faßte man sich in Adlershof, der Fernsehzentrale in Ost-Berlin, wohl zu spät. Als sich die SED an die internationale Anerkennung ihres Staates allmählich gewöhnt hatte und deshalb manche Zügel länger ließ, hatten sich die Zuschauer schon zu fest auf die westdeutschen Kanäle eingestellt; auch blieben die Nachrichtensendungen und viele andere selbstproduzierte Programme des Fernsehens der DDR von dieser Entprovinzialisierung ausgespart.

So beharren denn bisher die Mitteldeutschen darauf, bei uns fernzusehen und die Medien ihres Landes überwiegend als Gegenstand für bissige Bemerkungen zu benutzen. Obwohl die Ausrichtung der Fernsehantennen nach Westen schon lange nicht mehr geahndet wird, steckt nach meinem Eindruck für die Bevölkerung drüben im westdeutschen TV-Konsum noch immer – neben vielem anderen – auch der Reiz, etwas zu tun, was das Regime nicht gern sieht. Die vielen anderen Bedeutungen, die solche im Ostblock einzigartige Medienvielfalt für das Selbstverständnis der DDR und ihrer Bewohner hat, werden später in diesem Buch zu beschreiben sein. An dieser Stelle soll zunächst von der relativen Ohnmacht des Fernsehens gesprochen werden: Obwohl es auf seine Art unsere westdeutschen Auffassungen und Mentalitäten, soweit sie vom Fernsehen vermittelt werden können, in die DDR trägt und damit auch einen bestimmten Einfluß nimmt – es ist ihm nicht gelungen, einen westdeutschen Schleier über die Augen der Mitteldeutschen zu legen.

Da die breite Mehrheit der Bevölkerung in der DDR, zum

Verdruß ihrer Agitatoren, dieselben TV-Favoriten hat wie wir, ist es ein naheliegender Trugschluß westdeutscher Besucher auf Stippvisite, von den Gastgebern anzunehmen, sie seien im Blick auf die Welt, die das westdeutsche Fernsehen ins Haus bringt, auch desselben Geistes Kind. Dieser irrige Eindruck kann noch dadurch verstärkt werden, daß viele mitteldeutsche Gastgeber ihren Gästen aus der Bundesrepublik bis zu einem gewissen Grade gern nach dem Munde reden. Bei näherer Bekanntschaft mit den Menschen drüben kann man jedoch erfahren, daß sie zugleich die eigenen Medien mit bitterem Hohn überziehen und dennoch einige Distanz zu unserer Fernsehbotschaft wahren können. Sie übernehmen manches von ihr, begreifen einiges nicht – der Graben ist schon sehr breit –, halten anderes dem eigenen Regime vor (an mitteldeutschen Arbeitsplätzen beruft man sich in Diskussionen ziemlich ungeniert auf die ›Tagesschau‹ vom Vorabend); aber die Bürger der DDR denken und empfinden dennoch anders als die Bundesbürger, obwohl auf beide überwiegend dasselbe Fernsehprogramm einwirkt; jenes Medium, das beim Vermitteln allgemeiner Auffassungen und Maßstäbe am einschmeichelndsten ist. Das westdeutsche Fernsehen hat die Einflüsse der direkten Umwelt, darunter auch die der verhöhnten eigenen Medien, auf die Mehrheit der mitteldeutschen Bevölkerung nicht überwinden können.

Einfügung: Ich stelle für diese Beobachtungen wie für den gesamten vorliegenden Text fest, daß mir manche Ausnahmen von den Gewohnheiten im gedanklichen wie emotionalen Reagieren, die ich zu ergründen versuche, bekannt sind. Ich strenge mich an, generelle, jedenfalls vorherrschende Fakten und Verhaltensweisen im anderen deutschen Staat ins Bewußtsein westdeutscher Leser zu heben. Auch Ausnahmen, soweit sie mir bezeichnend zu sein scheinen, werde ich beschreiben. Ich besitze nicht das Beweisinstrument, das in unserem System so penetrant schlagkräftig geworden ist: repräsentative Meinungsumfragen. Aber ich kann mich stützen auf sechseinhalb Jahre – privilegiertes – Leben und Arbeiten in der DDR; auf den Umgang mit vielen Menschen dort; auf eine Neugier, die stärker wurde, je länger ich in der Kuckhoffstraße in Niederschönhausen wohnte und in der Hannoverschen Straße, Ecke Friedrichstraße, arbeitete.

Das hohe Interesse, das die Bevölkerung der DDR an der Bundesrepublik Deutschland nimmt; ihr kräftiger Appetit auf westliche Informationen; ihre Reserviertheit gegenüber der herrschenden Lehre ihres Staates; der wohlorganisierte Aufenthalt in privaten Nischen, den sie sich zu verschaffen weiß: auch die Summierung solcher Fakten hat nicht verhindert, daß in der DDR selbst jene Menschen, die politisch abstinent leben oder sogar in bewußter Ablehnung des Regimes, ein Weltverständnis, ein Gesellschaftsbewußtsein, ein Geschichtsbild besitzen, die von den in der Bundesrepublik dominierenden allgemeinen Auffassungen nicht nur in Nuancen, sondern von Grund her verschieden sind.

Die Wertvorstellungen der gebildeten Minderheit mit Nachkriegsgesinnung waren auch in der Breite wirksam. Dabei sind sie vergröbert worden, verflacht. Der parteilose Kleinbürger drüben, den also kein Parteilehrjahr mit gestanzten Formeln beredt macht, kann und mag ebensowenig wie der Westdeutsche eine komplette Weltanschauung artikulieren, falls Geschichte und verwandte Gebiete nicht gerade sein Hobby sind. Im Westfernsehen ›Der blaue Bock‹, ›Dallas‹ und im ersten DDR-Kanal ›Ein Kessel Buntes‹ sind ihm allemal lieber als intellektuelle Nachtprogramme oder belehrende Sendungen nach Volkshochschulart. Und doch, und doch, seinen Himmel schmücken da, wo dieser nicht privat, sondern allgemein ist, andere Sterne als die, an denen sich die vergleichbare Schicht in der Bundesrepublik orientiert.

Schlicht gesagt: Die erwachsene Bevölkerung der DDR hat mehrheitlich ein linkes Gesellschaftsbild. Aber so einfach, wie es hier formuliert ist, kann es nicht stehenbleiben. Es muß sogleich hinzugefügt werden: Als links ordnet es der westdeutsche Beobachter ein. Nach bundesrepublikanischen Kategorien sind es linke Auffassungen von Personen und historisch-gesellschaftlichen Abläufen, die er hört; in ihrer ausformulierten Schlüssigkeit und den hergestellten Bezügen abhängig vom Bildungsgrad des mitteldeutschen Gesprächspartners. Aber selbst wenn, was dieser sagt, sich kaum über Biertischhöhe erhebt, wenn es unverdaute Brocken sind, die wiedergekäut werden: Noch in solcher Art Bewußtseinsrohbau sind linke Orientierungen zu erkennen – nach unseren Maßstäben. Was im breiten öffentlichen Bewußtsein der Bundesrepublik Deutschland in Winkel verbannt ist, wo Sekten ihre Pflanzen ziehen; was in seinen Publikationen ein Kümmerdasein fristet; was als nennenswerte Bewegung allenfalls als Friedensdemonstration sich einmal zeigt, die aber doch, wenn sie nicht weiter weiß, schnell Irrationalismen und Emotionen als alternative Krücken ergreift; was auch linke Sozialdemokraten zumeist nur als Vollständigkeitsnachweis ihrer politischen Bildung anführen, um dann sogleich wieder zu den herrschenden bundesrepublikanischen Normen zurückzukehren, damit sie sich verständlich machen können: Unter vielen Bürgern der Deutschen Demokratischen Republik ist es im Gegensatz dazu weithin eine nicht mehr bewußt reflektierte Selbstverständlichkeit, Vorstellungen von Wirtschaft und Gesellschaft zu hegen, die auf dem linken Teil des europäischen, des deutschen Erbes fußen.

Aber wehe dem Westdeutschen, der unbedacht seinem Gastgeber sagt, dieser vertrete linke Positionen. Oft wird der sich verwahren; schließlich ist er kein Kommunist; er habe mit dem System wenig im Sinn. Wie könne man ihn so falsch verstehen? Habe ich oben geschrieben: Die Mischung des vielfältigen Existierens in der DDR spottet schier jeder Beschreibung? Schier zum Verzagen sei der Versuch, die geistige Beschaffenheit eines geteilten Volks zu ergründen?

Ich berichte nun also nicht länger von der Auffassung der beschriebenen Minderheit von älteren Leuten aus Intelligenzberufen, sondern von dem, was von ihrer Gesinnung auch in das allgemeine Bewußtsein der mitteldeutschen Bevölkerung eingegangen ist. Auch dabei spreche ich überwiegend von Menschen, die älter sind als fünfundvierzig Jahre, weil nach meinem Eindruck auch bei ihnen die festgehaltene Erinnerung an den Nachkrieg im Guten wie im Bösen der Humus ihres politisch-gesellschaftlichen Bewußtseins ist. Natürlich ist mit ihnen schwerer ins Gespräch zu kommen über solche Fragen, als mit der akademisch gebildeten Minderheit. Deren Angehörige wollen ja, sobald sie die systemimmanente Scheu vor dem Vertreter der Bundesrepublik überwunden haben, ihren geistigen Zehrpfennig vorweisen – oft, um zu begründen, warum sie die DDR als ihren angemessenen Ort in Deutschland ansehen. Sie sind interessiert daran, sich über marxistische Geschichtsabläufe und Herrschaftsstrukturen zu äußern – manchmal vor allem, um einen Abstand sowohl zum System der Bundesrepublik als auch zu dem der regierenden SED herzustellen.

Wenig oder nichts davon, natürlich, ist in Unterhaltungen zu finden, die mit Männern und Frauen zu führen sind, die weder nach Ausbildung und Neigung noch Arbeitsplatz intellektuelle Ambitionen haben; die in der Produktion, in der Landwirtschaft oder in Dienstleistungsgewerben arbeiten und allenfalls Brigadier, Vorarbeiter, sind. Ich will nicht vorgeben, Gespräche mit dieser Bevölkerungsschicht als tägliche Erfahrung gehabt zu haben. Aber ein Ohr, das am eigenen, teils kleinbürgerlichen, teils bäuerlichen Familienhintergrund geschult ist, und die Summe von sechseinhalb Jahren Begegnungen mit den Menschen im anderen deutschen Staat; die in vielen unterschiedlichen Situationen vertiefte Fähigkeit, aus Beispielen auf generelle Haltungen zu schließen, und diese Schlüsse an neuen Beispielen zu überprüfen, die in der Arbeit und auf Reisen sich boten: schließlich ergab sich doch ein Gesamteindruck, der für mich so verläßlich wurde, daß ich zu Urteilen gelangte.

Gespräche außerhalb des Zirkels von Schriftstellern, Professoren, Künstlern, Pastoren, Ärzten, Ingenieuren, auch Funktionären der SED; Unterhaltungen also mit dem sogenannten Mann auf der Straße (und auch dessen Frau) begannen meistens mit Fragen der Mitteldeutschen über Vorgänge in Westdeutschland, auf die das Fernsehen sie aufmerksam gemacht hatte, und gingen dann über zu Berichten, oft klagend, von Versorgungsmängeln. Gelegentlich erschöpfte sich die Kommunikation auch im bassen Erstaunen, dem »Botschafter der BRD« zu begegnen, den man im Fernsehen öfter gesehen hatte, wenn er aus dem Außenministerium der DDR kam.

In solchen Fällen waren die Äußerungen erkennbar aus drei Teilen gemischt: zum einen aus der naiven Freude, einen Menschen aus dem Fernsehapparat, welchen auch immer, in Fleisch und Blut, zum Anfassen vor sich zu haben. Auch die Bevölkerung der DDR ist Teil der Dorfgemeinschaft, zu der die Television die entwickelte Welt in manchen ihrer Gefühle, in einer bestimmten Art ihres Entzückens, unabhängig von den politischen Systemen, gemacht hat. Zum zweiten verrieten die Bemerkungen eine gewisse Unsicherheit; offensichtlich nicht aus Sorge, ein Volkspolizist könnte kommen und das Gespräch unterbinden (den Eindruck, darüber besorgt zu sein, machten diese Gesprächspartner niemals auf mich), sondern aus der Verwirrung, einen Staatsfunktionär außerhalb eines offiziellen Rahmens zu treffen. Von den Ritualien des Systems abgesehen – Schaustellung auf Tribünen, arrangierte Begegnungen mit den Werktätigen – verbinden die Bürger der DDR ihre Vorstellung von höheren Funktionären mit verhängten Limousinen auf dem Weg zwischen Amtssitzen und Wohngetto.

Zum dritten aber flossen in die Äußerungen stets Erwartungen ein: kaum gerichtet auf kurzfristige Hoffnungen, so gut wie nie auf Illusionen. Die Menschen drüben hatten ein, zwei Jahre nach Eröffnung der Ständigen Vertretung 1974 die zunächst gehegten Träume, vor allem von mehr Reisemöglichkeiten nach Westen, die sich am Austausch von Missionen entzündet hatten, aufgegeben, hatten sie traurig und bitter unter ihrem Realitätssinn begraben. Aber dennoch verströmten sie Erwartungen, wenn man mit ihnen, als Vertreter unseres Staates erkannt, ins Gespräch kam: inhaltlich fast ziellos wirkend, jedenfalls wenig artikuliert, am ehesten noch in der resignierten Verneinung zu erkennen, daß dies oder jenes an Verbesserungen aus den deutsch-deutschen Beziehungen ja wohl nicht zu erhoffen sei. Und doch Erwartungen; am häufigsten, nach allen tastenden Bemühungen, sie auszudrücken, einfach so formuliert: Wir müssen doch miteinander auskommen, wir müssen doch gut miteinander auskommen. Hinzugefügt wurde oft, die Erwartung verkörpernd, unseren Vertreter direkt ansprechend: Es sei gut, daß er da sei. Seine Funktion (ganz überwiegend mit »Botschafter« bezeichnet, frei von den Feinheiten der Rechtsexperten) konkretisierte in den Augen der Mitteldeutschen einen Stand der zwischenstaatlichen Kontakte, der wenigstens schon erreicht war. So angesprochen zu werden, war mir allemal ebenso eine Bestätigung wie eine Bedrückung.

Niemals habe ich in meiner Dienstzeit vor Ort in der DDR einen Mann oder eine Frau getroffen, die, wegen ihrer entschiedenen Ablehnung des Regimes der SED, die Aufnahme der vertraglichen Beziehungen zwischen den beiden deutschen Staaten falsch, schlecht oder verwerflich genannt hätten. Das sagten auch jene nicht, von denen ich wußte, daß sie ihre Ausreise aus der DDR betrieben; und ich hatte keinen Anlaß, ihnen ein liebedienerisches Verschweigen in dieser Frage zu unterstellen. Sie machten ansonsten aus ihrem Herzen keine Mördergrube. Aber die Anerkennung der DDR, des Staates, aus dem sie fortstrebten, und die daraus resultierenden Beziehungen blieben immer gänzlich verschont von ihrer Kritik, denn sie profitierten davon. Einige von ihnen haben, nachdem sie ein paar Monate in der Bundesrepublik gelebt hatten, mir geschrieben, sie fragten sich nun, ob die DDR nicht besser doch isoliert geblieben wäre, ohne Beziehungen zu uns, zum Westen, ohne allgemeine Anerkennung. Ich hatte die Briefschreiber gut genug einzuschätzen gelernt, um zu erkennen, daß sie mit beiden Meinungen – vorher, nachher – ganz aufrichtig waren. Auch dies gehört zu den Folgen einer Teilung, die von Ideologien getränkt ist, von der Stimmungsmache der Massenmedien durchsäuert, und die grundverschiedene Bedürfnisse und Einsichten hüben und drüben ins Leben ruft.

Diese Feststellung klingt banaler als sie ist. Sie kennzeichnet nämlich den prinzipiellen Unterschied zwischen der gegenwärtigen deutschen Teilung, die unter den Bedingungen unseres ideologischen Zeitalters vollzogen und verfestigt wurde, und den historischen polnischen Teilungen, aus denen bei einem oberflächlichen Vergleich mit unserer Lage manche Leute hierzulande Trost schöpfen. Die Polen waren seinerzeit einer unterschiedlichen Brutalität in der Schul-, Sprachen- und Verwaltungspolitik unter Preußen, Russen und Österreichern ausgesetzt (in der Reihenfolge ihrer Brutalität genannt). Aber es war keine Teilung, die im geteilten Volk auf vielen Feldern ein unterschiedliches Bewußtsein und zweierlei Wahrheiten erzeugte; Wahrheiten, die heute von der jeweiligen Agitation zwar gefördert werden, die jedoch auch ohne sie, allein aus den realen Umständen, zu *zwei ehrlichen Wahrheiten* unter den getrennt lebenden Deutschen geworden sind. Nicht in der polnischen Vergangenheit liegt der für uns passende Vergleich, sondern in unserer eigenen, der deutschen: Wir leben als Nation unter den Kriterien einer Konfessionsspaltung. Selbst die ausländische Einmischung von damals lädt zu Vergleichen in der Gegenwart ein.

Wenn meine Gespräche mit den angeblich einfachen Leuten nicht in den allerersten Fragen und Antworten über westdeutsche Vorkommnisse und mitteldeutsche Mängel oder auf der Ebene der Fernsehbekanntschaft steckenblieben, dann führten sie schnell ins Private. Es bedurfte dazu kaum eines Anstoßes, gerade nur einer neugierigen Frage. Meine Gesprächspartner waren in der Regel sogar begierig darauf, von sich und ihren Lebensumständen zu berichten: über ihre Nischen und wie sie sich darin eingerichtet haben. Was sie damit beschrieben, ist der Kern des Existierens in der DDR; der feste Platz nicht nur zum Überwintern, sondern auch für Lebensfreude, Erfolgsgefühle, Glück; der Aufenthaltsort, an dem – hinter aller vordergründigen Politik – noch die meisten Gemeinsamkeiten diesseits und jenseits der Elbe festgestellt werden können, an dem aber auch die tiefsten Unterschiede in dem geteilten Volk hüben und drüben auszumachen sind. Später in diesem Text wird versucht werden, die mitteldeutsche Nischengesellschaft auszuleuchten, auch zu beschreiben, wie ihre Bewohner auf uns Westdeutsche und unsere Art zu leben reagieren: jene Reaktionen vor allem, die erst nach den üblichen ersten kommen, den Gefälligkeiten, die sie uns gesprächsweise aus mancherlei Gründen, auch selbstsüchtigen, zunächst erweisen wollen. Aber an dieser Stelle unserer Route durch die Realitäten der DDR bleiben wir vorerst noch beim Ergründen dessen, was in der Breite der Bevölkerung zum allgemeinen Bewußtsein gehört, was in den privaten Nischen das Politische ist, hinter den Phrasen des Systems und oft nicht einmal als solches erkannt.

Natürlich lassen sich individuelle und allgemeine Wertorientierungen, privates und öffentliches Bewußtsein nicht reinlich scheiden. Sowohl zum einen als auch zum anderen gehört beispielsweise, daß die mitteldeutsche Bevölkerung viel stärker als die westdeutsche auch nach Eintritt in den Beruf in ein System von Fortbildung, von Höherqualifizierung eingebunden ist. Manches davon scheint mir vor allem der Titelsucht zu dienen. Aber vieles erneuert ganz konkret geistige Anspannung auch auf Arbeitsplätzen, die gewöhnlich die Sinne stumpf machen. Später, nach der Weiterbildung in Zirkeln und durch Fernstudium, kommt es freilich öfter zu Enttäuschungen, weil die Berufsrealitäten materiell und ideell hinter den Verheißungen der erworbenen Höherqualifizierung zurückbleiben. Und allmählich, in den letzten Jahren, haben die weitgetriebene Verschulung auch der Erwachsenen, der dauernde Appell, diesen und jenen Lehrgang zu besuchen, das jeweils nächste Examen anzustreben, eine Ermüdung und einen Widerwillen erzeugt, die bereits literarische Gestalt annehmen. Es gibt andere Beispiele für die wechselseitige Durchdringung, für die intellektuelle und emotionale Unauflöslichkeit von individueller und allgemeiner Anschauung des Lebens, der näheren und ferneren Lebensumstände, der Welt gleich vor der Tür und weiter weg. Aber die Fäden des Allgemeinen, die sich durch die individuellen Geflechte ziehen und Muster bilden, lassen sich erkennen.

Wer und was an diesen Mustern mitwirkt, läßt sich nachprüfbar genau nicht einmal über jene sagen, die in der Gegenwart entstehen und nicht schon von früher her kommen. Im Falle der DDR ist die Frage, wie das allgemeine Bewußtseinsmuster zustande kommt, besonders schwer zu beantworten. Weite Teile der Bevölkerung sind, jedenfalls in ihren ersten Gedanken, auf unseren ersten Blick hin, mit der herrschenden Ideologie und dem Regime ihres Staats wenig oder nur bedingt einverstanden. Nach Tausenden zählen jene, die so unzufrieden sind, daß sie das Land verlassen wollen. Das politische Angebot der Medien der DDR wird überwiegend mit Mißtrauen und widerwillig konsumiert. Westdeutsche Rundfunk- und Fernsehprogramme überziehen fast die gesamte mitteldeutsche Republik – mit Ausnahme der Meißener Senke, in der auch Dresden liegt – mit einer konkurrierenden, populären Bewußtseinsofferte.

Aber dennoch ist das Wertesystem der Minderheit mit Nachkriegsgesinnung, anders als in der Bundesrepublik Deutschland, eine Minderheitensache nur in Fragen der Artikulation und der Fähigkeit, historische Bezüge zu benennen, was Bildung voraussetzt. Im inhaltlichen Kern jedoch findet sich vieles davon im breiten, allgemeinen Bewußtsein mindestens der heute Vierzigjährigen und Älteren wieder. Und da die Jugendvergötzung in der DDR niemals jene grotesken Formen angenommen hat wie aus zweckmäßig erzeugter Konsumverführung in der Bundesrepublik, ist dieser ältere Bevölkerungsteil auch durchaus noch nicht isoliert, sondern weiterhin am Tonangeben im Land beteiligt, jetzt, gegen Mitte der achtziger Jahre. Gewiß haben die Agitation und Propaganda der SED, in der Schule beginnend, einen größeren Einfluß auf das allgemeine Bewußtsein genommen, als die Betroffenen sich selber eingestehen mögen: Das Eingeständnis würde intellektuelle und emotionale Abhängigkeiten aufdecken, die viele Leser der (Ost-)›Berliner Zeitung‹ oder der ›Leipziger Volksstimme‹ ebensowenig wahrhaben wollen wie Leser von ›Bild‹. Aber auch die unablässige, zumeist uneingestandene Beeinflussung seitens der Staatspartei reicht nicht aus, um damit die bestimmenden Charakteristika der allgemeinen Auffassung von Gesellschaft, von Geschichte auch, unter den Menschen in der DDR zu erklären. Zu der Summe der parteilichen Bewußtseinssteuerung kommen allüberall, also auch in der DDR, die Einflüsse der unmittelbaren Lebensumstände entscheidend hinzu: Das Sein bestimmt das Bewußtsein. Ich schwäche den klassischen Satz ab und mache ihn damit unangreifbar: Das Sein bestimmt einen erheblichen Teil des Bewußtseins.

Das ist wieder solch eine Einsicht, die einerseits auch von Verfechtern eines historischen Idealismus bei uns nur noch halbherzig bestritten wird, fast schon als Banalität akzeptiert ist, die andererseits aber, wenn es um den üblichen westdeutschen Blick auf die DDR geht, weithin außer acht bleibt. Die Konfessionsspaltung, von der die deutsche Teilung auch unter den nach eigener Einschätzung Konfessionslosen, auch unter den scheinbar Unpolitischen hüben wie drüben gekennzeichnet ist, verwehrt uns im allgemeinen die Schlußfolgerungen aus der genannten Einsicht. Es fällt uns schwer zu begreifen, daß das Sein, das Leben im anderen deutschen Staat für die große Mehrheit der Bevölkerung nicht alle Tage, nicht in jeder Situation von der Mauer, dem Mangel an Freizügigkeit, einer anderen, geringeren Gewährung von Individualrechten bestimmt ist – und davon also auch nicht, wie unsere Konfession in ihrer vulgarisierten Form uns glauben machen will, das allgemeine Bewußtsein ständig beherrscht wird.

Wie also ist das allgemeine Bewußtsein dieser mitteldeutschen Generation – geboren in den zwanziger und dreißiger Jahren, unter einer dünnen Schicht von unbelasteten Älteren die Aufbaugeneration der DDR, das geistige Klima mitbestimmend bis heute und wohl noch einige Zeit länger: Wie ist ihr politisches Bewußtsein in seinen Grundzügen beschaffen? Ich habe in diesem Zusammenhang von linken Auffassungen gesprochen. Aber ich habe auch darauf hingewiesen, daß viele mitteldeutsche Gesprächspartner sich gegen eine solche Einordnung wehren: Sie bringt sie nach ihrem Empfinden in eine zu große Übereinstimmung mit dem herrschenden Regime. Und nach meinen Eindrücken ist das allgemeine Wertesystem auch keineswegs ein kommunistisches. Es fehlen ihm dazu – hinter dem gegenteiligen Selbstlob der SED auf ihre Gesellschaftsordnung in der DDR – alle nennenswerten Ansätze zu der Überzeugung, es entwickle sich, der Lehre gemäß, ein neuer Mensch mit einer neuen gesellschaftsbezogenen Moral. Der alte Adam in seiner moralischen Hinfälligkeit regiert ziemlich ungebrochen im real existierenden mitteldeutschen Sozialismus: Und sein So-Sein, wie wir es alle kennen, bestimmt den entsprechenden Bewußtseinsteil. Dennoch haben Kommunismus und Kommunisten in der allgemeinen Gedanken- und Gefühlswelt der Mitteldeutschen eine andere Bedeutung als unter der großen, großen Mehrheit der Westdeutschen. Der Unterschied, einer der ganz wichtigen im geistigen Befund der geteilten Nation, besteht darin, daß die Lehre von Marx, Engels und Lenin sowie die Menschen, die ihr anhängen, in Mitteldeutschland *gänzlich entdämonisiert* sind.

Das wird nur gering veranschlagen, wer die politischen Verheerungen verkennt, die das – wörtlich nehmen – Verteufeln aller autonomen Emanzipationsanleitungen des vierten Standes, der Arbeiterklasse, seit hundert Jahren im Gemüt der deutschen Bürger und Kleinbürger, fortwirkend heute unter den westdeutschen, angerichtet hat. Nicht erst unter dem Nationalsozialismus hat die deutsche Art des Antikommunismus tiefe Bedürfnisse nach Irrationalität befriedigt. Hitler und die Seinen trafen auf einen wohlvorbereiteten Acker. Die Existenzangst des Mittelstands, des unteren vor allem, die ihre faktische Berechtigung in den Konzentrationszwängen einer ungehemmten kapitalistischen Wirtschaft hat, suchte sich ihren Todfeind schon seit der Jahrhundertwende in der Arbeiterbewegung, in deren Führern und Programmen. Ins Proletariat abzusinken, bedeutete nicht nur das Ende alles ständisch Gewohnten, was es für Handwerker und Kleinhändler tatsächlich zur Folge hatte. Es war auch dem breiten Empfinden nach eine Schmach, ein Verlust an Würde, die Schließung der Lebenslotterie, in der das Los für einen selber sein konnte, weiter hinaufzugelangen. Selten sind Ursache und Folge so verwechselt worden wie in den bürgerlichen Köpfen und mehr noch in den bürgerlichen Mägen, da, wo Angst spürbar wird: die industrielle Revolution des neunzehnten Jahrhunderts und die daraus resultierende Arbeiterbewegung. Von ihr kam alles Ungemach des kleinen Gewerbetreibenden und nicht von den ökonomisch-technischen Umwälzungen der Produktion.

Selbst die Domestizierung der sozialdemokratischen Ziele, von der der meisten Sozialdemokraten ganz zu schweigen, machte es bis in jüngste westdeutsche Wahlkämpfe hinein nicht unmöglich, die irrationalen Ängste vor sozialistischen Ideen und Absichten wieder wachzurufen und gegen die SPD ins Feld zu führen. Grotesker noch: Was in diesen Gefühlen sich ausdrückt, gründet so tief, daß sogar manchen Sozialdemokraten gewisse Teile ihrer Historie unheimlich sind. Gänzlich ungehemmt seit Generationen schon kann sich die Irrationalität am Kommunismus und den Kommunisten entzünden; dämonisiert sie die Lehre und deren Gefolgsleute. Der Einmarsch der Roten Armee in Deutschland 1945 und die damit verbundene Heimzahlung an den Deutschen hat die Entzündungsherde der irrationalen Ängste noch vermehrt.

Bei alledem geht es nicht im allergeringsten – eben nicht – um die Frage nach der Brauchbarkeit, dem Richtig- oder Falschsein von kommunistischen Auffassungen und Konzepten. Zu einer so nüchternen politischen Rationalität im Umgang mit dem Kommunismus hat sich der deutsche, heute westdeutsche, bürgerliche Mehrheitsgeist kaum je in Seminaren und Akademien aufgeschwungen; in der politischen Praxis nie. Das hat einen wichtigen Teil der politischen Anomalien der Deutschen mitverursacht; anders als beim Antisemitismus ist die irrationale Art, antimarxistisch, antikommunistisch zu sein, im westlichen Nachkriegsdeutschland sogar zur Staatstugend geworden. Die Teilung Deutschlands wurde durch sie erleichtert, wenn auch nicht verursacht: Die Mehrheit der westdeutschen Bürger ängstigte sich vor dem dämonisierten Kommunismus, der nun auch noch stalinistisch war, so sehr, daß sie Bundeskanzler Adenauer im Verzicht auf gesamtdeutsche Experimente, an denen Kommunisten hätten beteiligt sein müssen, bereitwillig folgte. Wer zu einem gehörte, kam ja ohnehin über die grüne Grenze in den Westen. Die nationale Solidarität, bürgerliche Sonntagstugend, bürgerliches Abiturthema, war schwächer als die Angst. Man kann es auch marxistisch definieren: Das Klasseninteresse siegte über die Nation. Da es hierzulande die Aufnahmebereitschaft für solche Überlegungen erhöht, sei gesagt: Darin liegt kein Urteil über den Kommunismus.

Nichts von der althergebrachten folgenschweren Dämonisierung haftet Kommunismus und Kommunisten im breiten, allgemeinen Bewußtsein der Bevölkerung der DDR noch an. Die Ablehnung der Lehre orientiert sich an den konkreten Lebensumständen unter dem System, das von ihr abgeleitet wird. Deshalb ist es auch, wie Nachfragen ergeben, keineswegs immer eine vollständige Ablehnung. Nicht alle Lebensumstände – einige davon werden im Jargon des Systems *soziale Errungenschaften* genannt – werden verworfen. Sicher ist bei allen wechselnden Gesprächspartnern nur, daß sich der Mangel an Freizügigkeit als bittere Gewißheit durch das allgemeine Bewußtsein zieht. Aber auch dieser durchgehende Vorwurf, diese Klage, diese Wut sind ihrem Charakter nach konkret begründete, rationalisierbare Gefühle; weit entfernt von irrationalen Ängsten, die nach einem verschwommenen Grund suchen.

Die hochrangigen Kommunisten leben, jedem nachbarschaftlichen Blick entzogen, in exklusiven Siedlungen. Aber da man tagtäglich mit weit niedriger gestellten Genossen der SED umgeht, entzündet sich an der Exklusivität der wenigen in der Regel auch nicht mehr als ein boshafter Witz. Es sind tatsächlich nur einige wenige, die in den vollen Genuß eines Lebens ganz unter sich gelangen, einer Existenz, die im westlichen System nur bei sehr großem Reichtum möglich ist. Schon die Abteilungsleiter des Zentralkomitees der SED, also leitende Mitarbeiter des zentralen Machtapparates, wohnen zwar in etwas besseren Häusern und Wohnungen als gewöhnliche Leute, aber eben doch – anders als in manchen westdeutschen Vorstellungen, die sich in Kolportage entladen – in normaler Nachbarschaft. Honeckers verheiratete Tochter beispielsweise lebte, jedenfalls zu meiner Zeit vor Ort, in einem Wohnblock an der Leipziger Straße, vor dessen Eingangstür man gelegentlich abends Frau Minister Margot Honecker treffen konnte, wenn sie Tochter und Enkelkind besuchen ging. Die Hochhäuser an der Leipziger Straße gehören zu den am besten ausgestatteten in Ost-Berlin. Viele Mitarbeiter von Botschaften und unserer Ständigen Vertretung wohnen dort. Aber exklusiv im Sinne des Systems kann das Quartier kaum genannt werden: Ich habe dort auch Leute besucht, die zu den Dissidenten der intellektuellen Szene der DDR gezählt wurden. Mittlere Funktionäre der SED in kleinen Wohnungen mit Ofenheizung: weder ein Zeichen von kommunistischem Idealismus noch eines für Ungnade, in die der Abteilungsleiter irgendeines Ministeriums etwa gefallen wäre, sondern die Regel in einem Land, das nach dem vorigen Krieg nicht zu einem breiten Wohlstand im Vergleich zu westlichen Staaten gelangt ist.

Unterhalb der obersten Spitze verschafft die Zugehörigkeit zur kommunistischen Staatspartei der DDR zwar gelegentliche Vorteile; und sie ist systemgemäß die Voraussetzung für eine berufliche Karriere über die mittleren Sprossen der Leiter hinaus. Aber da, wo die schlichten Genossen der Massenpartei täglich mit den Parteilosen zusammentreffen, im Treppenhaus, am Arbeitsplatz, in der Straßenbahn, reichen die Unterschiede nicht aus, um unter der Bevölkerung den Eindruck und daraus das Bewußtsein von einer privilegierten neuen Klasse zu erwekken. Im Gegenteil: Nicht immer ohne Schadenfreude wird wahrgenommen, daß Mitglieder der SED einen weit größeren Teil ihrer Freizeit für gesellschaftliche Aktivitäten innerhalb und außerhalb der Partei opfern müssen als die gewöhnlichen Staatsbürger.

Die Kommunisten also sind im allgemeinen Bewußtsein der Mitteldeutschen, ebenso wie ihre Lehre, vom Schwefeldampf des Gottseibeiuns gereinigt; was keineswegs zur vollen Aussöhnung mit ihrem System geführt, wohl aber sie in den Augen ihrer Wohnungsnachbarn und Arbeitskollegen auf normales Menschenmaß gebracht hat: kein Pandämonium, keine irrationalen Ängste. Die Kommunisten werden genommen als die, die sie jeweils sind: der ist ein ordentlicher Kollege und jener ein vernünftiger Chef; aber vor diesem da muß man sich hüten, und der dort ist ein Karrierist; die von gegenüber nimmt es nicht so genau, und die von nebenan ist etwas lästig, weil sie an die Sache glaubt. Auf Posten bei der DDR, als Partner vieler Gespräche, vor allem als Fragender und Zuhörer, habe ich mir dann und wann vorgestellt, wie ein gesamtdeutscher Wahlkampf beschaffen wäre, in den wir unsere vorherrschende Art, über Kommunismus und Kommunisten zu reden, hineintrügen. Viele Mitteldeutsche würden meinen, daß wir jedenfalls nicht von ihren Problemen sprächen, aus welchem Eindruck freilich dennoch keine Mehrheitschance für die SED resultierte.

Zum Unterschied im allgemeinen Bewußtsein hüben und drüben gehört in diesem Zusammenhang auch, daß in der mitteldeutschen Bevölkerung, mindestens bei den älteren Menschen, der Begriff *Antifaschist* einen guten Klang hat: Die entsprechenden Anstrengungen der SED trugen Früchte, weil es bis vor wenigen Jahren genügend Kommunisten und ehemalige Sozialdemokraten auch in unteren und mittleren Verwaltungsfunktionen gegeben hat, die von den Nationalsozialisten in Zuchthäusern und Konzentrationslagern eingesperrt, gequält worden waren. Die Bevölkerung hatte auf Ämtern, in Gewerkschaftsbüros alltäglichen Umgang mit ihnen – und einiges von dem Idealismus und der bewiesenen Standfestigkeit ist wohl über den Tisch, den Schalter hinweg spürbar gewesen; vielleicht ab und zu auch ein Hauch neuer Resignation. Solche Erfahrungen haben sich mit dem Begriff *Antifaschist* verbunden; mit demselben Begriff, der im breiten Bewußtsein der Bundesrepublik oft in dubiose Ecken und Winkel weist, in denen die Vereinigung der Verfolgten des Naziregimes (VVN) haust, wo es kommunistische Unterwanderung gibt und der Verfassungsschutz die Augen offenhalten muß.

Der Unterschied im Begriffsinhalt muß zunächst noch nichts über einen etwaigen Mangel an Respekt vor dem Kampf gegen den Faschismus auf unserer Seite aussagen. Aber wir haben immerhin den Begriff *Antifaschist* in Westdeutschland weithin zu einem kommunistischen oder sektiererischen Terminus werden lassen. Der Widerstand gegen den Nationalsozialismus wurde mit dem Gedenken am 20. Juli – bewundernswürdig die Männer dieses Tages – in den Jahresablauf des bundesrepublikanischen Staatskalenders systemgerecht und gesellschaftsfähig eingepaßt. Des Heldenmuts deutscher Arbeiter und Arbeiterfunktionäre, des Widerstands sozusagen aus der Wohnküche, wurde und wird weit weniger gedacht, und schon gar nicht von Staats wegen. Nicht nur die Führung der DDR, die in ihren Gründerjahren Schlösser und Herrenhäuser abtragen ließ, auch wir haben versucht, uns die gemeinsame Geschichte mundgerecht zu machen.

Ein weiterer Grundzug des allgemeinen Bewußtseins der mitteldeutschen Bevölkerung ergibt sich aus dem Zusammenwirken von bestimmten Gegebenheiten des Systems mit dem schon beschriebenen Verschwinden der ehemaligen Macht-, Besitz- und Bildungseliten aus Mitteldeutschland, mit deren Reduzierung auf einzelne private Existenzen, die, anders als etwa in Polen, Ungarn und der Tschechoslowakei, nicht einmal mehr einen nennenswerten stilistisch-geschmacklichen Einfluß auf die Gesellschaft der DDR nehmen. Gegebenheiten des Systems bewirken zusammen mit der sozialen Tatsache, daß die DDR ein Staatsvolk aus sogenannten kleinen Leuten besitzt, ein Bewußtsein in der Breite der Bevölkerung, das es vergleichbar in der Bundesrepublik Deutschland nicht gibt. Wie so oft, wenn ich mir die Deutsche Demokratische Republik erklären wollte, stellte ich auch bei dem, was ich jetzt zu beschreiben versuche, fest, daß die ersten Schlüsse, um einen bestimmten Aspekt der mitteldeutschen Realitäten zu erkennen, sich aus unschuldigen, manchmal unbedarften westdeutschen Fragen ziehen ließen; aus den Fragen stets weit eher als aus den Antworten, denn die waren von Fall zu Fall kaum zu geben.

Eine gute Freundin aus Westdeutschland besuchte uns in Ost-Berlin. Sie ist intelligent, aber gelegentlich auch von einer Naivität, die einem die Sprache verschlägt. Wir fuhren mit ihr die Schönhauser Allee entlang, über die man aus der Innenstadt nach Pankow und weiter nach Niederschönhausen kommt, wo die Residenz des Leiters unserer Ständigen Vertretung steht; zwei schlicht gebaute Einfamilienhäuser aus den fünfziger Jahren, durch einen Mitteltrakt verbunden, in dem Empfangssalon und Eßzimmer untergebracht sind. Die Schönhauser Allee ist eine der wenigen typischen Straßen aus der zweiten Hälfte des vorigen Jahrhunderts in Berlin N, die den Zweiten Weltkrieg überlebt haben: ein altes Arbeiterviertel (fünfhundert Meter weiter im Westen, jenseits der Mauer, liegt der Wedding).

Manche Toreinfahrten geben den Blick in drei, vier Hinterhöfe frei; die U-Bahn fährt hier einen guten Kilometer lang oberirdisch, in der Straßenmitte, hoch über den Passanten, die Schienen auf eisernen Stelzen erhöht, eine Bautechnik, die es nur in

Städten gibt, die schon zur Jahrhundertwende Großstädte waren. Auf beiden Straßenseiten Geschäfte vieler Branchen, Kneipen, Speiselokale, eines davon eins der wenigen privat geführten in der DDR, ein Geheimtip, den jedermann kennt; zwei kleine Biergärten, ein Kino, an einer Ecke das Gebäude einer alten Brauerei; unterhalb der U-Bahn-Trasse ein Würstchenstand, im Dezember werden gegenüber von ihm Weihnachtsbäume verkauft. Immer sind viele Menschen unterwegs, mit Einkaufsnetzen und Aktentaschen, ohne die vorsichtshalber kein Mann und keine Frau in Mitteldeutschland das Haus verlassen, weil es stets möglich ist, daß in den Läden etwas eingetroffen ist, was ein paar Wochen lang nicht zu haben war. Die Menschen verlieren sich nicht zwischen den drei- und vierstöckigen Häusern der Schönhauser Allee, anders als in vielen Neubauvierteln (in beiden Teilen Deutschlands), in denen der Heimatmief dem Reißbrettdenken von Architekten, den Geboten rationeller Bauweise und fehlgeleiteten soziologischen Vorstellungen von durchgrünter Weitflächigkeit, die zur Öde wurde, geopfert worden ist; nichts davon in der Schönhauser Allee. Bemerkt man es? Ich habe die Straße geliebt, meinen täglichen Weg von zu Hause ins Büro in der Ständigen Vertretung und zurück; oft habe ich sie als den Ku'Damm von Ost-Berlin angesehen, mit allen Unterschieden und auch mit dem, was dahinter dasselbe ist: Straße nach Menschenmaß.

Wir fuhren die Schönhauser Allee mit unserer guten Freundin aus der Bundesrepublik entlang, sie sah aus dem Automobil und fragte: »Wo wohnen hier die reichen Leute?« Es war keine Frage, die es gut meinte mit der DDR, kein ironisch bemänteltes Eingeständnis des Westbesuchers, daß die besichtigte Kleinbürgerei unerwartet sympathisch wirke; keine verfremdete Huldigung an das, was die Straße vom realen Existieren in der DDR preisgab. Es war statt dessen der unmittelbare, ehrliche Ausdruck westdeutschen, westlichen Empfindens, daß dies doch nicht die vorherrschende Wirklichkeit im anderen deutschen Staat sein könne. Die explosiv vorgetragene Frage nach den reichen Leuten ist nur ein Beispiel, weil es zahlreiche ähnliche Fragen von anderen Gästen gegeben hat: Der Augenschein, den die Schönhauser Allee bei der westdeutschen Freundin hinterließ, machte mir deutlicher als vieles andere, was im täglichen Leben in der DDR so stark dominiert, daß es ein allgemeines Bewußtsein dort geschaffen hat, von dem die Westdeutschen wenig wissen und noch weniger besitzen.

Gewiß gibt es Leute mit viel Geld in der DDR. Ich erwähnte es bereits: private Handwerker, manche Künstler, einige Wissenschaftler. Wenn man, was sie besitzen, Reichtum nennen will, muß man das sogleich relativieren: Es hält westlichen Vergleichen nicht stand und, vor allem, es läßt sich sehr viel weniger damit anfangen als bei uns. Das wissen wir alle hier in der Bundesrepublik. Wir stützen ja eines unserer stärksten Argumente gegen das System der DDR auf die vergleichsweise mangelhaften Konsummöglichkeiten, die ihm beigegeben sind und die auch die (nach dem Maßstab der DDR) Reichen einengen. Wir sind dabei nicht immer logisch, weil wir, seit wirtschaftliche Schwierigkeiten auch hierzulande das Leben mitbestimmen, nicht nur von kirchlicher Seite und alternativen Gruppen, sondern auch von den staatserhaltenden Kräften hören, daß unbegrenzter Konsum nicht des Lebens Höchstes ist und materieller Verzicht bisher vervesperte Werte endlich wieder herstellen wird. Ich weiß, welche Antworten dieser Hinweis auf unsere gewisse Inkonsequenz gewöhnlich findet: Wer unsere Konsumpalette mit der in der DDR vergleiche, versündige sich an den Brüdern und Schwestern dort (Logik – wohin exiliert sie bei Konfessionsspaltungen, vor möglichen Religionskriegen? Man möchte ihr gelegentlich folgen). Und vor allem vergesse er die individuelle Freiheit, die uns ideelle, innere Werte da schaffe, wo der Konsum, auch bei uns, nicht mehr hinreiche.

So hingeschrieben, erschrecke ich vor meinem ironischen Tonfall. Er wird der Sache nicht gerecht, der größten Ungewißheit und der existentiellen Unlogik unseres Systems, den Fragen, die zu den Hohlräumen unter den Füßen unserer Gesellschaft führen: der Ungewißheit, was vom Bewußtsein der individuellen Freiheit und der Fähigkeit zu ihr uns bleiben, wenn die Reise nach Mallorca nicht mehr zu bezahlen ist; der Unlogik, daß einerseits Opfersinn und was sonst dazu gehört belebt werden sollen, andererseits nur Konsumlust die Maschine antreibt; und daß es dieselben gesellschaftlichen Kräfte sind, die als Konservative das eine, als wirtschaftende Herren das andere fördern. Dazu wird einiges bedacht werden müssen, wenn später in diesem Buch, anknüpfend an das erste Kapitel, noch einmal über die Bundesrepublik, über ihr Fundament, ihre Grundhaltung unter den Bedingungen der staatlichen Teilung reflektiert wird.

Vorerst beschäftigt mich weiterhin die bezeichnende Unlogik unseres herrschenden Denkens und Spekulierens über den anderen deutschen Staat: Wir wissen also alle, daß auch Reichtum in der DDR, im Vergleich zu unserem, wenig genug taugt, um selbst ihn noch in seiner Beschränktheit gegen die DDR ins Feld führen zu können. Wo schon besitzen die mitteldeutschen Reichen ihre Ferienhäuser? So kritisch, so richtig, von mir aus. Aber warum kommt uns kaum je einmal in den Kopf, daß eine so geartete Gesellschaft wie die Mitteldeutschlands aus eben dieser Art auch ein allgemeines Bewußtsein entwickeln muß, das sich nicht im vergleichenden Seitenblick auf uns erschöpft, sondern eigenständig ist? Wenn die deutsche Teilung sonst nichts mehr bewirkte, so verursachte sie jedenfalls immer noch diese Verkürzung im Denken der meisten Westdeutschen über die DDR: Über den Punkt, an dem die augenfälligen Vergleiche zu ziehen sind, wird selten hinausgedacht.

Die DDR leidet, was das Geld unter der Bevölkerung betrifft, an einem Überhangproblem: Die meisten Leute haben für das, was ihnen der Staat für die Mark der DDR anbieten kann, zuviel auf der hohen Kante. Die Reichen müssen vor allem Beziehungsreiche sein, damit sie ihr Wochenendhaus an der richtigen Stelle im Wald und am Ufer haben können, damit die Installationen in der Wohnung, die Reparatur am Auto prompt und in einiger Qualität gemacht werden. Geld, wenn es nicht harte Devisenwährung ist, rangiert nicht weit oben auf der Skala der Hilfsmittel, mit denen der Mangel gemildert wird. Die reichen Leute im heutigen Mitteldeutschland sind weder quantitativ noch soziologisch, sozial eine nennenswerte Größe. Ihre Wohnviertel, nach denen die westdeutsche Freundin gefragt hatte, gibt es nicht. Wer im Norden Ost-Berlins wohnt, konnte zu meiner Zeit gleich hinter der Stadtgrenze, nahe bei Schildow, am Wohnhaus der Witwe des Opernregisseurs Felsenstein vorbeigehen, einer sehr stattlichen Villa mit Reetdach; im großen Garten, so hörte man, hält die Witwe einen zahmen Bären. Am Weißen Hirsch, jenseits der Elbe, oberhalb von Dresden, kann man alte Passanten in Villenstraßen sehen, die einmal eine Oberschicht in standesgemäßen Quartieren gebildet haben: vorbei, verweht, vertan. Einzelne private Existenzen; im Falle des Witwensitzes Felsenstein ein Gegenstand des Klatsches, des lokalen Geraunes, mit einem Anflug von Märchenhaftem – und somit das Besondere, die Ausnahme bestätigend.

Es gibt keine Elbchaussee wie in Hamburg, keinen Herzogpark wie in München; nicht jene Viertel, in die man sonntags vormittags den Besuch von auswärts spazierenführt, um in einer merkwürdigen Gefühlsmischung – teils lokalpatriotisch, ideell mitbesitzend, teils distanzierend – die Häuser der ortsansässigen Wohlhabenheit vorzuzeigen. Man kann als Westdeutscher auf die Feststellung dieser Tatsache auf dreierlei Weise reagieren, sofern sie einem nicht, viertens, völlig gleichgültig ist. Zum einen kann man sie benutzen, um die Nivellierung der Gesellschaft der DDR zu belegen, ihre soziale Einfarbigkeit, ihre geringen Anreize zum Aufstieg (zu einer Adresse im Herzogpark). Zum anderen kann man aggressiv, polemisch unterstellen, ein solcher Hinweis solle wohl ein mitteldeutsches Paradies, eine klassenlose Gesellschaft vorgaukeln, in der es allen gleich gut gehe, obwohl es doch allen – hier berührt sich die zweite Reaktion mit der ersten – nur gleich schlecht gehe, von den (zwei Millionen) privilegierten Genossen der SED abgesehen. Ich habe beide Reaktionen kennengelernt. In die zweite, den Vorwurf der angeblichen Schönfärberei, schießt, unbewußt und nicht ohne ungewollte Komik, etwas schlechtes Gewissen ein; ein moralisches Institut, nach dem gar nicht gefragt worden ist. Die Hamburger Elbchaussee, ist sie denn ein Makel?

Nach meinen Jahren im anderen deutschen Staat, bei den anderen Deutschen, denke ich, daß nur die dritte mögliche Reaktion uns festen Boden für die etwaige Wiedergewinnung nationaler Identität beiderseits der Elbe, oberhalb der zwei Staaten schaffen kann: die Realitäten der DDR in ihrer Andersartigkeit, in ihren Unterschieden zu unseren Wirklichkeiten zunächst einmal nur hinzunehmen, anzuerkennen, um ihre Folgen für Sein und Bewußtsein verstehen zu lernen. Es mag freilich sein, daß manche in Westdeutschland, wenn sie sie verstanden haben, an der nationalen Einheit nicht mehr so viel Interesse nehmen, wie sie heute zu haben glauben; gut möglich, daß ihnen Deutschland dann mit der Bundesrepublik vollständig genug ist.

Gleich nach dem Einstieg in das zerklüftete Gebirge, wie ich weiter oben die vielfältigen Realitäten der DDR genannt habe, wies ich hin auf das unbehaglich Fremdartige, als das viele Westdeutsche auf Stippvisite das privat-öffentliche Leben in der DDR empfinden. Gewöhnlich kreiden sie allein dem System an, was tatsächlich eine Mischung aus Systembedingungen und – wichtiger – dem ungenierten Tonangeben durch die kleinen Leute, wie man sagt, ist: die fremdartige Außenansicht von Kleinbürgertum pur in ungeübten westdeutschen Augen. Inzwischen sind wir, schon seit einiger Zeit, bei den Innenansichten angelangt: Der Bevölkerung der DDR fehlt in ihrem allgemeinen Bewußtsein so gut wie jede Vorstellung von gesellschaftlichem Auf- oder Abstieg, der durch Mithaltenkönnen in einer bestimmten sozialen Schicht bestimmt wird. Es fehlen also mehrheitlich jenes Bewußtsein und die daraus resultierenden Verhaltensweisen, die von der Größe des PKW und dem Umzug in die grüne Vorstadt, in der die Aufsteiger wohnen, abgeleitet werden: materielle Umstände und ihre immateriellen Folgen.

Nach meinen Beobachtungen und Gesprächen drüben ist dieses Fehlen von Aufsteigermentalität und Absteigerängsten jedoch keinesfalls anzusehen, zu verklären gar als eine neue Tugend der Menschen dort, die sie aus ihrer Not – es gibt die Aufsteigervorstädte nicht – gemacht hätten. Nichts davon. Nur in Ausnahmen, die nichts mit den Gegebenheiten der DDR zu tun haben und auch in der Bundesrepublik zu finden sind, kann man von einer absichtsvollen geistigen Überwindung der materiellen Mängel, einer bewußten Geringschätzung dieser Seite des Lebens sprechen. Es ist eine groteske Vorstellung zu denken, man könnte aus meiner Beschreibung auf eine mitteldeutsche Gesellschaft schließen, die dem Konsum, der Befriedigung materieller Bedürfnisse und auch Über-Bedürfnisse aus höherer Einsicht abgeschworen hätte. Nicht einmal die Fabel vom Fuchs und den sauren Trauben läßt sich verwenden. Die Männer und Frauen drüben haben ihren Ehrgeiz wie ihre Konsumlust, und sie schmähen Unerreichbares nicht, um sich so den Verzicht zu versüßen, sondern sie haben Verlangen danach und sprechen es aus. Am ehesten könnte das allgemeine, breite Bewußtsein der Menschen in der DDR, das *Reaktionen von Klassenlosigkeit* erkennen läßt, mit dem Denken und Fühlen von Gruppen unter Ausnahmebedingungen verglichen werden: Nach Luftangriffen oder unter den Folgen von Katastrophen werden Schranken der Herkunft, von gesellschaftlicher Position und Besitz vorübergehend aufgehoben. Aber auch ein solcher Vergleich wäre falsch: Das allgemeine Bewußtsein in der DDR geht schon lange, lange nicht mehr von einer befristeten Ausnahmesituation aus, sondern von andauernden Bedingungen. Nein, was wir erkennen können, wenn wir unerschrocken hinsehen, ist in seiner Zusammensetzung kennzeichnend für einen bedeutenden Teil des Lebens in der DDR; es ist eigenständig im heutigen Mitteldeutschland.

Zu den bewußtseinsbildenden Gegebenheiten, die vom System der DDR gesetzt sind, gehört die berufliche Aufstiegsgrenze, die von der Nichtzugehörigkeit zur SED oder wenigstens zu einer der sogenannten Blockparteien wie CDU, Liberaldemokraten, Nationaldemokraten oder Bauernpartei gezogen wird. Ich vermute daher auch, daß unter den Genossen der SED Karrierefragen eine viel ausgeprägtere Rolle spielen als unter den Parteilosen, die ihre Grenze kennen. Immerhin gibt es für die Mitglieder der SED vom System her keine Barriere im beruflichen Weiterkommen; und nicht nur materiell, sondern auch in der nicht nach Mark und Pfennig, nicht nach Prämienhöhe und der Qualität des Ferienplatzes zu messenden Befriedigung macht es für einen Ehrgeizigen drüben denselben Unterschied wie hier aus, ob er Abteilungsleiter bleibt oder Direktor wird. Noch mehr gilt das meines Erachtens für Karrieren in der unmittelbaren Parteiarbeit. In vieler Hinsicht nämlich ist es eine sehr andere Tätigkeit, verschafft es – im geschlossenen Zirkel der Partei – auch höchst unterschiedliche Freiräume, wenn man nicht in einer Parteifunktion auf Betriebs- oder Kommunalebene steckenbleibt, sondern höher hinaufkommt; gar bis zu den Spitzenrängen, die nach meiner Einschätzung beim Ersten Sekretär eines Bezirks beginnen, dem Mann, der hinter dem Ratsvorsitzenden des Bezirks (auch von der SED) die Parteimacht innehat. Die Grundsätze des Statuts der Partei reichen nicht immer aus, um die Abstände im Parteirang zu schließen. Ich habe einfache ältere Genossen ehrlich klagen hören über Ehescheidungen und andere libertinöse Gepflogenheiten höherer Chargen, weil so etwas nicht in ihre redliche Vorstellung von kommunistischer Moral hineinpaßte. Ich kann es nicht belegen, habe aber die starke Vermutung, daß Auf- und Abstieg; die damit verbundene Lebensart; das Anpassungsverhalten; der Umgang, den man pflegt; der unterschiedliche Zugang zu Prestigekonsum; die Abstände, die das schafft – daß dies alles innerhalb der SED, unterhalb der Parteigrundsätze, weniger klassenlos ist als in der parteilosen Bevölkerung; daß es eher als alles andere in der DDR sich mit westlichen Aufsteigerphänomenen vergleichen läßt. Dabei habe ich nicht die Handvoll Politbüromitglieder im Auge. Ich meine den Mittelstandsbauch der SED.

Für jene Männer und Frauen, die, aus welchen Gründen auch immer, in ihrer vom System erwarteten gesellschaftlichen Aktivität nicht über die Mitgliedschaft im, sagen wir, Kulturbund hinausgehen wollen, ist die Aufstiegsbegrenzung nach oben in vielen Fällen eine bedrückende Verkürzung der Erwartungen, die sie ins Leben setzen. Aber – dies Aber mindert gewiß den Verdruß, den Kummer der jeweils Betroffenen nur teilweise – die Nichtbeförderung bleibt unter den waltenden Umständen, anders als bei uns, gänzlich frei von dem gesellschaftlichen Makel, es nicht zu schaffen, nicht mitzukommen, ein Versager zu sein. Wer will entscheiden, wie hoch das zu veranschlagen ist?

Auf jeden Fall hat es für das breite, allgemeine Bewußtsein in der DDR einige prägende Folgen. So gut wie nie hört man in Gesprächen unter Mitteldeutschen die Bemerkungen, mit denen jüngere Westdeutsche auf ihrem unsicheren Weg nach oben und ältere beim Behaupten der erreichten mittleren Höhe sich Mut machen: die Bemerkungen über den guten Kontakt zum Chef; was der gestern erst zu einem gesagt habe; wie man von ihm schon wieder einmal in einer schwierigen Sache dem Kollegen vorgezogen worden sei. Es wird drüben weniger angegeben mit Beruf und Karriere. Das Verhältnis zu Vorgesetzten, Ängste und Anbiederung in diesem Zusammenhang, spielen im allgemeinen Bewußtsein der Bevölkerung der DDR kaum eine Rolle. Schwierigkeiten, wenn sie entstehen, haben meistens andere Wurzeln als bei uns; sie rühren dann oft her aus der Entscheidung, sich dem System grundsätzlich nicht mehr anbequemen zu wollen: der letzte Tropfen, der ins Faß fiel. Solange dieses Feld ausgespart bleibt, ist die Freiheit von Angst im mitteldeutschen Bewußtsein vom Berufsleben deutlich größer als im westdeutschen; und das nicht erst, seitdem hier die Zeiten der Vollbeschäftigung vergangen sind.

Die Eigentumsverhältnisse, die die SED in Industrie und Landwirtschaft, in allen Handwerks- und Dienstleistungsbetrieben mit mehr als zehn Beschäftigten geschaffen hat, haben ebenfalls Einfluß auf das allgemeine Bewußtsein der Menschen drüben. Davon ist im Vordergrund eine schnöde Mißachtung des sogenannten Volkseigentums wahrzunehmen, ein weithin bedenkenloser Umgang mit Maschinen und Materialien, eine ziemlich ungenierte Bereitschaft zum Diebstahl: Das Bewußtsein hat nicht schrittgehalten mit der Propaganda, die das Regime in der DDR über den angeblich erreichten Stand des sozialistischen Seins macht. Es fehlt in den Materiallagern und auf Baustellen systemgemäß der Aufpasser, der für einen privaten Eigentümer die Augen offenhält. Die Schadenfreude, die Genugtuung, die manche westdeutschen Besucher über diese Seite der mitteldeutschen Realitäten empfunden haben, sind mir immer schal gewesen. System hin, System her, über welchen Charakterzug unseres alten Adams lachen wir da?

Dieser Vordergrund verdeckt oft eine andere Folge, die das Verschwinden der alten Eliten und deren Enteignung für das allgemeine Bewußtsein in der Deutschen Demokratischen Republik gezeitigt haben. Die Sozialistische Einheitspartei und ihre verlängerten Arme – Gewerkschaften, Jugendorganisationen, von der SED dominierte Berufsverbände, Staatssicherheitsdienst – beherrschen Staat, Wirtschaft, Gesellschaft. Die anderen Parteien sind geduldete, nützliche Aftermieter im Machtbau der DDR. Der einzelne parteilose Bürger ist zwar nicht so bar jeden Einflusses, wie wir uns das hier denken; die SED berücksichtigt im Rahmen ihres Selbstverständnisses, ihrer Möglichkeiten und ihres – beschränkten – psychologischen Einfühlungsvermögens seine Stimmungen – so gut sie eben kann, was nicht viel ist. Aber, natürlich, ist der Bevölkerung die politische Einmischung verwehrt, wie sie unser System gewöhnlich alle vier Jahre den Wählern einräumt. Jedoch: Die Aussperrung aus der Wahlpolitik unserer Art wird kompensiert von der ganz selbstverständlichen Gewißheit des mitteldeutschen Kleinbürgerstandes – im Kern: Arbeiter und Genossenschaftsbauern –, die tonangebende gute Gesellschaft zu sein.

Es ist für ihn nichts da, wohin er nach oben schielen könnte. Dem allgemeinen Bewußtsein mangeln der Respekt, die insgeheime Bewunderung, das Unterlegenheitsgefühl, alle jene Unsicherheiten, die, meistens uneingestanden, einen Bewußtseinsfaktor hierzulande bilden, der das Empfinden und Verhalten vieler Menschen mitbestimmt. Es gibt weder den Juniorchef noch seinen Herrn Vater; weder den Großbauern noch den Honoratiorentisch: jene Größen fehlen, die in unserer gegliederten Gesellschaft für eine breite Aufsteigerschicht ein Stachel im Bewußtsein sind; ein Stachel zum Nacheifern oder der ständigen Erinnerung an Unterschiede, die man für sich nicht aufheben konnte. Die Ärzte, Ingenieure, Professoren und anderen Intelligenzler in hervorgehobenen Positionen, von denen eine allmähliche Aufgliederung der mitteldeutschen Gesellschaft ihren Ausgang nimmt, sind vorläufig, in den achtziger Jahren, im privat-öffentlichen Leben der DDR noch kein bewußtseinsbildendes Merkmal.

Und so geschieht es denn tagtäglich, daß das mitteldeutsche Volk vor den, relativ gemeint, Nobelrestaurants der Interhotels – soweit sie nicht Devisenbringern vorbehalten sind – zwar

Schlange stehen und warten muß, bis ihm ein Tisch zugewiesen wird, dann aber ohne jede Befangenheit Platz nimmt; frei von den Zweifeln am gesellschaftlichen Stellenwert, die die vergleichbare westdeutsche Schicht vor der Tür entsprechender Lokale in der Bundesrepublik mindestens zögern läßt oder im Lokal zu scheuen Seitenblicken zu den Nachbartischen veranlaßt. Der Außenansicht, die dem westdeutschen Besucher in der Zwanglosigkeit des Auftretens der ortsansässigen Deutschen geboten wird, entspricht der innere Befund: kein Bewußtseinsstachel, etwa nicht dahin zu passen, wo man einkehrt; es herrscht ungenierte Selbstverständlichkeit.

Nicht ins Auge springt, aber beim Zuhören wird doch deutlich, daß auch im geistigen Überbau, oberhalb der materiellen Gegebenheiten der Gesellschaft, in mehr als dreißig Jahren andere Vorstellungen unter der breiten Bevölkerung der DDR um sich gegriffen haben, als sie in der westdeutschen im Schwange sind. Die SED hat Daniel Rauchs Reiterstandbild des Preußenkönigs Friedrich II., des Großen, des Alten Fritz, aus dem Potsdamer Schloßpark wieder Unter die Linden nach Berlin schaffen lassen. Ein altes Denkmal des Reichsfreiherrn vom Stein ist an der Schmalseite des Außenministeriums der DDR aufgestellt worden. Schon Jahre zuvor, Mitte der siebziger, hat das kommunistisch gelenkte mitteldeutsche Fernsehen eine Serie über General Scharnhorst, den Patrioten im Befreiungskrieg gegen Napoleon, produziert. Auch auf das Erbe Martin Luthers ist ein unüberhörbarer Anspruch angemeldet worden. Was dies für die SED, ihr Geschichtsverständnis, ihr Selbstbewußtsein, besagt, wird zu prüfen sein, wenn gesondert über die Staatspartei der DDR berichtet wird. In der Bevölkerung, soweit sie an dieser Entwicklung ein Interesse nimmt oder nicht als praktizierende Christen im Falle Martin Luthers eine ganz besondere, feste Meinung hat, war die Reaktion auf diese Art Geschichtsadaption nach meinen Eindrücken aus mehreren Empfindungen gemischt.

Am Beispiel von Fridericus Rex zu Pferde ist die Mischung am ehesten zu analysieren. Einfach zu erkennen und zu verstehen waren die Freude, das Vergnügen geradezu, mit denen Berliner Passanten und mitteldeutsche Touristen, die zu Besuch in ihrer Hauptstadt waren, die alt-neue Sehenswürdigkeit Unter den Linden aufnahmen. Darin verwoben waren zwei Gefühle, die nicht nur aus der Verschönerung, der zusätzlichen bedeutsamen Markierung der einzigen sprichwörtlichen Straße Deutschlands herrührten. Das eine war die Genugtuung, mit dem Aufstellen des Rauchschen Denkmals einen weiteren Schritt zum Normalen, zum Üblichen hin getan zu sehen: Da war nun ein schönes, altes Standbild erhalten geblieben; warum es noch länger im Hippodrom, einer Parklichtung unterhalb von Sanssouci, verstecken? Als Beleg, daß es sich um einen Normalisierungsakt, um den Abbau von Berührungsangst handelte, wurden, bemerkenswert für den Westdeutschen, kaum Vergleiche mit dem Westen gezogen. Statuen von Fürsten zu Fuß und zu Pferde auf westlichen Plätzen, vor westlichen Schlössern, deren fleißige Restaurierung, damit man sie wieder aufstellen konnte, entsprechen den Vorstellungen vom geistigen Überbau der westlichen Welt, wie man sie in der DDR hegt. Verglichen wurde, als Friedrich schließlich wieder unter den Berliner Linden ritt, mehr mit der Sowjetunion, mit Polen und anderen Staaten des Ostblocks. Was die Russen, was die Polen können – in Mitteldeutschland eher abschätzig betrachtete Völker –, mußten das nicht endlich auch die Deutschen zuwege bringen: ein altes Denkmal einer historischen Figur ohne falsche Scheu an den angestammten Platz zurückholen?

Der Genugtuung über diese nun statuierte Fähigkeit war das andere Gefühl, das in Gesprächen zutage trat, eng verwandt: Man hatte sichtbarlich eine Blöße bedeckt, die viele in Mitteldeutschland gegenüber westdeutschen Besuchern oft als lästig empfunden hatten. Wiederum selbst solche Männer und Frauen in der DDR, die mit dem System der SED wenig Gutes verbinden, waren es schon lange leid gewesen (und sind es in vergleichbaren Vorgängen), daß manche Gäste aus der Bundesrepublik beispielsweise aus dem Nichtaufstellen des Monuments allzu glatte, kurzatmige Schlüsse über das Verhältnis der DDR zur deutschen Geschichte gezogen hatten. Solche Gespräche waren dann gewöhnlich von westdeutscher Seite auf die Sprengung der Ruine des königlichen Schlosses zu Berlin nach 1945 übergegangen, dem üblichen weiteren Beleg für die Rache des Regimes an der deutschen Vergangenheit und ihren steinernen Zeugen, wovon sich – in solchen Lektionen, in denen das Nachkriegsschicksal westdeutscher Innenstädte und Baudenkmäler ausgespart blieb – die Bundesrepublik stets so vorteilhaft unterschied.

Die mitteldeutschen Gastgeber, sofern sie sich für diese Fragen interessierten, wußten das, soweit es ihren eigenen Staat anging, längst besser: Die Schloßruine würde heute nach ihrer sicheren Einschätzung nicht mehr gesprengt werden, sondern restauriert. Wann der alte Fritz wieder Unter den Linden erscheinen würde, darüber wurden unter Interessierten in Berlin schon wenigstens zwei Jahre zuvor Wetten abgeschlossen. Die Menschen in der DDR hatten die langwierige Entwicklung bis zu diesem Punkt hin miterlebt. Vielen unter ihnen war die schlichte Beweisführung mancher Westdeutscher, die sich auf die langjährige Denkmalslücke berief, lästig, gelegentlich sogar peinlich gewesen. Ich habe als Ohrenzeuge solcher Unterhaltungen öfter meine Erfahrung bestätigt gefunden, daß auch mitteldeutsche Gegner der SED von allzu simplen Urteilen über ihren Staat veranlaßt wurden, partiell zu seinen Verteidigern zu werden. Da fanden sie es, nachdem König Friedrich wieder Unter den Linden im Denkmalssattel saß, bis zu einem gewissen Grade viel amüsanter, nun neue westdeutsche Deutungen über die geschlossene Lücke zu hören.

Bis zu einem gewissen Grade waren sie amüsiert. Darüber hinaus, wenn es nicht mehr um das Wiederaufstellen des Denkmals allein ging, sondern sozusagen um seinen Überbau, um den von ihm verkörperten Inhalt – Friedrich den Großen, Preußens Gloria –, wurde von Gesprächspartnern aus der DDR auch noch ein weiteres Gefühl artikuliert, das zu der gemischten Reaktion auf Friedrichs Wiedereinzug Unter die Linden gehörte: ein leises Unbehagen. Die Freude, die Genugtuung überwogen, aber da war auch eine leichte Unsicherheit. Rauchs Denkmal dient mir hier nur als das zu meiner Zeit am meisten erörterte Beispiel für das Auseinanderschmecken solcher gemischten Empfindungen. Das Unbehagen, die Unsicherheit, ob das alles ganz richtig sei, habe ich viel öfter noch im Zusammenhang mit der Fernsehserie über Scharnhorst zu hören bekommen. Bei der bevorstehenden Überwindung der Berührungsscheu vor Bismarck wird das nach meinen Erfahrungen gewiß noch stärker werden. So merkwürdig, wie es klingt, ist es auch: Manche parteilose Ältere, Fünfundvierzigjährige und darüber, die an ihrer Nachkriegsgesinnung, ihrem seinerzeitigen Umdenken als an einem kostbaren Gut hängen, erwiesen sich in Diskussionen über Scharnhorst, über das Wiederaufstellen Friedrichs und die Folgen gelegentlich als päpstlicher als der Papst. Was die SED da aus ihren Gründen vollzog, konnte es nicht Unklarheiten schaffen? Solche Fragen hörte man verständlicherweise noch häufiger von einfachen Genossen der Partei.

Die Skeptiker, Parteilose wie Parteimitglieder, verstanden sich bewußt und ohne Einschränkung als Deutsche mit historischer Vergangenheit. Im Blick auf das Denkmal waren sie über das etwaige Mißverständnis besorgt, nun habe man auch bei ihnen einen ersten sichtbaren Schritt zum Wiederanknüpfen an Geschichtsdeutungen gemacht, wie sie in Westdeutschland im Zusammenhang mit der etwa gleichzeitigen West-Berliner Preußen-Ausstellung 1981 verstärkt belebt wurden. Diese Möglichkeit erschien vielen als ein gesamtdeutscher Alptraum. Sie wollten sichergestellt sehen, daß ihr Geschichtsbild, das von dem in Westdeutschland vorherrschenden abweicht, nicht erst vom Jahre 1945 an datiert werde, sondern auch für die ältere Vergangenheit eigene Wurzeln neben den herkömmlich bürgerlichen für sich reklamieren könne. Zum letzten Mal im Denkmalsbild: Die Auffassung dieser Mitteldeutschen – nur einige von ihnen nach ihrem Selbstverständnis Kommunisten – von den sozialen Bedingungen des Feudalismus sollte nicht unter die Hufe von Friedrichs Bronzepferd geraten. Am Schweif des Pferdes sollte, beispielsweise, nicht wieder die Schulbuchlesart des Müllers von Sanssouci als Beweis für preußische Gleichheit vor dem Gesetz ins brauchbare, gläubige Gemüt gezogen werden.

Der Kommunismus und dessen Gefolgschaft entdämonisiert; am Arbeitsplatz bisher viel Freiheit von Angst; keine Zweifel am eigenen gesellschaftlichen Stellenwert; im Geschichtsbild, soweit von Interesse und Bildung her vorhanden, andere Fixsterne als die uns vertrauten; ein Abglanz dieser Sterne auch noch bei jenen, deren Bewußtsein sich auf Geschichte nur in Spuren erstreckt. Man muß diese Haltung, diese Geneigtheiten, dieses Selbstverständnis nicht links nennen, wie ich es probehalber getan habe. Eines allerdings ist unausweichlich, wenn die Frage der nationalen Identität der Deutschen nicht in der Präambel des westdeutschen Grundgesetzes eingesargt bleiben soll: unsere Einsicht, auch wenn sie schmerzen sollte, daß man drüben mehrheitlich anders denkt, fühlt, wertet als wir mehrheitlich hier.

Die vielfältigen Realitäten der Deutschen Demokratischen Republik entsprechen in ihrer Summe nicht dem Bild, das die kommunistische Staatspartei SED von ihnen malt. Aber sie werden in ihrer Vielfalt auch nicht beschrieben von der Trauer, der Resignation, der wütenden Verzweiflung, dem enttäuschten Idealismus, die manche Dissidenten, jeweils für sich verständlich und richtig, artikulieren. Auch von den vielen Sprachlosen, die von drüben kommen, die nach Vorbildung und Neigung ihre einfachen guten Gründe für das Verlassen der DDR – das Leben im Westen, was immer sie zunächst darunter sich vorstellen – nur in allgemeinste Floskeln zu kleiden verstehen, werden die mitteldeutschen Realitäten nicht umfassend bezeugt. Und schon gar nicht werden sie es von jenen in Westdeutschland, die berechnend teils und teils verblendet, den anderen deutschen Nachkriegsstaat nur innerhalb der Zwanghaftigkeiten einer Konfessionsspaltung, eines potentiellen Glaubenskriegs sehen.

Auf dem Weg durch das zerklüftete Gebirge der vielfältigen Wirklichkeiten der DDR werde ich erst weitergehen – in die privaten Nischen hinein –, nachdem ich zurückgeblickt habe. Was habe ich von dem, was ich in sechseinhalb Jahren vor Ort gesehen habe, bisher zu beschreiben versucht? Warum mache ich einen Halt an dieser Stelle? Ich habe auf die nach meiner Einschätzung überaus wichtige Tatsache aufmerksam gemacht: Die staatliche Teilung Deutschlands ist weithin auch zu einer sozialen geworden. Wenn diese Einsicht fehlt oder doch unberücksichtigt bleibt – und sie ist im westdeutschen Bewußtsein kaum vorhanden –, dann entstehen die Schattenrisse ohne Farbe, Tiefe und Perspektive, die hierzulande oft als das Abbild des Existierens im heutigen Mitteldeutschland, in der DDR, betrachtet werden.

Vor allem tritt bei vielen Westdeutschen die lähmende Verwirrung der Vorstellungen ein, die sie sich, sofern sie überhaupt Anteil nehmen, vom täglichen Leben in der DDR machen: Sie projizieren die dortigen Gegebenheiten und Zustände – unbewußt, weil ohne Einsicht – auf die gesellschaftlichen Verhältnisse der Bundesrepublik. Dann leben sozusagen, in der verwirrten Vorstellung, der enteignete Fabrikant und der von seiner Scholle vertriebene Gutsherr mitten im heutigen Nachbarschaftsalltag; nicht als Flüchtlinge von drüben, sondern, jüngst betroffen, als Gefährdete, staatlich Geächtete im nächsten Villenvorort und in dem Dorf vor der Stadt, wo man letzten Sonntag einkehrte. Der Hausarzt wurde gestern in den Staatsdienst gepreßt, und der Klempner von nebenan ist seit heute im Handwerkerkollektiv: empfunden als bundesrepublikanische Gegenwart. Man kann solche Unstimmigkeiten mancher westdeutscher Trugbilder von den gegenwärtigen Realitäten in der DDR kaum dingfest machen. Sobald sie ins reflektierende Bewußtsein gehoben werden, verflüchtigen sie sich in der verlegenen Beteuerung, daß man es so nicht gemeint habe. Aber wenn man Bundesbürgern zuhört, die noch niemals oder seit zwanzig Jahren nicht mehr drüben waren, dann schimmert immer wieder einmal, oft, diese um soziale Fakten und zeitlichen Ablauf verkürzte Vorstellung durch. Einsichten, die sie widerlegen würden, haben nicht Schritt gehalten mit der Gleichgültigkeit, die unstimmige Urteile fördert. Wie könnte das verwundern?

Ich habe hingewiesen auf die Intelligenzschicht älterer Menschen – in den ersten Nachkriegsjahren schon alt genug, um aus Krieg und neuem Anfang ein erstes Bewußtsein zu ziehen –, die der DDR das Staatsvolk aus kleinen Leuten zugute hält. Diese Männer und Frauen mit Nachkriegsgesinnung, deren Friedensschluß mit der SED brüchig, aber doch zunächst einmal vorhanden ist, haben nicht wenig dazu beigetragen, daß im herrschenden allgemeinen Bewußtsein Mitteldeutschlands die ersten Jahre nach 1945, auch mit ihren guten Vorsätzen, noch viel gegenwärtiger sind als bei uns, wo diese Zeit vom Wirtschaftswunder und allem, was gut und böse dazugehört, überlagert worden ist. Das Sein mitbestimmt das Bewußtsein. Ich habe den öffentlichen Wertehimmel dieser Menschen und ihren Einfluß auf das breite Bewußtsein der Bevölkerung im anderen deutschen Staat, wirksam vor allem in derselben Generation, skizziert.

Warum der Halt an dieser Stelle? Weil nach meinen Eindrükken die DDR sich derzeit, also gegen Mitte der achtziger Jahre, stark verändert; stärker als es etwa durch den – wichtigen – Wechsel von Walter Ulbricht zu Erich Honecker der Fall gewesen ist. Das bisher von mir Beschriebene ist ein wesentlicher Teil des Fundaments der DDR, den man vor Augen haben sollte, wenn man die ins mitteldeutsche Haus stehenden Veränderungen wahrnehmen und einschätzen will: deshalb die Zäsur, der Rückblick auf das zunächst Festgestellte.

Die Bevölkerung drüben und ihre Republik sind dabei – allmählich, wie meistens in der DDR: allmählich –, sich ebenfalls ganz abzunabeln von der Nachkriegszeit. Der im Blick darauf, nach westdeutschem Vergleich, lange aufgeschobene Generationswechsel, der Wechsel im geistigen Klima, beginnt spürbarer zu werden. Die neue Aufgliederung der Gesellschaft, vollzogen auf der Basis und unter den Gegebenheiten des dominierenden Kleinbürgertums der DDR, schlägt im Bewußtsein, im privat-öffentlichen Verhalten noch nicht durch; aber künftige

Folgen lassen sich vorhersehen. Die mitteldeutsche Jugend emanzipiert sich – in vieler Hinsicht. So erstaunlich es erscheinen mag bei einem Land, das immer wieder auch Versorgungsschwierigkeiten hat: Manche der Veränderungen, die sich abzeichnen, sind die einer Wohlstandsgesellschaft. Veränderte internationale Umstände wirken auf den inneren Wandel in der DDR mit ein – wie in der Bundesrepublik. Rückblickend auf die DDR der Gegenwart, wie beschrieben, frage ich mich im Blick auf die ihr bevorstehenden Veränderungen: Wie wird sie danach beschaffen sein? Manchmal denke ich, in einigen Formen ihres Lebens wird sie kälter, glatter, normierter werden. Die Frage ist um so wichtiger, als sie natürlich die SED nicht aussparen kann. Deswegen, bevor die privaten Nischen der Gesellschaft erkundet werden, in denen der Wandel sich vorbereitet, vorher noch der Versuch, die herrschende Partei der DDR stärker ins Bild zu rücken: auch sie zunächst nur beschrieben bis zum Vorabend eines – bei normalem Verlauf allmählichen, aber ebenfalls folgenschweren – Wechsels ihres geistigen Klimas, ihres Hintergrunds.

Die Sozialistische Einheitspartei Deutschlands, jetzt nicht als Herrschaftsapparat genommen, sondern in ihrem öffentlichen Stil, im Sprachgebrauch, in ihrer Selbstdarstellung, nicht bei Massenkundgebungen, sondern auf relativ exklusiven Veranstaltungen, beispielsweise zum Jahrestag der Russischen Oktoberrevolution in der Staatsoper Unter den Linden (Missionschefs zugelassen) – in dieser Hinsicht erschien mir die SED oft altväterlich, gravitätisch, gutbürgerlich. Es war 19. Jahrhundert, woran sie mich denken ließ. Die Mitglieder und Kandidaten des Politbüros, des obersten Exekutivgremiums der SED, wenn sie bei entsprechenden Anlässen im dunklen Anzug auf der Bühne Platz nehmen – im Parkett die ausgewählten niedrigeren Parteichargen, im ersten Rang die Diplomaten –, sind im sogenannten Freizeitlook nicht vorstellbar, obwohl sie doch sicherlich in Wandlitz, ihrem abgesperrten Wohnbezirk nördlich von Berlin, den Schlips ablegen. In Jagdgarderobe kann man sich die meisten denken, weil man von der gewöhnlich alljährlichen Jagd für die Missionschefs weiß, daß sie begeisterte Jäger sind. Nimrode möchte man sagen, so, wie man sie auf der Bühne sitzen sieht: Die einstmals gängigen Vokabeln aus vergilbten Zeitungen fallen einem ein. Aber Freizeitlook? Selbst Egon Krenz, Jahrgang 1937, derzeit Kandidat des Politbüros und Erster Sekretär der Freien Deutschen Jugend (FDJ), der wegen dieser Funktion zumeist auch bei Feierstunden das blaue Hemd der FDJ trägt, den offenen Schillerkragen über das Revers des Jakketts geschlagen, kann den bestimmenden Eindruck nicht verwischen: altmodisch. Das Titelbild der ›Berliner Illustrirten‹ Anfang der zwanziger Jahre, das so viel bürgerliches Ressentiment belebt hat, die Sozialdemokraten Friedrich Ebert und Gustav Noske in Badehosen in der Ostsee posierend: undenkbar bei den führenden Genossen der SED, wenn man sie in der Öffentlichkeit sieht.

Sie sind, wie ich meine beobachtet zu haben, empfindliche Menschen, schnell gekränkt, mißtrauisch gegenüber jenen, die nicht zu ihrem Kreis gehören. Man braucht sehr lange, um mit ihnen zu mehr als einem Austausch von beiläufigen Floskeln auf dem Empfang anläßlich des Nationalfeiertags eines Staates, der diplomatische Beziehungen zur DDR unterhält, zu gelangen. Die Mitglieder und Kandidaten des Politbüros besuchen diese Empfänge nach einem sorgfältig eingehaltenen Schlüssel, der von den Missionschefs aufmerksam auf Veränderungen, die selten sind, beobachtet wird. Die Nummer Eins, Generalsekretär Erich Honecker, gibt nur dem sowjetischen Botschafter die Ehre, begleitet vom gesamten Politbüro, soweit die Genossen im Lande sind oder nicht ihre Gesundheit pflegen müssen. Mehr als ein Vollmitglied oder Kandidat, protokollarisch gezielt eingesetzt, um ein aktuelles besonderes Interesse an dem so bedachten Land zu demonstrieren, sind sonst die Ausnahme. Die westlichen Kontrollmächte Deutschlands, Großbritannien, die USA, Frankreich, können zum offiziellen Queen's Birthday im Juni, zum 4. Juli und zum 14. Juli mit Hermann Axen rechnen, als Sekretär des Politbüros (genau: des ZK der SED) für internationale Beziehungen der Außenminister hinter dem Außenminister der DDR.

Zum Verfassungstag der Bundesrepublik Deutschland wird bisher regelmäßig der langjährige Kandidat des Politbüros Werner Jarowinsky entsandt, ein freundlich-zurückhaltender Mann, fast schüchtern wirkend mit seinem blassen Gesicht, seiner nur am Oberrand schmal eingefaßten Brille. Er obliegt seiner protokollarischen Pflicht, auf die Minute genau, und verläßt dann, wie ich immer empfunden habe, aufatmend das Gedränge. Anders als einige andere aus dem obersten Führungskreis der SED zeigt er keinerlei Neigung, beachtet zu werden, Cercle zu halten, die Stimme zu heben. Obwohl nur Kandidat – diese Einschränkung ist an sich unsinnig, denn die Kandidaten haben eine volle Mitwirkung an der Arbeit des Politbüros außer bei Abstimmungen –, ist Jarowinsky Sekretär des Politbüros (für Handel und Versorgung), also mit einer speziellen Exekutivfunktion betraut, die bedeutend oberhalb von Ministerrang liegt.

Ich will bei dem unscheinbaren Mann, der wahrhaftig eine schwierige Arbeit hat, noch für ein paar Sätze bleiben. Werner Jarowinsky ist 1927 in Leningrad geboren, sein Vater ist in der Emigration in der Sowjetunion verstorben. Ob er nach der Geburt seines Sohnes noch einmal nach Hause kam, wann er dann vor den Nationalsozialisten floh, unter welchen Umständen er starb, darüber besagen meine Unterlagen nichts. Irgendwann vor dem Krieg mit der Sowjetunion muß der junge Werner nach Deutschland zurückgekommen sein. Näheres weiß ich auch darüber nicht. Er macht eine Lehre als Industriekaufmann. Sehr jung wird er Soldat. Was hat er gedacht und gefühlt damals? Lebte er in Bedrängnissen, und wie wurde sein Bewußtsein entwickelt? Gleich im Jahre 1945 folgt er politisch dem Vater; er tritt in die neu zugelassene KPD ein. Er besucht die Arbeiter- und Bauernfakultät. In Berlin wurde zu meiner Zeit halblaut erzählt, der junge Mann, der seine Karriere in der Partei über Wirtschaftsfunktionen, teils theoretischen an der Universität, teils praktischen im Ministerium, machte, habe die besondere Förderung Walter Ulbrichts genossen; der habe eine Art Vaterstelle an ihm vertreten, weshalb Ulbrichts Tod für Werner Jarowinsky auch eine ganz persönliche Bedeutung besessen habe. Ob es stimmt, ich weiß es nicht. Nun steht er höflich, unauffällig, aber auch unnahbar auf dem Empfang des Leiters der Ständigen Vertretung der Bundesrepublik Deutschland, für ihn: der Botschafter der BRD, und gehört offensichtlich, und nur soweit kann man bei ihm Privates, Persönliches erkennen, zu den Menschen, die solche Veranstaltungen eher als lästig empfinden.

Ich habe meiner Art nach ziemlich ungeniert viele Fragen gestellt in der DDR, auch an hochrangige Genossen; ganz gewiß ungeniert, gemessen an den Gepflogenheiten des Regimes der dortigen Republik. Aber all die Jahre über, auch als ich schon relativ vertrauten Umgang mit Spitzenpersonal der SED hatte, blieb die Zahl der ungestellten Fragen größer. Zum Teil wurden manche nicht ausgesprochen, weil mein Amt, meine Pflichten dies verlangten. Zum weitaus größeren Teil blieben die Fragen unterdrückt von der erprobten Einsicht, daß jene, die ich auszuforschen wünschte, in ihre Mischung aus Mißtrauen, Absicherungsbedürfnis, Selbstdisziplin, Pflichtverständnis, Sachbezogenheit zu eingepuppt waren, um Fragen zur Person, an westlichen Maßstäben orientiert, voll begreifen zu können. So viele deutsche Lebensläufe der jüngsten Vergangenheit, namhafte und namenlose, die ins Bewußtsein der Nation gehoben werden sollten, bleiben unabgefragt, unerzählt. Kandidat des Politbüros Jarowinsky nur als ein Beispiel, ein eher blasses noch dazu: wieviel Geschichte im einzelnen; zu Klischees geronnen, wenn sie drüben aufgeschrieben würde; schlimmer noch bei uns: Selbst wenn wir die Vita abfragen könnten, bliebe sie ausgegrenzt von der herrschenden Stimmung, weil es ein kommunistischer Lebenslauf ohne die Umkehr ist, die ihm allenfalls Gnade vor unseren Augen verschaffte. Deutsche Selbstverstümmelungen, wohin man sieht; aufgipfelnd dann und wann in der hiesigen Rechtfertigung unserer Enge und Parteilichkeit, daß man drüben noch enger, parteilicher sei. Das ist wahr. Aber was rechtfertigt uns daran? Mit welchen Reaktionen muß ich rechnen, wenn ich korrekt berichte, daß ich von Erich Mielke, Chef des Staatssicherheitsdienstes der DDR, zwei- oder dreimal eine nachdenklich-witzige Bemerkung gehört habe, zum Teil an mich gerichtet, die eine Gesprächssituation auf den Punkt brachte? Allenfalls, eher jedenfalls, wird man hier aus psychologischem Interesse günstig aufnehmen, daß ich ihn beim Abendessen dabei beobachtete, wie er unentwegt nicht nur sein Besteck und die Gläser vor seinem Teller in eine immer genauere Ordnung rückte, sondern dies auch, soweit es ging, bei seinem Tischnachbarn zu tun trachtete.

Kurienkardinäle speisen nicht privat auswärts. Ich habe zu meinem besseren Verständnis die oberen hierarchischen Ränge der SED gern mit dem Vatikan verglichen; in den Strukturen und Formen, nicht im Inhaltlichen, versteht sich. Das war mir vielleicht deshalb möglich, weil ich weder Katholik noch Kommunist bin. Beide, die Kurie, mindestens vor den Reformen der letzten zwanzig Jahre und der Weltläufigkeit neuerer Päpste, wie das Politbüro, haben für den Außenstehenden etwas Geheimnisvolles an sich, etwas, wovon man nur ein paar äußere Eckdaten kennt, nicht aber den inneren Vollzug. Ich vermute übrigens, daß auch Gläubige nicht frei sind von dieser Faszination. Ich schließe das aus dem Wechsel des Tonfalls, den ich bei schlichten Genossen der SED gelegentlich feststellte, wenn die Rede aufs Politbüro kam (und ich füge hinzu, um der gängigsten westlichen Erklärung dafür zuvorzukommen: keinesfalls ein Tonfallwechsel, weil man meinte, das Gespräch werde abgehört). Nur sehr allmählich und bruchstückhaft gelangten meine Kenntnisse und damit meine Vorstellung vom inneren Vollzug über die äußeren Eckdaten hinaus, die da sind: Regelmäßig dienstags versammelt sich das Plenum des Politbüros; donnerstags sitzen, nicht ganz so regelmäßig, die Sekretäre aus dem Politbüro zusammen, also jene Mitglieder und Kandidaten, die eine spezielle Exekutivfunktion innehaben (wie zum Beispiel Hermann Axen für Außenpolitik, Günter Mittag für Wirtschaft, Kurt Hager für Kultur). Zunächst war meinen Mitarbeitern und mir nur der Dienstagtermin bekannt.

Ich fühlte mich einen gewaltigen Schritt vorangekommen, als ich von der Sitzung der Sekretäre am Donnerstag erfuhr. Schon zum inneren Vollzug gehörte dann der Wissensbrocken über den Umfang, in dem die Kandidaten im Politbüro mitwirken. Diese Kandidaten habe ich gelegentlich als Test Kardinäle *in pectore* genannt, um bei Gesprächspartnern von der SED, auch höheren, Reaktionen auf meinen Vergleich mit der Kurie wachzurufen: Soweit sie sich dann nicht höflich bedeckt hielten (aber insgeheim doch die Parallele entweder nicht verstanden oder als unpassend ansahen), fand ich viel Verständnis, das nicht frei von Genugtuung über den gewählten Vergleich war.

Die eindrucksvolle, auf verborgene Abläufe hinweisende Bedeutung des Eckdatums vom Dienstag: Sitzung des Politbüros, wird sehr konkret dadurch gesteigert, daß alle, die auf Posten in Berlin mit der DDR wichtigere politische Fragen zu klären haben, wissen: Vor frühestens dem nächsten Dienstag, vielleicht aber auch erst dem übernächsten, wird der Gesprächspartner im Außenministerium, im Außenhandelsministerium nichts Definitives mitzuteilen haben. Allen Missionschefs, die bei der DDR akkreditiert sind, allen Unterhändlern in Verhandlungen, allen diplomatischen und journalistischen Beobachtern, die auf eine verbindliche Stellungnahme des anderen deutschen Staates zu internationalen Vorgängen warten, allen ist geläufig, daß zunächst das Politbüro getagt haben muß. Ich werde später auf diese Zentralisierung und auch auf die seltenen Abweichungen davon näher eingehen. An dieser Stelle beschäftigt mich noch die mit der römischen Kurie vergleichbare Exklusivität, mit der das Politbüro Entscheidungsströme aussendet.

Natürlich kann man diesem geheimnisvollen Reiz gegenüber abgebrüht sein. Die vereinfachende westliche Kolportage über kommunistische Regime, die ihren Höhepunkt darin hat, die dumpfe Annahme zu vermitteln, im Kreml würde achtundvierzig Stunden lang täglich die Weltrevolution gedacht, geplant, vorbereitet, diese Kolportage ermöglicht die selbstzufriedene Überzeugung, daß man alles über kommunistische Herrschaftsabläufe immer schon gewußt habe. Solche Überzeugung grassiert in Bonn in der Deutschlandpolitik; Ausnahmen bestätigen die Regel. Mit ihr ist der Verzicht verbunden, beispielsweise das Politbüro der SED in seiner sowohl abgehobenen als auch fest verankerten Existenz, in seinem Handeln realistisch wahrzunehmen, außerhalb von Kolportage; abzuschmecken, welche Folgen der Dienstag in der Politik der DDR donnerstags hat; aber schließlich auch zu erkennen, wo das Politbüro im luftleeren Raum operiert – wie es eben auch der Kurie mit dieser oder jener Entscheidung ergeht.

Die Kolportage erstickt ebenso die rationale Phantasie, mit der nach erworbener Praxis die verschleierten Machtabläufe durchschaut werden können, wie die trockene Einsicht, daß auch der kommunistische Tag zum Planen, Konspirieren, Unterwandern nur vierundzwanzig Stunden hat. Das in der Anschauung, in der Meinung Vorgefaßte bewirkt oft bei uns höchst nachteilige Fehleinschätzungen von Vorgängen in der Führung der DDR; Wichtiges und Unwichtiges werden miteinander verwechselt; Signale mißdeutet oder gar nicht erkannt: zum einen, weil die Grobschlächtigkeit der Kolportage (Beispiel: Ost-Berlin wird von Moskau per Knopfdruck regiert) abstumpft; zum anderen, weil wir, machen wir uns von Kolportagevorstellungen frei, allzu schnell unser westliches Schnittmuster von parlamentarischen Regierungen als Vergleich, als Orientierungshilfe nehmen.

Als Erich Honecker, damals noch mit dem Titel Erster Sekretär (heute Generalsekretär) der oberste Genosse der SED, mich im Oktober 1974 zum ersten Mal zum Gespräch empfing, war das ein bedeutsamer Vorgang für die deutsch-deutschen Beziehungen. Er enthielt mehrere bemerkenswerte Signale: Honekker war damals noch nicht Vorsitzender des Staatsrats, noch nicht das Staatsoberhaupt der DDR; er hatte also protokollarisch keine Funktion im Umgang mit Missionschefs. Ich war denn auch der erste Vertreter eines westlichen Staates, den er zu sich bat: nicht den englischen oder französischen oder österreichischen Botschafter, sondern ausgerechnet den Mann aus dem anderen deutschen Staat. Er machte dies nicht, wie bei den meisten meiner späteren Gespräche mit ihm, unter Geheimhaltung, sondern so öffentlich wie möglich. Für die ersten Minuten der Begrüßung in seinem Büro im Haus des Zentralkomitees der SED waren alle westdeutschen Korrespondenten eingeladen. Am selben Tag war unser Zusammentreffen die erste Meldung in allen Nachrichtensendungen des Rundfunks und Fernsehens der DDR; am nächsten Morgen war es, mit Foto, die Aufmachung auf der Titelseite aller Zeitungen drüben.

Was alles hatte Honecker signalisiert? Er hatte seiner Partei und der mitteldeutschen Bevölkerung zu verstehen gegeben, daß die im Sommer durch Austausch von Missionen gefestigten Beziehungen weiter konkretisiert werden sollten: Warnung an etwa Widerstrebende in der SED, Hoffnung für das Land. Er hatte deutlich gemacht, daß er selber, die Nummer Eins, es sein werde, der sich der Sache annimmt. Daraus ergab sich, daß die beginnenden Verhandlungen weniger über die Vertretung der DDR in Bonn, sondern mehr über unsere in Berlin abgewickelt werden sollten, dem Ort, an dem er sitzt. Die demonstrative Publizität für dies erste Gespräch (unter vier Augen) bekundete, daß Honecker sich in Übereinstimmung mit seiner Vormacht, der Sowjetunion, befand und herkömmliche gesamtdeutsche Assoziationen nicht fürchtete.

Es war ein ganzes Aktionsbündel, auf das unsere Seite, nach gehöriger Analyse, zu reagieren hatte. Aber in der Spitze der seinerzeitigen Bundesregierung begriff man zunächst nicht, was vorgegangen war. Honecker mußte ein weiteres Mal, nun vor der Öffentlichkeit verschwiegen, mit mir sprechen, bevor man sich in Bonn auf die angebotenen Möglichkeiten einstellte, die dann bis zum Jahresende 1974 unter anderem zu einer Herabsetzung des damals auch schon einmal erhöhten Mindestumtauschs führten. Das Spektakel, das Erich Honecker mit unserer ersten Unterredung sehr bedacht veranstaltet hatte, war anfangs nicht ins Bonner Bewußtsein gedrungen, weil einerseits (westliches Schnittmuster) doch nichts Besonderes daran ist, wenn der politisch erste Mann einen Missionschef empfängt, und andererseits (Kolportage) Bundeskanzler Schmidt noch über Jahre hin, gestützt auf Geheimdienstberichte, von den Fragen nicht loskam, ob Honecker denn wirklich der Entscheidungsgewaltige sei, ob nicht andere aus dem Politbüro der SED in Moskau besser angesehen seien, ob nicht Hermann Axen, wenn es wichtig werde, Honecker konterkariere. Ich stand, weiter unten, ebenfalls auf dem Verteilerschlüssel für die nachrichtendienstlichen Berichte und konnte öfter, wenn der Bundeskanzler zu mir sprach, erkennen, woraus er schöpfte. Nur Herbert Wehner hatte damals sogleich verstanden, was Honecker eingeleitet hatte.

Selbst wenn die Spekulationen in den Berichten einen soliden Kern gehabt hätten, wofür es freilich in all den Jahren niemals auch nur ein Indiz gab, hätten sie bei nüchterner Betrachtung der Lage von dem Tag an, als Honecker in aller Öffentlichkeit seine Signale aussandte, gänzlich zurücktreten müssen hinter den von ihm gesetzten Fakten: Diese galt es zu nutzen, solange sie bestanden (was bis heute, nach bald zehn Jahren, immer noch der Fall ist).

Diese Einsicht fiel einigen Politikern in Bonn, auch bei späteren Anlässen, schwer. Immer wieder einmal schlug das Gewohnte, Vertraute durch, die spekulative Kolportage. Gelegentlich sah man, im Banne einschlägiger Berichte, beim Blick auf die DDR den Wald vor lauter Bäumen nicht mehr, von denen manche noch dazu gar keine waren.

Vor Ort in Berlin (Ost) konnten meine Mitarbeiter und ich damals, im Herbst 1974, sehr schnell wahrnehmen, was es für die »Kurie« bedeutete, daß, man muß im Bilde bleiben, der »Papst« den Vertreter der »Ungläubigen« im hellen Tageslicht empfangen hatte. Arbeitstermine auf niedrigeren Ebenen, um die wir nachgesucht hatten, kamen plötzlich zustande; Türen für Antrittsbesuche, an die ich bis dahin vergeblich geklopft hatte – unsere Ständige Vertretung bestand gerade erst knappe vier Monate –, öffneten sich; Gesprächspartner, auch außerhalb des Apparats, begannen aufzutauen. Was zu dem Vergleich mit dem, mit einem Kirchenstaat verführte, war die Gewißheit, daß der neue, bessere, sachbezogenere Umgang mit uns »Ketzern« nur zum geringeren Teil auf direkte Weisungen aus dem Politbüro zurückzuführen war. Als viel wichtiger dafür konnte nach allen erkennbaren Umständen eine Art Osmose angesehen werden: Die SED bis weit hinunter nahm auch ohne Kommando auf, was geschehen war.

Die Beziehungen zwischen den beiden deutschen Staaten gestalten sich öfter einmal, ohne konkreten Anlaß, schwierig, weil man wechselseitig Grundzüge des jeweils anderen Systems hinter den vorgefaßten Meinungen nicht zu erkennen vermag. So ist es feste westliche Überzeugung, daß kommunistische Regime, also etwa das Politbüro der SED, ihre öffentlichen Verlautbarungen stets absichtsvoll auf Verschleiern, wenn nicht geradezu auf Verfälschen der wirklichen, wahren Absichten ausrichten. Der gestelzte Stil von Hofberichterstattung, das Umlügen von Niederlagen in Anlässe zu weiteren Anstrengungen, die Vernachlässigung der personalen Komponente in der Politik außer in Formen des Personenkults, die Bemäntelung von Kritik, die Idolisierung des eigenen Handelns: dies alles läßt sich aus den Medien der DDR entnehmen und hat nicht nur negative Folgen in den privaten Nischen Mitteldeutschlands, wovon noch zu berichten ist. Es stärkt auch mit jeder Ausgabe des Zentralorgans der SED ›Neues Deutschland‹ nicht nur unser Vergnügen an den schärferen Reizen der meisten unserer Blätter, sondern auch unseren selbstschmeichlerischen Irrglauben an den höheren Wahrheitsgehalt unserer Art der Kommunikation zwischen Regierenden und Regierten, wie sie hierzulande von den Medien vermittelt wird. Dieser Überzeugung beigesellt ist unsere Gewöhnung an die Wortinflation der westdeutschen politischen Kultur; an das Entwerten, Umwerten, Neuwerten von Interviews an diesem Wochenende bis zum nächsten; an den Verlust des Muts, an offenen Mikrophonen vorbeizugehen, wenn man noch nichts zu sagen hat; an die wohlfeile Verwechslung von Fernsehdebatten mit der Herstellung von Öffentlichkeit, von allgemeiner Einsicht.

Solche Geschwätzigkeit unserer Politik, verbunden mit der verständlichen Selbstgerechtigkeit, mit der wir auf die Machart der Medien drüben blicken, bewirkt eine der wichtigen grundsätzlichen Schwierigkeiten der deutsch-deutschen Beziehungen: Wir sind in unserer überwältigenden Mehrheit gewohnheitsmäßige Analphabeten vor den Texten von ›Neues Deutschland‹, in denen – wenn oft auch langatmig, umständlich und geschraubt – im Falle, daß ex cathedra gesprochen wird, die wahre Meinung und Absicht der SED, nichts als ihre Wahrheit gesagt wird. Gewohnt, den anderen, fremdartigen Stil für Lüge zu nehmen, mindestens für Propaganda, und redselig, wie wir sind – was kümmert uns unser Geschwätz von gestern –, können wir zum Nachteil des gegenseitigen Verstehens nicht begreifen, daß regierende Kommunisten die letzten Scholastiker Europas sind; noch ein solcher Vergleich, so hinkend und wenig originell wie jener mit der Kurie, aber ebenso hilfreich. Nicht nur Nebensätze haben ihr Gewicht, selbst die Auswahl von Verben und Adjektiven ist von Bedeutung. Vor allem aber behält der Text Gültigkeit nach innen und außen, bis er wiederum ex cathedra, vom Politbüro, öffentlich revidiert wird; also nicht von zwanghafter Zufälligkeit verändert, wie manche westdeutschen Äußerungen zur Politik.

Das Hineinwirken des westdeutschen Fernsehens in die DDR hat nach meinem Eindruck die SED in den letzten Jahren öfter genötigt, schneller auf internationale und nationale Vorgänge mit einer Stellungnahme zu reagieren, als es ihrer Scholastikerart guttut. Das hat gelegentlich Kurzatmigkeiten, Vergröberungen zur Folge gehabt. Der Grund liegt auf der Hand: Abends bringt die ›Tagesschau‹ ein auch die Bevölkerung der DDR berührendes Ereignis zur mitteldeutschen Kenntnis. Wie soll dazu bis zum nächsten Morgen, wenn darüber am Arbeitsplatz in Erfurt, Schwerin und Leipzig gesprochen wird, eine ausgewogene Sprachregelung an die Genossen der SED vor Ort gelangen? Ich denke, daß die so erzwungenen Veränderungen der Kommunikation zu dem im Gange befindlichen Wandel der

DDR mit teilweise ungewissem Ausgang beitragen, von dem ich Ende des vorigen Kapitels geschrieben habe.

Aber im großen und ganzen ist es zunächst weiterhin so, daß in den parteiamtlichen Äußerungen neben der Propaganda und dem Bemänteln im Bedarfsfall, wie bei uns, auch die Wahrheit steht. Sie ist nicht immer vollständig. Nicht alles, was Honecker vor den Kreissekretären der SED, dem Unteroffiziersrückgrat der Parteiarmee, gesagt hat, wird publiziert. Das beeinträchtigt die Wahrheit, wie sie der Öffentlichkeit präsentiert wird, aber es verfälscht sie nicht unbedingt total. Wir jedoch können sie oft, zu unserem und auch zum gesamtdeutschen Schaden, aus den genannten Gründen nicht richtig lesen. Wiederum geradezu altmodisch und keineswegs verschlagen kann es dann auf westdeutsche Beobachter vor Ort wirken, wenn die Scholastiker der SED in ungespielter Ratlosigkeit klagen, sie verstünden unsere Betroffenheit über diese oder jene Entwicklung nicht. Vor drei, nein, vor vier Monaten, sei doch bereits hingewiesen worden auf etwas, das sich anbahne. Und es folgt ein Zitat von vor vier Monaten. Aber was sind uns Äußerungen, die so alt sind?

So wenig, wie Kurienkardinäle privat auswärts speisen, so wenig tun es die Genossen aus dem Politbüro. Westliche Missionschefs jedenfalls, die einen von ihnen bei sich zu Tisch haben wollen, bedürfen dazu eines starken politischen Anlasses; eines hochrangigen Ministerbesuchs von zu Hause, der von der DDR geehrt werden soll; eines wichtigen Vertragsabschlusses; einer bevorstehenden oder beendeten Reise des Politbüromitglieds in das Land, dessen Botschafter aus diesem Grunde einlädt. Die Vorkehrungen der uniformierten und einheitlich schlecht gekleideten nichtuniformierten Sicherheitsorgane – im Jargon drüben schlicht nur: Organe genannt – vor der Residenz des Gastgebers sind spätestens eine Stunde vor Eintreffen des hohen Gastes gewaltig. Wenn es die Umstände in der jeweiligen Straße in Pankow, wo die meisten Missionschefs domizilieren, zulassen, wird der Verkehr umgeleitet. Auf jeden Fall parken Autos mit Uniformierten und Zivilisten an jeder Ecke der Straße und, natürlich, auch entlang des Fahrtwegs. Vor dem graugestrichenen, geschlossenen, in Sitzhöhe verglasten, mit Telefon versehenen Schilderhäuschen, das vor jeder Residenz steht und rund um die Uhr von einem höflichen Volkspolizisten besetzt ist, der, wie man sehen kann, manchmal telefoniert und viel notiert, also zum Beispiel, wann die Frau des Botschafters wegfährt und wann sie wiederkommt (Meistens war sie dann in West-Berlin zum Einkaufen. Was machen die Organe mit diesen Aufzeichnungen, was entnehmen sie daraus, wer soll das alles zu welchem Zweck auswerten?) – vor diesem Schilderhäuschen versammelt sich, wenn ein Gast aus dem Politbüro in der Residenz erwartet wird, eine ganze Traube von Organen.

An dieser Stelle schweife ich einen Absatz lang ab. Nachts ist Ost-Berlin erheblich ruhiger, auch sicherer, als beispielsweise West-Berlin. Was liegt näher für die Volkspolizisten, als sich in den einschläfernden, nächtlichen Dienststunden vom einsamen Postenstehen vor den vielen Residenzen an einem nahen gemeinsamen Ort, vor einer Residenz, zusammenzufinden; sozusagen ein Nest zu bilden? Die äußeren Umstände begünstigten die Nestbildung der Volkswachtmeister aus der Nachbarschaft vor meinem – offenen – Schlafzimmerfenster. Da gibt es aus Sicherheitsgründen eine besonders helle Straßenlaterne unmittelbar vor dem niedrigen Haus; genau gegenüber ist die Residenz des schweizerischen Botschafters. Wenn man dort zusammenstand, konnte man sich beim Gespräch ins Gesicht sehen und hatte doch auch gleich zwei Objekte der Bewachung und Beobachtung im Auge. Ich bin oft nachts gegen drei Uhr vom Geplauder der Organe wachgeworden und habe, unfreiwillig, aber nicht gelangweilt, mit angehört, wie sie sich über Urlaub, Kindererziehung und Sold und Prämien unterhalten haben. Soweit ich es verstehen konnte, waren manche der Polizisten für den Wachdienst beim diplomatischen Korps aus verschiedenen Teilen der Republik jeweils für ein paar Monate abkommandiert worden, weil die Kollegen aus der Hauptstadt den Folgen der internationalen Anerkennung der DDR allein nicht gewachsen waren. Die Abkommandierten aus Sachsen oder Mecklenburg waren während ihrer Zeit in Berlin (Ost) kaserniert, wie ich hörte, und hatten auch ihre Probleme mit der Trennung von der Familie zu besprechen. Manchmal, wenn ich morgens aus der Tür trat, um ins Büro zu fahren, und der Posten vor dem Haus salutierte, hatte er über Nacht ein ganz privates Gesicht für mich bekommen.

Zurück zum Thema. Die Vorkehrungen der Organe, bevor der Gast eintrifft, sind gewaltig. Der Mann aus dem Politbüro kommt auf die Minute pünktlich; meistens begleitet vom Abteilungsleiter aus dem Apparat des Zentralkomitees der SED mit demselben Aufgabenbereich, wie ihn das Politbüromitglied (als sogenannter Sekretär) hat. Wenn dann auch noch, was die Regel ist, der zuständige Minister aus der Regierung der DDR zu Gast ist, erhält der westliche Gastgeber einen unmittelbaren Anschauungsunterricht über die Verteilung der Macht im dortigen System. Nehmen wir an, der Bundeslandwirtschaftsminister aus Bonn ist zu Besuch in Berlin (Ost), und die Führung der DDR will das Klima zwischen den beiden Staaten pflegen; sie bietet also protokollarisch das Äußerste auf. Das bedeutet, nicht nur der Landwirtschaftsminister der DDR, sondern auch das zuständige Politbüromitglied und der Abteilungsleiter aus dem Zentralkomitee nehmen die Abendbroteinladung unseres Ständigen Vertreters zu Ehren des Bonner Besuchers an. (Das Politbüro, siebzehn Mitglieder, acht Kandidaten, ist, vereinfacht gesagt, der regierende Ausschuß des Zentralkomitees, zu dessen rund zweihundert Mitgliedern und Kandidaten zu gehören auch schon einen sehr hohen Rang in der Hierarchie der SED bedeutet.) Den ganzen Abend über werden die Westler bei Tische demonstriert bekommen, daß der Mann des Politbüros mit weitem Abstand der erste unter den Gästen aus der DDR ist. Ihm folgt der Abteilungsleiter aus dem Zentralkomitee, und erst danach rangiert, deutlich erkennbar, der Minister. Dieser Genosse wird von sich aus kein Thema anschneiden; er wartet auf die Vorgaben der beiden anderen; er wird gegebenenfalls Ausführungen des Abteilungsleiters ergänzen, die des Politbüromitglieds nur nach dessen Aufforderung.

Nach den gewaltigen Vorkehrungen war der hohe Gast pünktlich auf die Minute. Das muß noch einmal erwähnt werden, weil diese Pünktlichkeit geradezu ein Charakteristikum offizieller Gäste aus dem Machtapparat der DDR ist, so auffallend, daß westliche Diplomaten darüber ebenso verblüfft sind wie bewundernd sprechen, und so gewiß, daß damit die Höflichkeit der Könige wohl jeden Abend in Ost-Berlin eingestellt wird. Die Politbüromitglieder bewerkstelligen das durch die freie Fahrt, die ihnen die Organe verschaffen. Niedrigere Chargen des Apparats, bis hinauf zum stellvertretenden Minister, warten fünf, auch zehn Minuten hinter der nächsten Ecke im Wagen, um eine Minute vor der Zeit vorzufahren. Nun sind das Mitglied oder der Kandidat des Politbüros eingetroffen. Wie ist der Gesprächsertrag des Abends?

Die Umstände sind günstiger im Kreis von einem Dutzend Personen als auf einem Empfang mit ein paar hundert. Über die jeweils anstehende Politik der DDR kann man bei einer solchen Gelegenheit von dem hochrangigen Genossen der SED ziemlich viel hören. Gewiß nichts Neues, keinen überraschenden Hinweis etwa auf eine künftige Verhandlungsmaterie, die bisher ausgespart war. Derlei Auflassungen werden entweder von Generalsekretär Honecker selber gegeben in einer Unterredung, zu der er lädt, oder auch nur, wie selbstverständlich sozusagen, vom Verhandlungsführer der DDR unserem Unterhändler gegenüber. (Oder der Ständige Vertreter der DDR in Bonn macht eine entsprechende Mitteilung im Bundeskanzleramt; aber niemals natürlich ohne vorangegangenen Dienstag.) Nichts Neues also am Abendbrottisch, aber doch nützliche Interpretationen, Akzentsetzungen von dem Gast aus dem Politbüro, dem »Kurienkardinal«. Er gibt zu erkennen, ob es eher kühler werden wird oder die Temperaturen angenehm bleiben; er markiert die Grenze, bis zu der die DDR derzeit zu gehen bereit ist; er weist auf potentielle Konfliktherde hin. Wenn der Gastgeber seinerseits probehalber die Lage skizziert, wie er sie sieht, sind es beachtenswerte Fingerzeige, bis wohin das Politbüromitglied ihm folgt, an welcher Stelle es die Analyse höflich auf sich beruhen läßt und in welchen Punkten es, gelinde oder schärfer, widerspricht.

Aber was erbringt das Tischgespräch an mutmaßlicher Erkenntnis über den Menschen und die Gruppe, die Spitze der kommunistischen Staatspartei der DDR, zu der er gehört? Haben die derzeit führenden Genossen der SED, die im Alter zwischen Mitte Vierzig bis Mitte Siebzig sind, bei allen individuellen Unterschieden ein durchgängiges, für ihre Gruppe bezeichnendes Verhalten? Und gibt es in der vorgegebenen kommunistischen Überzeugung erkennbar Bereiche eines besonderen Engagements in diesem Berliner Politbüro, das mit der Mehrheit seiner jetzigen Mitglieder noch zurückreicht in eine bewußte Erfahrung der Zeit vor 1933; in dem einer noch sitzt (Mückenberger), der bei der Vereinigung von SPD und KPD zur SED 1946 von sozialdemokratischer Seite kam? Um im Bild zu bleiben: Ist es eine Kurie, der im Rahmen des Allgemeinen eine Besonderheit am Herzen liegt, die Marienverehrung etwa oder liturgische Reformen? So etwas wechselt bekanntlich in Kurien von Zeit zu Zeit, manchmal von einem Papst zum anderen.

Der Abendbrotgast aus dem Politbüro der SED verbindet in seiner Haltung, mit den Augen eines Westlers gesehen, ein deutliches Selbstbewußtsein mit einem gelegentlichen Anflug von Unsicherheit. Diese wird spürbar, wenn das Gespräch die

Ecken und Kanten des Anfangs hinter sich gelassen hat und leichter fließt; wenn die Unterhaltung, falls nur Leute aus dem Westen am Tisch säßen, schneller zwischen den Personen hin und her ginge, manchmal auch zwei zur selben Zeit sprächen; wenn das Gespräch auf Pointen zugespitzt und der Tonfall bei dieser und jener Bemerkung ironisch, auch selbstironisch würde. In der gemischten Runde aus Bundesrepublikanern und Gästen von der SED gedeiht diese Spielart von Tischgespräch – hübsch, wenn sie glückt, fürchterlich, wenn sie angestrengt bleibt – nur in milder Form. Aber auch das genügt schon, um den Spitzengenossen vorsichtig werden zu lassen. Nach meinem Eindruck entspringt die Vorsicht zum geringsten der Besorgnis, beim Pointenwechsel etwa den kürzeren zu ziehen. Dieser westliche Wettbewerb ist keine östliche Disziplin; man hat da kaum einen Ehrgeiz. Die Vorsicht, der schnelle, unsichere Blick belegen weit eher ein allgemeines, tiefsitzendes Unbehagen an einer gewissen Leichtfertigkeit, die das Gespräch auch über politische Fragen annimmt. Ironie, gar Selbstironie ist der Tonfall der Ketzerei. Dabei ist das, an dem der westliche Ironiker frevelt, keineswegs der Kommunismus; der ist ihm in der Auffassung des Mannes aus dem Politbüro ohnehin unzugänglich, allen Frechheiten entrückt.

Das Unbehagen, das Ketzertum bei Gefestigten auslöst, entzündet sich bereits daran, daß überhaupt mit einiger Leichtigkeit von Politik gesprochen wird: der *ernsten* Sache. Im Laufe der Jahre haben nach meiner Beobachtung jene Genossen der SED, die dienstlichen Verkehr mit Westlern haben, sich – nach ihren Maßstäben – an gewisse Formlosigkeiten, Unziemlichkeiten des westlichen Umgangstons gewöhnt. Ihr Mißtrauen ist kleiner geworden, kaum aber ihr Geschmack an verbalen Tändeleien größer. Es wäre falsch, das mit Humorlosigkeit gleichzusetzen. Ich habe führende Leute des dortigen Apparats witzig und humorvoll erlebt. Auch machten wir es uns nach meinem Eindruck zu einfach, sollten wir meinen, das Unbehagen komme aus der Sorge, im aufgelockerten Gespräch sich zu vergessen und ein Wort, falsch oder zuviel, zu sagen, für das man nicht vom Gastgeber, aber später von der »Kurie« zur Rechenschaft gezogen werden könnte. Dafür ist das Selbstbewußtsein zu groß und liegt der Stalinismus zu lange zurück. Ich denke, daß die derzeit tonangebenden Genossen der SED eine andere Auffassung als wir von dem haben, was angemessen und was frivol ist, wenn es um die ernste Sache geht. Herbert Wehner hat oft ähnlich reagiert auf Bemerkungen und Fragen zur Politik, die ihm neben der Sache zu liegen schienen oder ihren Charakter verkannten. Sarkastisch oder auch aufbrausend fertigte er den ab, der arglos etwa nach Handlungsspielräumen in einer politischen Konstellation fragte: *Spiel*räume gibt es da nicht.

Der Abendbrotgast von der SED braust nicht auf; zurückhaltend sarkastisch kann er, je nach individueller Veranlagung, durchaus werden. Und immer gebietet er ernsthaft Einhalt, wenn eine Position, ein Verhalten, auch nur eine Usance der DDR im leichter gewordenen Gespräch leise spöttisch, harmlos, ohne Kränkung tangiert wird; sei es, daß er, so er gewandt genug ist, die Unterhaltung in andere Bahnen lenkt, sei es, daß er direkt korrigiert, die Ernsthaftigkeit wieder herstellt. Der Führung der DDR fällt es bedeutend leichter, eine einmal eingenommene politische Haltung durch offene Ankündigung oder stillschweigend durch anderes Agieren zu revidieren als durch eine gezielte Bemerkung mit leichter Hand. Sie kann auch das, aber es ist nicht ihr Stil.

Ein paarmal hat sie es freilich mir gegenüber sehr wohl verstanden, auch auf diese, ihr wenig entsprechende Art nützliche Hinweise zu geben. Die erste Notwendigkeit dafür ergab sich bald, nachdem unsere Ständige Vertretung im Sommer 1974 errichtet worden war. Wenige Wochen danach kam es für etwa zehn Tage zu relativ leichten Behinderungen des Transitverkehrs zwischen der Bundesrepublik Deutschland und Berlin (West) durch Organe der DDR: verschärfte Kontrollen, mehr Zurückweisungen. Es war die Antwort der Sowjetunion und der DDR auf die gerade stattgehabte Etablierung des Umweltbundesamtes in Berlin (West), worin der Warschauer Pakt eine Verletzung des Viermächteabkommens über die ehemalige Reichshauptstadt sah.

Die DDR hatte, auch namens ihres großen Verbündeten, ein paar Monate zuvor noch einmal sehr auffallend für alle Unterrichteten (in diesem Fall nicht für die Öffentlichkeit) davor gewarnt: Nicht über Fernschreiber oder Telefon, sondern durch Kurier hatte sie mich zu einem Gespräch mit Vizeaußenminister Kurt Nier nach Berlin (Ost) eingeladen. Ich war damals als Staatssekretär im Bundeskanzleramt (ab April 1973) in der Schlußrunde meiner Verhandlungen mit Nier über den Status der Ständigen Vertretungen beider deutscher Staaten (wieviel Botschaftscharakter, damit sie arbeitsfähig sein würden; wieviel Vorbehalte dem gegenüber, um unseren Rechtsstandpunkt zu wahren). Die Einladung per Kurier erfolgte außer der Reihe unserer abwechselnd in Bonn und Ost-Berlin geführten Delegationsgespräche. Auf den Tag, bevor das Bundeskabinett den angekündigten Beschluß über den Sitz des Umweltbundesamts fassen wollte, wurde ich zu Nier gebeten. Er empfing mich, der Diskretion halber, nicht im Außenministerium der DDR, vor dem ein westdeutscher Korrespondent mich hätte an- oder abfahren sehen können, sondern im ehemaligen Kronprinzenpalais Unter den Linden, heute ein Gästehaus der Regierung der DDR. Nier warnte vor dem bevorstehenden Bonner Beschluß und wies auf langfristige Hemmnisse hin, die durch ihn für die Beziehungen der beiden Staaten entstehen würden. Ich verwahrte mich, bekräftigte die Auffassung vom guten Recht Bonns, zu verfahren wie geplant, und flog nach Bonn zurück, um die Spitze der Bundesregierung zu unterrichten. Willy Brandt, noch für einige Zeit Bundeskanzler, Außenminister Scheel und, für den Umweltschutz zuständig, Innenminister Genscher beschlossen, an West-Berlin als Sitz des neuen Amts festzuhalten. Die eigene Rechtsauffassung wurde auch gestärkt von der Meinung, es müsse gewiß nicht so heiß gegessen werden, was da die DDR derzeit koche; drohendes Klappern gehöre zum Handwerk der Kommunisten; heute gesagt, morgen doch schon vergessen.

Nun also, im Sommer 1974, waren die Ständigen Vertretungen eröffnet, das Umweltbundesamt in Berlin (West) etabliert, und die DDR praktizierte Schikanen im Transitverkehr, gegen die wir protestierten. Weder die Regierungen der drei Westmächte noch die Bundesregierung konnten sicher einschätzen, wie weit die andere Seite zu gehen beabsichtigte. Es sah nicht nach einer wirklichen Krise aus, eher wie ein Muskelzucken; aber besser ist es, man weiß das genauer. In diesen zehn Tagen gab die DDR ein Beispiel dafür, daß sie – Stil hin, Stil her – auch das Instrument des leisen Winks zu handhaben versteht. Fast täglich war in dieser Frist ein Nationalfeiertag zu begehen, zu bestehen. Auf jedem dieser Empfänge fanden das jeweils die Ehre gebende Politbüromitglied oder ein hoher Funktionär aus dessen Begleitung die Gelegenheit, mich in ein Gespräch über die Vorkommnisse im Transitverkehr zu ziehen. Gehöriger Protest und Zurückweisung des Protests waren an anderem Ort, im Außenministerium der DDR, erfolgt. Hier, auf dem Nationalfeiertag dieses Staates heute und jenes morgen, fragte mich der Kurienkardinal eher beiläufig, ob wir nicht unsere

Zahlen über die Zurückweisungen von gestern vergleichen wollten. Seine Seite habe soundsoviele gezählt; es waren immer einige weniger als wir gemeldet bekommen hatten. Welche Zahl immer die korrekte war, eines machte die beinahe tägliche Plauderei deutlich: Unabhängig vom Rechtsstandpunkt, nur auf den politischen Vorgang, der sonst schwer einzuschätzen war, abgehoben, machte der Mann von der SED die Angelegenheit rein zahlenmäßig immer ein wenig kleiner als sie war. So konnten Schlußfolgerungen gezogen werden: Am dritten Ort, auf dem Empfang eines Botschafters, mied die andere Seite nicht nur nicht den Austausch über den akuten Spannungsfall oder verschärfte ihn gar rhetorisch, sondern wiegelte ab. Und sie benutzte zum Hervorheben dieser Absicht wenig Worte, aber ein konkretes Faktum: die Zahlen vom Vortage, was verriet, daß die Führung der DDR den Umfang des Konflikts genau im Auge behielt. Nach etwa zehn Tagen war der Transitverkehr wieder normal.

Bevor ich mich wieder der Beschreibung der SED zuwende, mache ich noch auf folgendes aufmerksam, weil es häufiger vorkommt in den deutsch-deutschen Beziehungen: Das schnelle Versickern der Spannung bestätigte die Kaltblütigen in Bonn, die den Warnungen aus Berlin (Ost) von Anfang an den richtigen Stellenwert beigemessen hatten. Wie wahr, wie schön. Aber, wie wahr auch: Es war die Rede von langfristigen Hemmnissen gewesen, und noch immer, nach zehn Jahren, ist eine der Schwierigkeiten bei der Ausgestaltung der Berlin-Klausel in den angestrebten Wissenschaftsabkommen mit der Sowjetunion und der DDR, wie die Spitze des Umweltbundesamtes in die Vertragspraxis einbezogen werden soll.

Aber für die regierenden »Scholastiker« in Berlin (Ost) sind die leichte Hand und das beiläufige Wort die Regel nicht, wie wir am Abendbrottisch mit einem Gast aus dem Politbüro erlebt haben. Es hilft nichts, es muß ans Licht: Durch ihr öffentliches Auftreten, ihren Stil, das Bild, das sie von sich machen, geht ein konservativer Zug. Das heißt nicht, daß die heute tonangebenden Genossen der SED bei allen Gelegenheiten steifleinen sind; aber noch ihre Art, ungezwungen zu sein, wirkt, soweit man sie dabei beobachten kann – altväterlich. Nach meinem Eindruck entstammt das der stilbildenden Kraft jener Generation von Kommunisten, die nach 1945 zur Macht gelangten, deren Bewußtsein aber bis tief in die zwanziger Jahre zurückreicht; bei einigen der Gründerväter der DDR ging es bis vor den Ersten Weltkrieg zurück: Adenauers Generation. Und wenn man es journalistisch haben will, kann man sagen: Sie wirken ungezwungen so wie Konrad Adenauer beim Boccia-Spielen, mit Krawatte, Hosenträgern und Hut. Nach wie vor bilden, wie schon erwähnt, unter den Vollmitgliedern des Politbüros der SED jene die Mehrheit, deren bewußte Erfahrung nicht erst mit dem Zweiten Weltkrieg begann: auch hier, gerade hier, der gegenüber Westdeutschland verlangsamte Generationswechsel. Er hat beileibe nicht in jedem Falle und unbedingt Schwierigkeiten im Verständnis moderner Probleme zur Folge. Im Politbüro sitzen professionelle Politiker, bei denen die Zufälligkeit des Aufstiegs viel, viel geringer ist als bei ihren Kollegen im parlamentarischen System. Aber der Aufschub im Generationswechsel hat bis jetzt, gegen Mitte der achtziger Jahre, stilistische und auch inhaltliche Schwerpunkte gesetzt, die von der Führung der SED in die ganze Partei ausstrahlen und von denen sich die jüngeren Genossen, auch die im Politbüro, auch die Minister, unter denen der Generationswechsel bereits vollzogen ist, nur sehr allmählich abnabeln können. Schließlich wird es ihnen, natürlich, gelingen.

Nicht alles wird dann besser sein. Wenn die Abnabelung eines Tages vollzogen ist, also nicht vorher ein neuer Krieg Deutschland auslöscht, wird nach meinem Argwohn ein Teil des Wandels in der DDR im Nachholen eines wertefreieren Machertums liegen, das nicht um jeden Preis eine Zierde politischer Systeme ist. Die SED ohne ihre heute noch lebenden Antifaschisten – deren Gesinnung, deren Lebensprägung können von keiner Parteihochschule auf Flaschen gezogen werden –, ohne die Nachkriegsgesinnung, mit genormten Karrierebiographien als Regel, mit der kommunistischen Lehre als Stufenleiter zum Erfolg und nicht mehr, wie bei den Alten, als akzeptiertem Risiko von Tod, Haft und Emigration: Was wird das sein? Der DDR, Bevölkerung wie Staatspartei, stehen Identitätsverluste ins Haus, die wir bereits erlitten haben.

Vorerst, wohl nicht allzu kurz bemessen, behauptet sich in der SED noch das Gegenwärtige mit seinen tiefen Wurzeln und einem erinnerungsschweren Bewußtsein wichtiger handelnder Personen – auch von Deutschland und dessen Geschichte, nicht zu vergessen. Das Beharrungsvermögen, der langsamere Pulsschlag im Vergleich zum westdeutschen, wovon so viele Erscheinungen, Lebensformen im heutigen Mitteldeutschland gekennzeichnet sind, sie werden in der politischen Kultur der

DDR durch die Beschränkung und Gängelung der Medien, durch deren Unselbständigkeit einerseits und Unabhängigkeit von werbender Wirtschaft andererseits, unterstützt: Veränderte Gewohnheiten, Stilwandel, auch Moden, denen westliche Medien teils nur berichtend, teils aber auch stimulierend Rechnung tragen und die so auf die Politik durchschlagen und die Politiker zur Anpassung, manchmal zum Nachäffen zwingen – von solchen Wechselwirkungen ist das System der DDR aus mehreren bekannten Gründen gänzlich frei. Bis in den öffentlichen Sprachgebrauch der SED hinein ist der konservative Zug erkennbar.

Ein immer wiederkehrendes Beispiel kommt gleich zu Beginn jeder Parteirunde vor, in der Anrede: *Werte* Genossen oder, die Versammlung noch höher erhebend, *teure.* Wo in der westdeutschen Sprache werden diese Ehrerbietungsworte: werte, teure noch verwendet, außer man will sich selber als altmodisch karikieren? Sie führen zurück in sprachliche Umgangsformen, in Adressen des 19. Jahrhunderts. Meine Erklärung dafür ist, daß hier ein sehr alter Sprachbesitz der Arbeiterbewegung, unbewußt wohl, tradiert wird. Die ersten artikulationsfähigen Verbündeten der sich politisch formierenden Arbeiterklasse kamen aus dem gebildeten Bürgertum. Das erste, was die Arbeiter sich von der höheren Schicht aneignen konnten, waren Floskeln aus deren Sprache: Aus den teuren Freunden, den werten Kommilitonen, zu denen der Anwalt gehörte, der sich dem Arbeiter zugewandt hatte, wurden – bis auf den heutigen Tag – die teuren, die werten Genossen.

Ich habe an mir selber erfahren, wie wenig uns unsere Erziehung und Bildung ausgestattet hat mit Bildern, mit Vorstellungen vom Arbeiter, auch nur von seiner äußeren Individualität: seinem Benehmen, seinem Auftreten vor hundert Jahren, in den vergangenen hundert Jahren. Der interessierte Mensch besitzt seine Bildungskürzel, mittels derer er sich innere Bilder schaffen kann, ziemlich scharf gestochen, von Männern und Frauen in bürgerlichen Verhältnissen, beispielsweise zur Gründerzeit Ende letzten Jahrhunderts, von ihrem Lebensgefühl, dem nach außen gewendeten wie dem nach innen gekehrten; auch innere Bilder etwa vom landbesitzenden Adel im protestantischen Osten und im katholischen Süden Deutschlands (Österreich) können vom herkömmlichen Bildungsgut abgerufen werden. Ärmlich nimmt sich dagegen aus, was wir an Vorstellungskraft über den vierten Stand, die Arbeiter, aufweisen. Einschlägige westdeutsche Publikationen der letzten fünfzehn Jahre sind überwiegend soziologische Texte, kaum geeignet, sich zu Imaginationschiffren zu verdichten, in denen man sich verständigen kann. Die Buddenbrooks, der alte Stechlin, Nora, der Schwierige: Man weiß, was man sich vorzustellen hat; welches Leben, welche Werte, welche Würde und welche Nöte treffend und über die Personen ins jeweils dazugehörige Allgemeine hineinreichend gemeint sind. Wenig Vergleichbares über den größten Teil des Volkes: Falladas Kleiner Mann war Kleinbürger, noch bevor die Arbeiter es auch wurden; Hauptmanns Mutter Wolffen ist eine der raren Ausnahmen.

Mit diesen Feststellungen ist kein Vorwurf verbunden, wird keine Absicht unterstellt. Wie könnte es anders sein, als es ist? Es war ja der sprachlose Stand, als er anfing, sich seiner bewußt zu werden. Wer aus ihm herauswuchs, benötigte zum Austausch, zur Verständigung die Kürzel der anderen Schichten. Über den sogenannten Bitterfelder Weg, auf dem die SED in den Gründerjahren der DDR schreibende Arbeiter zur Klassendarstellung zu bringen versuchte, ist, soweit ich es erkennen kann, auch nichts vergleichbar Angemessenes zustande gekommen. Keine Vorwürfe also, nicht einmal Selbstvorwürfe wegen der weißen Flecken in unserer Imaginationswelt, wie sie uns gebildet wird.

Aber begreifen werden wir müssen, wenn wir Art und Folgen der deutschen Teilung nicht nur an der Oberfläche wahrnehmen wollen, daß unsere blinden Stellen Konsequenzen haben: einen Mangel an Begriffsvermögen, der partiell bis zur intellektuellen Bewußtlosigkeit gehen kann, für, beispielsweise, die Herkunft alter Genossen der SED aus Sehnsüchten nach geistiger Eigenständigkeit auch außerhalb des Parteiprogramms, für Gewohnheiten des Stils, der Selbstdarstellung, die sie dahin unterwegs konserviert haben. Das muß nicht unserem Geschmack entsprechen. Als unwichtig für das Los der deutschen Nation kann es jedoch nur angesehen werden in einer Geistesverfassung, mit der in Glaubenskriegen oder an deren Vorabenden die eigene Position zur absoluten wird, so fugenlos, daß damit auch deren materielle Charakterzüge zugedeckt werden. Die Beschränkten in den beiden feindlichen Lagern werden dann einander immer ähnlicher. Wollte unser System sich nicht durch die Fähigkeit zur *Selbsterkenntnis ohne Furcht vor dogmatischen Sündenfällen* vom anderen unterscheiden?

Politbüromitglieder lassen sich nicht gut ausfragen nach jenen

Wurzeln, in denen die Grundhaltung noch nicht aufgefächert ist von der jeweiligen Individualität. Unabhängig von protokollarischen Sperren hat sie ihre hierarchische Funktion, wie tastende Versuche ergeben haben, eher unsensibel werden lassen für Fragen außerhalb der gewohnten Norm; darin ähneln sie manchen Politikern unseres Systems in entsprechenden Positionen: Das Reflektionsvermögen ist fast ganz auf die Erfordernisse der Gegenwart und, wenn das Gespräch weiter ausgreift, auf die der Zukunft konzentriert. Aber Gespräche mit älteren Genossen der SED in nicht so hohen Ämtern oder ganz ohne eines, auch mit gleichaltrigen Sozialdemokraten in Westdeutschland, auch mit parteilosen Rentnern in beiden deutschen Staaten, können die Umrisse tradierter Gefühle und Verhaltensweisen erkennbar machen, die zu gängigen Bildungskürzeln nicht geworden sind.

Ein Teil des zutage tretenden Unbehagens am Ton, der als leichtfertig empfunden wird, wenn es um Politik, die ernste Sache, geht; einiges von der Gravität in Stil und Auftreten, so läßt sich begreifen, rührt noch aus der Zeit vor dem Ersten Weltkrieg her, als politisches Engagement für Arbeiter ein bedeutendes Opfer war: eine Sache oberhalb des Zwölf-Stunden-Arbeitstages, eine Sache, für die man sich schmückt und Würde annimmt wie bei Sonntagsverrichtungen. Parteitage waren Konzile einer Kirche, die zwar immer größer wurde – im Jahre 1912 stellten die Sozialdemokraten die stärkste Reichstagsfraktion –, aber doch ausgegrenzt blieb. Das schafft nicht nur Feindbilder, sondern auch Traditionen, in denen *Angemessenheit* ein wichtiges Kriterium ist. Die große Einheitlichkeit der sozialen Herkunft der Mitglieder des Politbüros sichert diesem Traditionshumus eine konkrete Erinnerung. Auch wenn das westdeutsche Auge, das sich nicht sattsehen kann an Oberschichten, an ausländischen zumal, unwillig zu blitzen beginnt ob des Vergleichs: Tatsache bleibt, daß man im Westen wohl bis zu früheren Kabinetten der englischen Tories zurückgehen muß, um auf ein politisches Führungsgremium gleich großer sozialer Homogenität zu stoßen. Vorerst sind es noch keine Titular-Arbeiter, auf die sich die Mehrheit der Mitglieder und Kandidaten der Spitzengruppe der SED beruft, wenn vom Elternhaus die Rede ist. In der jetzigen Zusammensetzung könnte noch immer einer für die Allermeisten sprechen, was den allgemeinen Hintergrund betrifft, falls sie ins Erinnern kämen. All meine Jahre dort habe ich mir gewünscht, einmal einen von ihnen zur Person interviewen zu können.

Eines freilich an der Selbstdarbietung der Staatspartei der DDR, das uns ungewohnt ist, stammt nicht aus alten deutschen Arbeiterquartieren. Bei bestimmten Anlässen – etwa dem Empfang zum Gründungstag der DDR im Berliner Staatsratsgebäude, da, wo früher das königliche Schloß stand – bringen sich Einflüsse des großen Verbündeten, der Sowjetunion, ins Bild. Nach meinem Eindruck sind es Formen, die durch das Sowjetische hindurch ins Russische zurückreichen: »Zarentisch« wird im diplomatischen Korps in Berlin (Ost) die Büfett-Tafel genannt, die an der Stirnseite des Hauptsaals die Gastgeber, Staatsrat und Politbüro, von den Gästen des Stehempfangs trennt; ausgenommen davon der sowjetische Botschafter, der von Anfang an und für die ganze Dauer der Veranstaltung hinter den Zarentisch gebeten ist. Man weiß, in welcher Ecke viele Minister zusammenstehen und wo die Botschafter, die eigene Gruppe und die des Gastgebers fest im Auge, darauf warten, wer von ihnen von Funktionären des Protokolls zu einem kurzen Gespräch hinter den Zarentisch geholt wird. Ich habe Mitarbeiter der Protokollabteilung des Außenministeriums der DDR darüber Fachkenntnisse austauschen hören, welche Missionschefs die gelungenste Mischung aus vorgegebener Gleichgültigkeit und Interessiertsein zustande brachten, während sie abwarten mußten, wer diesmal angesprochen werden sollte. Ein halbverdeckt sitzendes Orchester macht sehr laut Musik; nach der Nationalhymne zur kurzen Ansprache vor allem Arbeiterlieder im Marschtakt. Es ist sehr voll, sehr warm; eine schier einzigartige Kombination aus spürbarer hierarchischer Ordnung und, doch auch, großer Gasterei.

Nach einiger Zeit lösen sich manche der Gastgeber aus ihrer Gruppe hinter dem Tisch und mischen sich unter die Geladenen. Dann bilden sich Wirbel im Meer der Gäste. Noch später begibt sich der Vorsitzende des Staatsrats und Generalsekretär der SED, Erich Honecker, zum Ausgang, woraus ein oft halbstündiger Rundgang durch die Menge wird. Neben der protokollarischen Staffage wird er dabei von zwei Kellnern begleitet; der eine mit einem kleinen, runden Tablett unterm Arm und einer Flasche klaren Schnaps, Wodka oder Nordhäuser Korn, in der Hand; der andere mit sechs Schnapsgläsern, zwischen die Finger beider Hände geklemmt. Wo Honecker stehenbleibt – wo wird er stehenbleiben, bei wem hält er sich auf? –, werden die Gläser schnell aufs Tablett gestellt, es wird eingeschenkt, ein Toast kann ausgebracht werden. Honecker geht weiter. Ein

Kellner mit frischen Gläsern löst den Kollegen mit den benutzten ab und wird von tüchtigen Protokollbediensteten durch die sich stauende Gästeschar bugsiert, damit er zur Hand ist, wenn der Staatsratsvorsitzende das nächste Mal verharrt. Die Namen vieler der Gäste aus der DDR hatten in den Tagen zuvor spaltenlang im ›Neuen Deutschland‹ gestanden: Auf der Ordensliste, auf der sorgfältig nach dem Rang der Orden und Medaillen, einige davon in sich wieder abgestuft nach Gold, Silber und Bronze, verzeichnet war, wer diesmal bedacht wurde.

Wie sehr sich die Bilder gleichen, wird mir in der Erinnerung noch deutlicher: Viele Szenen eines solchen Empfangs sind austauschbar mit Szenen großer Veranstaltungen in der sowjetischen Botschaft Unter den Linden. Eine bestimmte, einmalige ist allerdings so unverwechselbar wie unvergeßlich für mich; sie fand bei Botschafter Abrassimow statt. Zum 30. Jahrestag des Siegs über das nationalsozialistische Deutschland hatte er die sowjetische Fahne, die seinerzeit Rotarmisten auf der Ruine des Reichstags gehißt hatten, von Moskau wieder nach Berlin bringen lassen; auf seinen Empfang in der Botschaft. Die Gäste standen dicht gedrängt. Ansprachen hinter dem Zarentisch, kaum zu hören; zu sehen für die meisten nichts. Plötzlich ein Klirren, ein Stampfen. Das Gemurmel der Menge verstummt, eine Gasse bildet sich im Saal vom Tisch zum Ausgang; wer an ihrem Rand steht, drängt mit aller Macht auf die hinter ihm Stehenden, um aus dem Weg zu sein: Der feierliche Teil ist vorüber; dröhnend und klirrend und knallend trägt ein Fahnenträger, eskortiert von zwei Offizieren mit gezückten Degen, alle drei in dunkelblauer Galauniform mit roten Aufschlägen, alle drei im Stechschritt über das Parkett, die Fahne hinaus. Die Gasse schließt sich. Ich meinte, die Menge einmal durchatmen zu hören, bevor sie wieder summte und murmelte. Die Mischung aus Geschichtssymbol, Paradeschritt über schimmerndes Holz, aus starrender Menschenmenge, die beiseite drängt, der Blicklosigkeit der Soldaten auf ihrem Weg hinaus, der wie ein starker Bach sich Platz schaffte im Saal: ein Ritual aus beanspruchter Adoration und Erschrecken. Das kam, so empfand ich, von weit her in unsere Gegenwart hinein.

Ein inhaltlicher Schwerpunkt im Bewußtsein älterer, auch führender Genossen der SED ergibt sich nach meinen Beobachtungen aus den tradierten Vorstellungen und Erfahrungen der zwanziger Jahre. Aus manchen Gesprächen habe ich schlußfolgern können, daß beispielsweise in einer für Kommunisten so zentralen Frage wie Kapitalismus, kapitalistische Gesellschaft, die Vorstellung, die man sich davon macht, Nachkriegsentwicklungen in der Bundesrepublik Deutschland fast völlig ausspart. Es gibt, von geheimdienstlichen Aktivitäten ganz abgesehen, mehrere Einrichtungen der Staatspartei drüben, in denen sich gut unterrichtete Fachleute mit der politik- und wirtschaftswissenschaftlichen Analyse der Zustände in dem für sie anderen, unserem deutschen Staat beschäftigen. Da werden Berge von Papieren produziert; soweit ich einige ihrer Verfasser kenne, müssen es kenntnisreiche, intelligente Aufzeichnungen sein. Mir scheint jedoch, daß auch diese Autoren vom üblichen Expertenlos nicht immer verschont bleiben: Die höhergestellten Leute, für die sie schreiben, habe ich stets erstklassig unterrichtet gefunden in allen Details. Aber ihre Gesamtvorstellung, das, was die Mosaiksteine zu einem Bild werden läßt, war immer, soweit ich es erkennen konnte, durchzogen von Reminiszenzen an die Weimarer Republik, die stärker waren als die neu-kapitalistischen Einzelheiten der Bundesrepublik. Industriearbeiter und deren Lebensumstände in Westdeutschland werden von vielen aus der SED, bewußt oder auch unbewußt, nach wie vor unter den Kennzeichen, dem Klassengefüge, den Bedingungen der zwanziger Jahre gesehen.

Ich denke, wir haben noch für geraume Zeit in Rechnung zu stellen, daß die Erwartungen, die Spekulationen der SED über die Bundesrepublik von diesem Blickwinkel aus erinnerungsverhangenen Augen mitbestimmt werden. Da in der Bundesrepublik im kommenden Jahrzehnt viel von dem Lack aus den fetten Jahren, als die westdeutschen Selbsttäuschungen zu finanzieren waren, abblättern wird, unter anderem auch von der Sozialpartnerschaft, werden mit großer Wahrscheinlichkeit einige der so altmodisch wirkenden Begriffe der SED teils wirklich und teils scheinbar eine neue Bestätigung erfahren; ein spätes, partielles Rechtbehalten zeichnet sich ab. Aber eben nur ein partielles, weil es sich nicht erstrecken wird auf jene Veränderungen der westdeutschen kapitalistischen Gesellschaft gegenüber den Zuständen in den zwanziger Jahren, die nicht nur oberflächlich geblieben sind. Von einem breiten Zugang zu bürgerlichen Konsummöglichkeiten über wenigstens die zurückliegenden zwei Jahrzehnte hin ist das Lebensgefühl westdeutscher Arbeiter ebenso verändert worden wie von dem gleichzeitig geknüpften sozialen Netz, dem klassischen Sozialdemokratismus, den auch die CDU praktiziert hat. Diese Seite Westdeutschlands bleibt vorerst von vielen Genossen der SED unentdeckt, überschattet von der Ausrichtung an anderen, älteren Erfahrungen.

Wenn ich in der DDR die neuen Wohnblöcke gesehen habe: nicht nur am Stadtrand, sondern auch im Zentrum kriegszerstörter Städte, im weiten Abstand voneinander auf staubige Grünflächen gestellt, licht und luftig, aber ohne jeden verschwiegenen Winkel, ohne anheimelnde Enge – dann habe ich oft gedacht, daß bei der Planung dieser Bauten schlechte, bittere Erinnerungen an Wohnquartiere vor dem letzten Krieg mitgewirkt haben; es finden sich Beispiele dafür auch in Westdeutschland. Ich habe gelegentlich mit sehr jungen Leuten über solche Bauten gesprochen. Sie empfinden sie als kalt, als brutal sogar. Ich mochte ihnen nicht widersprechen. Aber ich habe beim Anhören ihrer manchmal wütigen Frustrationen auch daran gedacht, wie oft ich ältere Genossen der SED geradezu verklärt von den neuen Wohnvierteln habe schwärmen hören: Für sie war das nicht nur ein Programm, um schnell und billig viele Wohnungen zu bauen. Es waren Häuser ohne Hinterhöfe: und damit war es auch das Auslöschen einer eigenen Erfahrung, die man nicht weitergeben wollte.

Mitglieder der SED, ältere ganz besonders, reagieren nicht nur unwillig, unmutig auf Kritik an ihrer Partei und deren Politik. Das ist normal, vor allem in einem geschlossenen Ideologiesystem, und gilt im Grunde selbst für Politiker unseres Systems, auch wenn diese geschickter sind im gesprächstaktischen Einräumen von Mängeln und Versäumnissen. Bei den Genossen der Herrschaftspartei der DDR wird jedoch der übliche Unmut an kritischen Fragen und Bemerkungen von zwei eigentümlichen Gründen verstärkt, die aus jüngerer und jüngster deutscher Vergangenheit stammen. Dicht unter der Haut steckt ihnen, wenn ein Westdeutscher sie kritisch anspricht, ein noch lange nicht überwundenes Mißtrauen uns gegenüber aus den ersten zwanzig Jahren der Deutschen Demokratischen Republik: aus jener Zeit, als die erklärte Bonner Politik sich nicht einmal mit den Gewalthabern der DDR verständigen wollte über die Selbstauflösung von deren Herrschaft, um den Einheitsstaat wieder zu begründen – als politische Vorstellung schon grotesk genug –, sondern als das Überrollen der SED ohne Federlesen, die schlichte Eingemeindung der DDR in die Bundesrepublik die alternativlos proklamierten Ziele waren.

Ich gestehe, daß ich die andauernden Folgen dieser Bonner

Deutschlandpolitik à la mode der fünfziger Jahre auf das Führungspersonal der DDR, die Genossen der SED, nicht begriffen habe, bevor ich dort auf Posten war und mit denen ins Gespräch kam, die wir hatten überrollen, ausschalten, beseitigen wollen. Denn was hatten uns in der Bundesrepublik diese Parolen schon bedeutet? Sie gehörten zum Theater des Kalten Kriegs, waren Sonntagsreden über eine Sache – die Teilung und ihre baldige Überwindung durch Sieg –, an der immer weniger Westdeutsche interessiert waren. Das mußte man doch nicht ernst nehmen, was da so geredet wurde.

Aber als ich dann drüben war, entdeckte ich in großer Deutlichkeit, wie diese Töne von uns hinüber – für die meisten hierzulande der Singsang eines Rituals von immer größerer inhaltlicher Gleichgültigkeit – in den Ohren von Funktionären der DDR, nicht nur aus der SED, auch aus den Reihen der Blockparteien, geklungen hatten. Es war nicht so, daß die betroffenen Menschen die gesamtdeutsche Aufschneiderei aus Bonn immer als eine realistische politische Möglichkeit für voll genommen hätten. Da gab es nicht nur den großen Bruder im Osten, der entsprechende bundesrepublikanische Absichten ins bloß Rhetorische verweisen würde; auch die Franzosen und Engländer würden wohl dafür sorgen, daß Behauptungen des jungen westdeutschen Verbündeten über die baldige Befreiung Mitteldeutschlands blieben, was sie waren: Sprechblasen. Aber auch nur die einschlägigen Abkündigungen von der Bonner Kanzel herab über fast zwei Jahrzehnte hin, allein die stetige Beschwörung des kompromißlosen Ziels, die dortigen Funktionäre zu beseitigen: Das hat sich fest eingerieben in das Bewußtsein derer, die wir meinten, die wir benannten. Ein heute fünfzigjähriger Genosse der SED ist in den ersten zwanzig Jahren seines Lebens als Erwachsener, ist in der prägenden Aufbauphase seiner Karriere begleitet worden von dem zwar ohnmächtigen, aber ehrlichen Wunsch der Bonner Mehrheitspolitiker, ihn aus der Politik Deutschlands zu eliminieren.

Nein, mein Versuch, das westdeutsche Begriffsvermögen für solche langfristigen mitteldeutschen Folgen mancher unserer Spruchbeuteleien zu erhöhen, beruht nicht auf unangebrachtem, spätem Mitleid mit meinen kommunistischen Gesprächspartnern drüben. Ich habe nicht aus dem Auge verloren, wie sie in ihrem Teil von Deutschlands Resten ihr Regiment unter Ausschaltung von Andersgläubigen errichtet haben. Ich stelle nur eine Tatsache fest: ein starkes Mißtrauen der Funktionäre, das kritische Gespräche – von denen ich dennoch ungezählte geführt habe – erschwert, weil unsere Kritik an ihrem Tun und Lassen bei ihnen noch immer insgeheim den Zweifel weckt, ob wir etwas Bestimmtes meinen oder doch wieder das Allgemeine, Grundsätzliche – die Eliminierung. Unser logischer, gerechter Einwand, daß die Siegesgewißheit ihrer Lehre auf dem geförderten Niedergang aller Klassen außer ihrer basiert, erreicht ihre glaubensbedingte Logik und Gerechtigkeit nicht. Vor allem aber, so habe ich aus vielen Diskussionen heraushören können, ist der Versuch, die deutsch-deutsche Geschichte der ersten zwanzig Jahre nach den beiden Staatsgründungen 1949 durch Ideologievergleich aufrechnend zu bewältigen, für die Genossen der SED ganz lebensfremd. Sie bemerken meistens nicht, daß sie mit dieser Einstellung ihre Ideologie als etwas bloßstellen, das in der politischen Realität weniger zählt als vorgegeben wird. Die Bonner Deutschlandpolitik des Überrollens der SED nur als eine Notwehr gegen die weltrevolutionären Absichten auch der mitteldeutschen Kommunisten verstanden: Das hieße, so geben manche Reaktionen aus SED-Munde preis, politische Möglichkeiten der jungen DDR mit Philosophie zu verwechseln.

Lebensnah, realistisch war für die Genossen, als sie heranwuchsen und wir sie mißtrauisch machten, daß sie im Vergleich zu uns Westdeutschen die Schwächeren waren, am kürzeren Ende saßen. Fast sechzig Millionen Menschen bei uns, siebzehn Millionen bei ihnen. Wir im Wirtschaftswunder, sie damit beschäftigt, Reparationsgüter zu produzieren. Den Stalinismus mußten sie in jenen Jahren ausschwitzen und Walter Ulbrichts hochfliegende Pläne, mit denen er es der Bundesrepublik zeigen wollte, vorsichtig korrigieren. Was immer der historisch für gewiß genommene Vollzug ihrer Lehre ihnen verheißen mochte: In der bedrängenden Gegenwart der Gründerjahre der DDR konnte nach dem Realitätssinn vieler mitteldeutscher Kommunisten der vorherrschende bundesrepublikanische Zungenschlag ihnen gegenüber nicht als eine Verteidigungsreaktion begriffen werden, sondern nur als eine Aggressionshaltung, die nach Lage der Dinge ins Irrationale hinüberspielte. Das Mißtrauen bildete sich und – nichts als eine weitere Tatsachenfeststellung – beschädigte bei so manchem Mitglied der SED dauerhaft die Gefühle gesamtdeutscher Zusammengehörigkeit; einige wurden bei einigen ganz zerstört. War das denn nicht auch der uneingestandene Wunsch, das sehnsüchtige Verlangen der westdeutschen Mehrheit – eine kommunistenfreie Nation?

Manche meiner Gesprächspartner in dem anderen deutschen Staat haben mir diese Behauptung entgegengehalten; kaum noch im Frageton, nicht ganz frei von Selbstmitleid, aber auch nicht unzufrieden mit dem, wohin ihr Mißtrauen sie gebracht hatte: nach ihrem Verständnis zu einer größeren Klarheit. Was immer da im Bewußtsein des Herrschaftsapparats der DDR entstanden ist, es wird jedenfalls nach meinem Eindruck noch längere Zeit auf die deutsch-deutschen Beziehungen einwirken. Gerade jene in Westdeutschland, die in der Friedensbewegung – ich denke, im Grunde zu Recht – einen neuen Ansatz für die Wiedergewinnung einer nationalen Identität der Deutschen oberhalb der beiden Staaten sehen, werden dem Mißtrauen noch oft begegnen. Ob sie zuschütten können, was sie nicht aufgerissen haben?

Nicht aus der jüngsten, aber doch der jüngeren deutschen Vergangenheit stammt der andere Grund, der den Unwillen älterer Mitglieder der SED über Kritik an ihrer Politik oft über das Maß hinaus steigert, mit dem Kommunisten anderer Länder auf kritische Vorhalte zu reagieren pflegen. Mitteldeutsche Kommunisten erschienen mir stets, soweit ich vergleichen konnte, als sowohl weniger gelassen als auch weniger zynisch. Wenn man schließlich den Grund in vielen Argumentationslinien, in der Wortwahl, auch im argumentativen Rückzug mancher Gesprächspartner von der SED auf die Burg ihrer persönlichen Erinnerungen erkannt hat, dann verrät er, wieviel und welches Sentiment das politische Bewußtsein der SED bis heute, über die Schwelle der achtziger Jahre hinweg, beeinflußt: Viele ältere Genossen entziehen sich auch differenzierten kritischen und selbstkritischen Betrachtungen der inneren Verhältnisse der DDR, weil für sie – dies also der Grund – die seit 1945 nachgeholte Umkehrung ihrer Niederlage von 1933 eine starke, ausreichende Rechtfertigung ihres Handelns ist, vor der eigene und gar fremde Zweifel an dieser oder jener Maßnahme, Anmahnungen von Mißständen gering wiegen. Gerade auch aus dieser – mit dem Widerstand gegen die Nazis teuer erworbenen – Empfindung und nicht nur aus normaler parteilicher Blindheit, Agitation und Berührungsangst vor dem skeptisch fragenden westdeutschen Klassenfeind resultiert nach meinen Erfahrungen die Neigung, sich abzuschotten gegen unverstellte Blikke auf Schein und Wirklichkeit der DDR von heute. Unter alten Kommunisten in der DDR habe ich immer wieder das Bedürfnis gefunden, das, was man nach so vielen Opfern politisch in die Hand bekommen und was man daraus gemacht hat, vor kritischen Nachfragen zu schützen. Schnelle Urteile über diese Einstellung, die einen Teil Selbstbetrug enthält, hat jeder selbst zu verantworten. Sie orientieren sich auch an dem jeweiligen Respekt vor der Widerstandsleistung der deutschen Kommunisten gegen die Hitlerei, die das deutsche Volk zu seiner moralischen Wiederherstellung auf der Habenseite ebenso braucht wie die Tat des 20. Juli 1944.

Erich Honecker, am 25. August 1912 in Neunkirchen geboren, in Wiebelskirchen, beides im Saarland, als Kind einer Bergarbeiterfamilie aufgewachsen; Lehre als Dachdecker; siebzehnjährig, so früh wie möglich, in die KPD eingetreten; im Dezember 1935 von den damaligen Machthabern in Deutschland verhaftet und zu zehn Jahren Zuchthaus verurteilt; eingekerkert im Zuchthaus Brandenburg-Görden: Der Generalsekretär der SED und Vorsitzende des Staatsrats der DDR, soweit ich ihn in mehr als einem Dutzend Gesprächen über die Jahre hin, die meisten unter vier Augen, Dolmetscher werden noch nicht benötigt, ergründen konnte – er hat seinen vollen Teil an dem Bild, das die Sozialistische Einheitspartei Deutschlands in den bald vier Jahrzehnten seit ihrer Gründung von sich gemacht hat. Er paßt fugenlos in das, in sein Politbüro der SED. In vielen seiner Reaktionen erkennt man die Prägestempel, die deutschen Kommunisten seiner Herkunft, seiner Generation und mit Wohnsitz in der DDR, aufgedrückt worden sind. Also, sagt man, er verkörpert eine Mehrheit, er entspricht ihr. Ich meine, daß das richtig ist, bin aber besorgt, die Formulierung habe einen Beigeschmack, der zu Fehleinschätzungen verleiten könnte.

Wie die Mehrheit, mit der Mehrheit: Das schmeckt zunächst einmal nach Anpassung, nach Mitschwimmen in der Strömung, nach Liniehalten anstatt Zielvorgabe, wohin die Linie weitergezogen werden soll. Es ist, nicht frei von Komik, eine Selbstentlarvung für beide Systeme, hüben wie drüben, daß solch dienender Vollzug von vorgegebener Mehrheitspolitik zwar den postulierten Idealen vom kollektiven Souverän entspricht, der herrschen soll – teils Volk, teils avantgardistische Partei fürs Volk –; daß tatsächlich aber eine Beschränkung der obersten Figur auf diese Rolle, vom Publikum, dem Souverän, eher abschätzig aufgenommen wird. Wir haben es doch gern ein wenig größer.

Und wie ich Honecker einschätze, der sich seines Ranges

wohl bewußt ist, wäre er ganz insgeheim auch gekränkt, würde ihm nur eine solche Benotung zuteil. Er ist sicherlich empfindlich und auf sein Ansehen bedacht. Naturell wie Funktion machen es ihm schwer möglich, diesen Punkt etwa wie Herbert Wehner zu behandeln, der freilich auch empfindlich ist und oft aus seiner schlechten Presse die bärbeißige, von Selbstmitleid durchsäuerte Genugtuung zog, die sonst ein gutes Ansehen unter der Menge verschafft. Der Generalsekretär der SED, das Staatsoberhaupt der DDR, hat es erkennbar gern, wenn er mit seinen Bemerkungen auf Leipziger Messeständen, im Kreis von Diplomaten als witzig, als schlagfertig estimiert wird. Nach dem förmlicheren Teil eines offiziellen Abendessens, nach dem Dessert, zum Kaffee, ruft er auch schon einmal über den Tisch hinweg einem entfernt sitzenden Gast ein Wort zu, um ihm dann eine Pointe zu wiederholen, die er, Honecker, gerade gemacht hat und die der Angerufene nicht hatte hören können.

Nach meinen Erfahrungen sind es so gut wie ausnahmslos Einladungen an alle Versammelten mitzulachen, also nicht Pointen auf Kosten eines Anwesenden. Er schätzt es offensichtlich, wenn die versammelte Runde eines Sinnes ist; sofern die Umstände es ermöglichen: gemütlich, so, daß immer einer den anderen noch steigert im Herstellen freundlicher Laune. In dieser Stimmung habe ich ihn, nach einer Jagd für die bei der DDR akkreditierten Missionschefs, deutsche Volkslieder singen hören, amüsiert über jene, die offenkundig von jedem Lied nur die erste Strophe kannten, wie über andere, die kein Ende ihrer Sangeslust mehr finden mochten; und schnell beschied er den danach fragenden damaligen Doyen aus einem Land der Dritten Welt auch noch dahingehend, daß er, Honecker, und ich natürlich dieselben Volkslieder hätten.

Übereinstimmung in der Runde, das ist behaglich – aber es ist auch wahrzunehmen, daß es Übereinstimmung in der von ihm vorgegebenen Tonlage sein soll. Kommt Gelächter in einem etwas abseits stehenden Kreis auf, werden die Stimmen dort lauter, so zieht die Nummer Eins jene Gruppe bald wieder in ihren Kreis hinein. Wenn Honecker verärgert ist, dann wird er – auch dies wieder nach meinen, für Irrtümer offenen Schlußfolgerungen aus dem, was ich an ihm beobachten konnte – spitz, nicht ätzend. Nahm an unseren Gesprächen auf seiten der DDR ein Protokollant teil, dann verhielt dieser sich stets so, wie es nicht nur seine Funktion erforderte, sondern auch allgemein der strengen hierarchischen Ordnung des Staatsapparats der DDR entspricht: wie ein schreibfähiger Teil des Mobiliars. Vor meinen Augen und Ohren gab es dann nicht einmal Spuren jener Bonhomie, mit der manche westlichen Staatsfunktionäre, vom Minister aufwärts, bei solchen Gelegenheiten das untergeordnete Personal durch Bemerkungen, die es einbeziehen, und Blickkontakte vorübergehend auf ihre Stufe heben – oder sich zu der niedrigeren herablassen. Auflockernde Sätze, die das Sachgespräch für eine kurze Weile entspannten, kamen von Honecker oder mir, nicht von dem dritten am Tisch. Oft war mir der dritte Mann aus dienstlichen Unterredungen auf niedrigerer Ebene gut bekannt. Es hat dennoch Jahre gebraucht, bis er in Gegenwart Honeckers auch nur bei der Begrüßung aus seiner vollständigen Neutralität heraustrat und durch ein, zwei Floskeln eingestand, was jeder wußte: daß wir uns öfter schon gesehen hatten.

Einige Male habe ich – in Grenzen, aber mit Absicht – die vorgegebene Gesprächsordnung zu durchbrechen versucht. Ich bezog meinerseits den Mitschreiber in die Unterhaltung ein, berief mich auf Sachpunkte aus meinen letzten Verhandlungen mit ihm, wohl wissend, daß Honecker die Protokolle darüber kannte, und wollte erproben, wie meine beiden Gegenüber darauf reagierten und ob ein anderer Gesprächston sich einstellen würde. Es fruchtete so gut wie nichts, außer daß ich, wäre ich weitergegangen, den dritten am Tisch in Verlegenheit gesetzt hätte; nicht wegen des Inhalts meiner Bemerkungen, aber wegen der von mir dann verursachten Unordnung. Wieder besteht die Gefahr einer Mißdeutung. Man könnte meinen, solche Unterredungen seien verklemmt, bedrückend unnatürlich. Nichts davon hatten sie an sich. Sie waren nur von einer gänzlich ungespielten Sachlichkeit – einige Politiker neigen zu einer gespielten Sachlichkeit, ohne die dann immer durchhalten zu können –; blieben gegenüber dem dritten und auch durch dessen Verhalten selber stets eingespannt in den hierarchischen Rahmen, der ohne neumodische Verformungen ist; und beides, die Sachbezogenheit wie das Einhalten der Rangordnung, wurde erheblich verstärkt, weil es Unterredungen mit, bei Honecker waren. Denn Erich Honecker ist, nach allem, was ich inhaltlich und formal beobachtete, eindeutig die Nummer Eins im Machtapparat der DDR.

Ich habe ihn einmal vergnügt, ausgelassen fast, im Kreis mehrerer Mitglieder und Kandidaten des Politbüros der SED erlebt, ohne daß ein weiterer westlicher Beobachter zugegen war. Sie waren alle gut gelaunt nach einem Tag in kalter Winterluft. Auch in dieser hochrangigen Gruppe war es Honecker, der agierte. Er schlug die Themen an, er warf Bemerkungen in die Runde, er fragte, er zog ins Gespräch. Es wirkte wie selbstverständlich. Ich weiß es nicht, aber ich vermute begründet, daß der Generalsekretär, klug und sehr erfahren, den Bogen nicht überspannt. Unter seiner Stabführung wird, soweit ich Einblick gewann, im Politbüro diskutiert, selten abgestimmt, nicht diktiert; im Bedarfsfall wird eine anstehende Sache von Honecker in seine abschließende Zuständigkeit gezogen und so entschieden. Ich habe niemals Ansätze zu einer Fraktionsbildung im obersten Führungsgremium der SED ausmachen können; wohl aber konnte immer unterstellt werden, daß die Mitglieder bei ihrer Mitentscheidung in dieser und jener Frage beeinflußt werden von ihrer jeweiligen Aufgabe. Der Handelspolitiker hat, solange es nicht ins Grundsätzliche geht, eine andere Art, sich einem Problem zu nähern, als der Genosse, der für die Reinheit der Lehre zuständig ist. Das kann Stimmengruppen, wichtiger: Stimmungsgruppen von Fall zu Fall schaffen, aber es hindert die Nummer Eins nicht daran, die Mehrheiten, richtiger: die Zustimmung ohne Handaufheben zu finden, die sie für ihre Politik braucht. Also: Ein Mann, der der Mehrheit, der er entspricht, der er in vielem sogar gleicht, mehr als nur ihren politischen Vollzug liefert; einer, der mindestens Etappenziele vorgibt.

Zweimal hat Honecker im Gespräch mit mir seinen Vorgänger Walter Ulbricht kurz erwähnt. Beide Male waren es Hinweise auf fehlgeschlagene Versuche Ulbrichts, mit der Bonner Regierung ein Gespräch anzuknüpfen. Nicht der Inhalt von Honeckers Anmerkungen dazu ließ mich aufhorchen. Es waren nur Fußnoten zu einem ohnehin abgelegten Vorgang. Aber die Art, in der er vom Vorgänger sprach, vermittelte mir den bestimmten Eindruck, daß Honecker die psychologischen Probleme, Nachfolger eines Gründervaters, einer einstmals verherrlichten Nummer Eins zu sein, nicht ohne Verletzungen kennengelernt hat. Er gebrauchte kein abschätziges Wort, es gab keinen bösen Zungenschlag. Nicht der Tonfall, nicht die Wortwahl waren es. Sagen wir: Das Zusammenwirken eines flüchtigen Gesichtsausdrucks mit einer spröden Knappheit in dieser Gesprächspassage erweckte mein sicheres Gefühl, daß Honecker Phasen der Ungeduld unter dem einst übermächtigen Ulbricht erlebt hat; wohl auch Verbitterung empfunden hat über Fehlentscheidungen des gegen Ende zu störrischen Vorgängers, die der Wirtschaft der DDR geschadet haben – und daß er, Honekker, unbedingt mehr werden wollte als nur ein Nachfolger. Das hat er nach meiner Einschätzung geschafft.

Erich Honecker gewinnt im kleineren Kreis. Vor einer großen Menge oder über den Fernsehschirm kann der schmächtige Mann mit seinem blassen, feinknochigen Gesicht gelegentlich überanstrengt erscheinen. Geste und Mimik des Massenführers fehlen ihm. Seine Rolle stellt ihn oft auf Tribünen; aber der Ort seiner größten Wirksamkeit, seiner stärksten Überzeugungskraft sind diese öffentlichen Schauplätze nicht. Die gepreßte Stimme auf einem zu kleinen Resonanzboden; seine Sprechgewohnheit, den Ton zum Satzende nicht zu senken, sondern oft noch anzuheben; der häufige Eindruck, er lese auch dann ab, wenn er es gar nicht tut: kein Volkstribun, sondern ein Mann des Büros, der Besprechung im kleinen Kreis. Wie gut Honekkers russische Sprachkenntnisse sind, kann ich nicht beurteilen; ich habe ihn auf russisch ein längeres Telefonat führen hören.

Der ehemalige Bundeskanzler Schmidt hat lange, für manche Chance zu lange gebraucht, bis er bereit war, in Honecker einen ihm angemessenen Gesprächspartner zu sehen. Schmidts Vorlieben, die auch auf die Politik durchschlugen, gingen in andere, Honecker entgegengesetzte Richtungen: Zum einen adorierte er sichtbar, hörbar das großbürgerliche Auftreten Giscards, zum anderen pries er den Polen Gierek, der ein Kerl sei, und dessen Wirtschaftspolitik er lobte. Hinzu kam, daß der seinerzeitige Bonner Regierungschef zu jener Denkschule bundesrepublikanischer Politik gehört, die den Konzeptionsmangel im Umgang mit der DDR damit verdeckt, den von Honecker geführten Staat für eine Satrapie auszugeben, die von ihrer Vormacht per Befehl regiert wird. Über dieses Thema wird später im Text noch nachzudenken sein. Es führt bis in jene Bereiche westdeutscher Politik, für die, leicht abgewandelt, die biblische Einsicht gilt, daß der Balken im eigenen Auge um so leichter zu verschmerzen ist, je mehr man den Splitter im Auge des anderen fixiert.

An dieser Stelle, an der versucht wird, ein Porträt Erich Honeckers zu skizzieren, ist daran nur von Belang, daß der Generalsekretär der SED nicht nur aus dem Schatten seines Vorgängers herauswachsen mußte, sondern auch gehandikapt ist von einem öffentlichen Erscheinungsbild, das sozusagen den Fernsehschirm nicht ganz ausfüllt. Richtiger, so meine ich: ein Bild, das die groben Reize nicht stimuliert, an die unsere Televisionskultur uns gewöhnt hat. Auch dies: Gerade manche Intellektuellen, nicht nur in der DDR, verklären den Vorgänger inzwischen, weil es sich an ihm in der Erinnerung so gut reiben läßt; weil da Funken fliegen, die heute nicht mehr brennen, aber doch – theoretisch, kalte Funken – klare Positionen so schön illuminieren, indes der Nachfolger im großen und ganzen gesehen von einer praktischen, realistischen Vernunft für die Möglichkeiten der DDR beseelt ist, die von Fall zu Fall den Intellektualismus bloßstellt. Die kundigsten Gesprächspartner für diese Folge von Honeckers Tun und Lassen sind nach meiner Erfahrung Vertreter der evangelischen Kirche in der DDR, die keine Illusionen hegen, weder sozialistische noch gesamtdeutsche, sondern nach Wegen für ihre Gemeinden suchen. Müssen Honecker seine Mängel als elektronisch präsentierter Staatsmann grämen? Ich vermute, sie kränken ihn.

Honeckers Interesse an internationalen Fragen, an Außenpolitik ist nicht nur in der Sache lebhaft. Ich hatte in meiner Zeit vor Ort immer stärker den Eindruck, daß die damals schnell wachsenden internationalen Beziehungen der DDR dem Staatsratsvorsitzenden Honecker auch ganz persönlich eine Genugtuung verschafften, zu der sein spürbares Vergnügen an Staatsbesuchen, sei es als Gast oder Gastgeber, beitrug. Sein Hauptbüro im Haus des Zentralkomitees der SED (früher die Reichsbank) – Honecker hat ein zweites Büro im Staatsratsgebäude – hat sich im Laufe der sechs Jahre, in denen ich dort mit ihm sprach, sehr verändert. Als ich, im Jahre 1974, zum ersten Mal in das Büro kam, trug es die Kennzeichen, die Arbeitsräume von Parteiführern haben: Erinnerungsstücke von Begegnungen mit der Basis oder mit ausländischen Gesinnungsfreunden. Bei Honekker waren das, in einer Nische an der Längswand ausgestellt, ein Bauarbeiterhelm und die Modelle eines Sputniks und des berühmten sowjetischen Weltkriegs-II-Panzers T 34. Die lange Schrankwand, in der die Nische sich befand, war mit einer eierschalenfarbenen Lederimitation überzogen. Hinter dem Schreibtisch am Ende des Raums war auf einer Metallscheibe als Halbrelief ein Marx-Kopf im Profil angebracht. Dieser Schmuck ist geblieben, aber die Nippessachen sind bei einem Umbau des Büros Ende der siebziger Jahre verschwunden. Die beherrschende Schrankwand gegenüber der Fensterfront, die zum Außenministerium am Rande des Marx-Engels-Platzes hinausgeht, ist jetzt in dunkelbraunem Holz getäfelt. Als einziger Schmuck an dieser Wand: ein Original von Canaletto, eine seiner berühmten Ansichten von Dresden. Den Kaffee läßt Honecker in einem Meißener Service mit Streublumenmuster servieren; anders als einige andere Spitzenleute der DDR, die auf den Rokoko-Täßchen des Geschirrs das Staatswappen der DDR haben anbringen lassen.

Honecker ist nach meinen Erfahrungen stets hervorragend informiert auch über aktuelle Details der deutsch-deutschen Beziehungen. Es ist deutlich zu erkennen, daß er die Regelung humanitärer Probleme auch als seine persönliche Angelegenheit betrachtet. Die deutsche Frage? Ich habe weder ihn noch ein anderes Mitglied des Politbüros je dabei ertappt, über dieses Thema sich anders zu äußern als es in den amtlichen, öffentlichen Stellungnahmen der DDR geschieht; allenfalls gab es einmal einen Nebensatz, daß Möglichkeiten einer anderen Entwicklung von westdeutscher Seite früher verschüttet worden seien. Ein Streit darüber ist müßig; denn die Genossen der SED haben sich längst auf die inzwischen eingetretenen Fakten nicht nur aus politischem Realitätssinn eingestellt, sondern auch aus der ehrlichen Überzeugung, daß der jetzige Zustand – im Grunde, nicht in Einzelheiten – ihren Idealen dienlicher ist. An dieser Überzeugung haben wir durch unsere Politik in den fünfziger und sechziger Jahren kräftig mitgewirkt. Illusionisten der westdeutschen Friedensbewegung ebenso gesagt wie westlichen Verbündeten, die sich vor spektakulären gesamtdeutschen Avancen Moskaus und Ost-Berlins ängstigen: Selbst für eine – nicht zu erwartende – Weigerung der Bonner Regierung, Pershing-Raketen auf westdeutschem Gebiet stationieren zu lassen, wäre keine östliche Offerte zu erhoffen, die frühere deutsche Nachkriegschancen wiederherstellte. Das ist keine Entschuldigung für die Bundesregierung, denn der Verzicht auf die neuen amerikanischen Waffen würde Europa und damit auch Deutschland in den beiden deutschen Staaten, würde unserer entstaatlichten Nation erheblich, vielleicht lebensentscheidend helfen. Aber gesamtdeutsche Träume der alten Art blieben selbst dann nichts als Träume – nicht nur wegen des Alpdrükkens in Moskau, Paris und anderwärts, sondern auch wegen der heutigen, vielleicht traurigen, sicherlich bitteren Überzeugung der SED. Jedoch, jedoch: Auch unter diesen Umständen bleibt nach meiner sicheren Vermutung ein Faktor, daß Erich Honekker, der Württemberger Kurt Hager und die anderen ihnen gleichaltrigen Mitglieder des Politbüros ein anderes Bewußtsein von Deutschland haben als etwa Günter Mittag (Jahrgang 1926), Konrad Naumann (Jahrgang 1928) oder Joachim Herrmann (Jahrgang 1928), die ihre Entwicklung unter den Bedingungen der Teilung abgeschlossen haben.

Bei einer meiner ersten Unterredungen mit Honecker, noch im Jahre 1974, habe ich eine Kaffeepause im Gespräch benutzt, um ihm zu sagen, wie schön ich die baumgesäumten Alleen in Mitteldeutschland fände, und er möge doch dafür mitsorgen, daß die Verkehrsplaner die Bäume nicht alle schlagen ließen für die Automobile, wenn er »etwas für Deutschland« tun wolle. Ich hatte die Formulierung absichtlich gewählt, weil ich seine Reaktion kennenlernen wollte. Honecker stieß sich nicht sichtbarlich an dem Begriff und stimmte mir, was die Bäume betrifft, zu. Man soll das nicht überinterpretieren. Womöglich hat er die bedachte Floskel: »für Deutschland« nicht einmal wahrgenommen. Aber es ist das Natürlichste der Welt, daß Siebzigjährige in beiden deutschen Staaten andere Begriffe und Bilder auch in diesem Zusammenhang mit sich tragen als die Jüngeren. Diese banale Einsicht erledigt die Frage der nationalen Identität der Deutschen nicht; aber sie könnte uns wappnen für die Zukunft, auch für einen Nachfolger Honeckers, für eine Zeit, in der unsere hergebrachten Anknüpfungspunkte noch unbrauchbarer geworden sein werden.

Honeckers Gesprächsstil, wenn Sachfragen erörtert werden, ist nach meiner Erfahrung von relativ langen Passagen und Erwiderungen gekennzeichnet, nicht vom schnellen Wechsel zwischen Fragen und Antworten. Er trägt seine Auffassung zusammenhängend vor und hört danach geduldig der Replik zu. Er drückt sich eher in kurzen Sätzen aus; er läßt nichts unausgesprochen auf sich beruhen, sondern erwähnt gegebenenfalls ausdrücklich, daß diese oder jene Sache besser ausgeklammert bleibe, noch nicht spruchreif sei. Er hat mir gegenüber niemals Zusagen gemacht, die später nicht eingehalten wurden. Nach meinen Eindrücken entscheidet er relativ schnell; dabei kann ich nur über Gegenstände der deutsch-deutschen Beziehungen ein Urteil abgeben.

Ich habe eine Reihe sehr persönlich eingefärbter Bemerkungen Honeckers über internationale Fragen gehört; über Polen beispielsweise. Sein politisches Ziel, die Hauptaufgabe, wie man drüben sagt, in einen Satz gefaßt, formuliere ich so: Konsolidierung seiner deutschen Republik – mit soviel Selbständigkeit wie möglich, und soviel Anlehnung wie nötig.

Also: die mitteldeutsche Nischengesellschaft. Nur wenn es gelingt, sie zu beschreiben, kann man die inneren, die verdeckten, maßgeblichen Wirklichkeiten der DDR ins westdeutsche Bewußtsein heben. Nach der parteiamtlichen Lesart der SED von dem von ihr beherrschten Staat gibt es sie nicht, die Nischen des Privaten, in denen sich die Sachsen und Mecklenburger, die Brandenburger und Thüringer eingerichtet haben. Der, wie die Propaganda sagt, immer höhere materielle und kulturelle Lebensstandard der Bürger und Bürgerinnen der DDR ist, nach derselben Propaganda, eingebettet in Sein und Bewußtsein einer entwickelten sozialistischen Gesellschaft, die auf dem langen Weg zum Kommunismus ist. Läßt man einmal die Zukunft auf sich beruhen, so ist die Darstellung der SED natürlich gar nicht falsch: Die privaten Lebensräume der Mitteldeutschen sind einbezogen in die von der kommunistischen Staatspartei vorgegebenen gesellschaftlichen Bedingungen. Die Nischen existieren nicht außerhalb, sondern sie sind Nischen innerhalb des Sozialismus der DDR.

Der Unterschied ist wichtig: In den privaten Winkeln sind im Laufe der Jahrzehnte mehr Fakten, Vorstellungen und Maßstäbe des real existierenden Sozialismus heimisch geworden, als allen Nischenbewohnern immer bewußt ist. Es ist das Wort: Nische, das den Genossen der SED unbehaglich ist, das ihr Weltbild einschwärzt. In dem Wort schwingen mit – völlig zutreffend für den Zustand in der DDR, den ich damit benenne – ein Rückzug ins Private, die Befriedigung individualistischer Bedürfnisse, die vom Kollektivismus nicht ausreichend geleistet wird. Die privaten Lebensräume, als tiefe Nischen ausgestaltet, sind Freiräume von der herrschenden Lehre. Damit sind sie keineswegs auch grundsätzlich Widerstandsnester. Im Gegenteil: Sie haben eine Ventilfunktion. Es ist geradezu ein Kriterium der mitteldeutschen Nischen, daß ihre Inhaber, ihre Einwohner sich durch die Möglichkeit der Nische, des individuellen Glücks im Winkel mit dem Regime ihres Staats arrangiert haben. Wer sich mit ihm überwirft, tritt aus der Nische heraus.

Der Kummer der gläubigen Genossen der SED – manche täuschen ihre Gläubigkeit dem westdeutschen Gesprächspartner auch nur vor – hat als Kern die für sie traurige, bittere

Einsicht, daß ein Nischenbewohner vom neuen Menschen weit entfernt ist. In der privaten Höhle wohnt der schon erwähnte alte Adam mit seiner Sippschaft, der schlau genug ist, gerade soviel von Partei und Staat verlangtes, genehmigtes Engagement zu demonstrieren, daß ihm der Rückzug ins Private offensteht. Das Arrangement zwischen ihm und dem Regime ist, wie könnte es anders sein, ein stillschweigendes. Ich denke, daß sicherheitsbewußte, illusionslose Genossen die allgemeine Druckminderung, die sich vom Nischendasein auf die Öffentlichkeit überträgt, nützlich finden. Die idealer Gesinnten aber wollen die Freiräume nicht sehen, sie leugnen die Existenz der Nischen. Nur Zyniker können sich an ihrem nagenden Zweifel, ob es sie vielleicht doch gebe, delektieren.

Die bundesrepublikanischen Agitatoren gegen die DDR, Politiker wie Publizisten, die auf diesem Feld arbeiten, haben ebenfalls ihre Schwierigkeiten mit der mitteldeutschen Nischengesellschaft: weil deren Freiräume ihre Darstellung der DDR als einem Ort, an dem es nur Schergen und Opfer gibt, widerlegen. Die hiesigen Agitatoren sind bemüht, die Menschen drüben in unserem Bewußtsein zu entprivatisieren; sie in unseren Augen zu grauen Schatten in einem allgegenwärtigen, allgewaltigen Willkürstaat zu machen. Dazu passen dann nicht die Privatheit der Nischen, das private Glück und Unglück in ihnen, die Staatsferne, in der ein großer Teil des Lebens in der DDR statthat. Und manches an diesem Teil des Lebens kann sehr anziehend sein; aus Gründen, die beschrieben werden sollen. Ich weiß: natürlich ist er besonders anziehend für den privilegierten Westdeutschen, der vorübergehend dort lebt und freizügig ist. Wie hätte ich das vergessen können? Was soll also der Einwurf? Was widerlegt er?

Seitdem nach der Aufnahme der staatlichen Beziehungen zwischen den beiden deutschen Staaten die hiesige Berichterstattung über die vielfältigen mitteldeutschen Wirklichkeiten regelmäßiger und umfassender werden konnte, bestreiten unsere Agitatoren nicht mehr grundsätzlich, daß drüben eine Nischengesellschaft existiert. Wenn besondere Vorkommnisse zwischen den beiden Staaten es möglich erscheinen lassen, unmittelbar Angst unter den westdeutschen Medienkonsumenten zu schüren – die Spekulation der darin geübten Stimmungskanonen geht dann oft ganz richtig auf –, wird uns immer noch das primitive Bild von der DDR als perfekter Gewaltmaschine, die den Menschen kaum Luft zum Atmen läßt, präsentiert. Ansonsten aber ist man in den reaktionären Kreisen (Warum immer die Scheu, sie als das zu benennen, was sie sind? Unbehagen vor Weimarer Begriffen?) dazu übergegangen, die privaten Freiräume in der DDR nicht länger schlankweg zu leugnen – um sie zweckmäßig mißinterpretieren zu können. Man hat den Begriff *Nischengesellschaft* zögernd und von Fall zu Fall übernommen, damit das, was er bezeichnet, als eine Besonderheit des kommunistischen Regimes auszugeben ist; als die notgedrungene Flucht ins Private, durch welchen Beigeschmack die agitatorische Brauchbarkeit wiederhergestellt wird. Gerade das, eine Besonderheit der Gesellschaft der DDR, sind die Nischen jedoch nicht.

Auch die Mehrheit der westdeutschen Bevölkerung – und wo überhaupt wäre es anders? – hat ihren Existenzmittelpunkt im privaten Bereich. Ausnahmen davon hüben wie drüben, ein besonderes Engagement in allgemeinen, öffentlichen Fragen, und gar noch ein solches Engagement außerhalb der dafür vorgesehenen Normen, SED und ihre Ableger dort, etablierte Parteien und Verwandtes hier: darüber wird auch zu berichten sein, und man wird viele Ähnlichkeiten beiderseits der Elbe kennenlernen. Das Nischendasein als Lebensform der Mehrheit jedenfalls ist im Blick auf die DDR nicht erwähnenswert, weil es etwas Besonderes wäre, sondern es ist bedeutsam als das allüberall Übliche, das auch im anderen deutschen Staat seinen Platz hat. Freilich haben wir es damit in unserer Konfession leichter als die Kommunisten. Wir können den Aufenthalt im Privaten, die Vorliebe für den Schrebergarten, bei großem intellektuellen Aufschwung sogar den Eigennutz am Ende noch zu einem Vorzug unseres Systems erklären. Das fällt der SED für ihren Glauben schwerer. Und hier setzt auch noch einmal unsere Agitation ein: Jene, die den Kommunismus als das schlechthin Böse dämonisieren, zögern nicht, nicht nur seine Mängel, sondern auch seine Verlegenheiten so penibel aufzudecken, als liege ihnen seine Vollkommenheit am Herzen.

Also: Was ist eine Nische in der Gesellschaft der DDR? Es ist der bevorzugte Platz der Menschen drüben, an dem sie Politiker, Planer, Propagandisten, das Kollektiv, das große Ziel, das kulturelle Erbe – an dem sie das alles einen guten Mann sein lassen, Gott einen guten Mann sein lassen und mit der Familie und unter Freunden die Topfblumen gießen, das Automobil waschen, Skat spielen, Gespräche führen, Feste feiern. Und überlegen, mit wessen Hilfe man Fehlendes besorgen, organisieren kann, damit die Nische noch wohnlicher wird. Wie schon gesagt, nichts Besonderes, sondern wie bei uns zu Haus, wenn man anstelle der Überlegung, wie etwas zu besorgen sei, das Rechnen setzt, welche weitere Ratenzahlung noch möglich wäre. Diese Einsicht bringt uns hinter unsere Klischees vom anderen deutschen Staat. Entgegen den Vorstellungen, die der totalitäre Antikommunismus, nein, darüber hinaus: die die irrationalen Ängste vor linken Ideen generell in unserem bürgerlichen Mehrheitsgemüt möglich gemacht haben – entgegen diesen Vorstellungen ist das private Nischendasein die vorherrschende Existenzform in der DDR. Die mit unseren Ängsten wuchernde westliche Agitation hat uns die – immer bedrückenden, oft bösen, katastrophalen – Ausnahmen davon als Regel des Lebens in Mitteldeutschland vorgegaukelt. Die große Zahl der Ausnahmen, die schrecklich große Zahl erleichtert ihr das.

Woraus die Ausnahmen – also die Existenzen, die aus den Nischen hinausdrängen, hinausfallen oder hinausgedrängt werden – entstehen, ist mit einem Grund nicht zu erklären. Ganz gewiß resultieren sie nicht aus den Bedingungen des Systems allein. Erst der Zusammenstoß zwischen individuellen Gegebenheiten, vielfältigen, inneren wie äußeren, und der Meinung der Mächtigen, die, je nach Konfliktanlaß in dem, was unter bestimmten Umständen nicht länger geduldet werden könne, öfter einmal auch die Mehrheit in den Nischen auf ihrer Seite haben, produziert viel Unglück, manchmal Tragik. Ich frage mich, wie viele Ausnahmen, wie viele Ausgrenzungen wir in unserem System kennenlernen könnten, wenn umständehalber die Mächtigen und ihre Mehrheit auch in der Bundesrepublik gewisse Abweichungen von der Verhaltensnorm nicht mehr als erträglich ansähen. Meine Skepsis gegenüber dem eigenen Nest – sie gehört übrigens zu den Ästen, die es stützen – habe ich im ersten Kapitel dieses Buches begründet. Sollte bei bestimmten Zuspitzungen der westdeutschen Verhältnisse in den kommenden Jahren eintreten, was völlig auszuschließen ich mich nicht getraue, so würde sich ja auch nur die Zahl der Ausnahmen vergrößern: denn ganz ohne Ausschlüsse aus den westdeutschen Nischen sind wir doch niemals gewesen. Nein, ich spreche nicht von den Terroristen. Ich meine, beispielsweise, Lehrer, die anecken; Leute, die Zivildienst leisten, in ihrem sozialen Umfeld von normalen Bundesbürgern; Lehrlinge, die aufmukken. Ach, nun soll der entscheidende Unterschied darin liegen, wie wir mit unseren Ausnahmen von der mehrheitlichen Regel umgehen und wie die DDR mit ihren umspringt? Ist das nicht ein Unterschied, den nur die jeweils Betroffenen nachmessen dürfen?

Die mitteldeutschen Nischen sind, wie überall anderswo auch, sehr vielfältig in ihren Formen. Sie sind – in den vergangenen Jahren stark zunehmend – die Lust am Besitz eines Automobils; Stoffpüppchen am Spiegel, umhäkelte Lautsprecherboxen, manchmal Zierkissen, mit Sprüchen bestickt, auf der hinteren Sitzbank; einmal habe ich einen Aufkleber im Rückfenster eines Trabant, des kleinsten Wagens drüben, gesehen: »Nie wieder Mercedes.« Oder die Nischen bilden sich in der regelmäßigen Versenkung in Hausmusik; nach einem so gleichbleibenden Ritual vollzogen: den herben ungarischen Weißwein »Grauer Mönch« und belegte »Schnittchen« zu Beginn, daß der Gast vermuten möchte, so spielten sie nun schon seit dreißig Jahren einmal im Monat. Hoher Favorit unter den privaten Winkeln ist der Schrebergarten, wenn irgend möglich mit Wohnlaube. (Vor allem an den Rändern Berlins ist diese Holzbude des Glücks, ganz unter sich zu sein, seit bald hundert Jahren so populär, daß meine Mitarbeiter 1974, als wir die bundesrepublikanische Mission bei der DDR errichteten, den abhörsicheren Raum unserer Ständigen Vertretung »Laube« tauften.) Zur Erntezeit sind die Wege in den Laubenkolonien – alte Sehnsüchte im Namen: Daheim, Eintracht, Sonnenland – bevorzugte Promenade jener Mitmenschen, die keinen Garten besitzen: Blumen, Früchte, Gemüse sind in Eimern und Körben am Gartentor aufgebaut und werden privat gehandelt.

Übrigens: Sowohl das Verkommensein des nationalen Bewußtseins als auch die neureiche Gedankenlosigkeit in der Bundesrepublik lassen sich am Beispiel des teils privaten, teils genossenschaftlichen Beitrags der Schrebergärtner zur Versorgung der DDR komplett belegen. Mehr als die Äpfel und Birnen der mitteldeutschen Gartenkolonisten braucht es nicht, um die psychologische Verfassung der westdeutschen Mehrheit in bezug auf den anderen deutschen Staat ebenso wie das Gefangensein dieser Westdeutschen in der eigenen Scheinwelt zu demonstrieren. Unsere Selbstenthüllung auf dieser besonderen kleinen Bühne findet gewöhnlich einmal im Jahr statt: Im ökonomischen Rechenschaftsbericht, der regelmäßig auf einer Plenartagung des Zentralkomitees der SED vorgetragen wird, werden auch Details aus der Versorgung der DDR erwähnt; darunter, nach Tonnen gezählt, das, was die Kleingärtner an

Obst und Gemüse beigesteuert haben. Welche Gelegenheiten für uns, vom Siegespodest eines der weltbesten Konsumländer, der Bundesrepublik Deutschland, herab, dem westdeutschen Medienpublikum in Kommentaren, Glossen und, wenigstens, ironischen Nebensätzen in der Nachricht, die Landsleute drüben einmal richtig vorzuführen: Die Rhabarberstangen müssen sie zählen, damit die Rechnung aufgeht. Das ist so komisch, daß dieser alljährliche spezielle Fall weniger dazu benutzt wird, ein weiteres Mal die Mängel der DDR aufzublättern, sondern er von den Westdeutschen, die doch allen Provinzialismen in die große Freiheit hin entlaufen sind, eher glucksend zur Kenntnis genommen wird wie ein Ring in der Nase. Man kann das nachlesen in unseren Blättern.

Kein Gedanke an die oft schwierigen Lebensumstände der Brüder und Schwestern drüben, der von selber käme; der aus selbstverständlichem Nachdenken darüber entstünde, woran es liegt – nämlich nicht nur an der Planwirtschaft – und was es konkret bedeutet, daß die Erträge der Kleingärtner in Mitteldeutschland mitgerechnet werden müssen; der vom Zusammengehörigkeitsgefühl auch alltags, wenn Äpfel und Birnen gezählt werden und nicht der 17. Juni ist, herrührte: so gut wie nichts davon, tonangebend nur westdeutsche Großmannssucht, die sich beim Betrachten des volkswirtschaftlichen Faktors der Schrebergärten schmunzelnd, grinsend entlädt. In der eigenen westdeutschen Scheinwelt sicher aufgehoben: Auch noch im vierten Jahr von Massenarbeitslosigkeit in der Bundesrepublik wird im vorherrschenden Bewußtsein hierzulande die Belustigung über Kleingartenernten, die im höchstrangigen Jahreswirtschaftsbericht der DDR erwähnt werden, nicht allmählich gedämpft von der Nachdenklichkeit, wie viele Arbeitslose bei uns inzwischen glücklich sind, wenn sie ihren Lebensstandard aus einem Schrebergarten aufbessern können. Aber das zu bedenken hieße sicherlich, Äpfel mit Birnen zu verwechseln.

Zurück in die Nischen der DDR. Das eigene Automobil, Hausmusik, Schrebergarten mit Wohnlaube und Sommerfest. Auch Boote sind Nischen; Kanus, Segelboote, Motorboote, die bei den an Beziehungen Bessergestellten erstaunlich groß sein können; vor allem in Brandenburg und Mecklenburg unterwegs, von den natürlichen Gegebenheiten begünstigt, aber auch, flußauf und flußab, auf der Elbe bei Dresden. Vereinigungen für das Singen von Volksliedern, das Spielen von Handharmonikas, das Studium von Heimatkunde sind private Abseiten.

Bei den landwirtschaftlichen Produktionsgenossenschaften gehen mehr Leute auf die Jagd oder zum Reiten, als wir es gerade bei diesen Beschäftigungen diesseits der Mauer für möglich halten. Nischen sind manche Wohnungen, in denen alte Möbel und andere Antiquitäten gesammelt werden, bei deren Erwerb man dem devisenhungrigen staatlichen Antiquitätenhandel zuvorkommen konnte.

Eine der schönsten Nischen ist die eigene Datsche, wie man – mit »e« am Ende – das russische Wort »datscha« gewöhnlich ausspricht: die Weiterentwicklung der Gartenlaube zum Sommerhaus am Waldrand oder Seeufer, möglichst winterfest ausgebaut. Westdeutsche Besucher empfinden es zunächst als eine Ironisierung, wenn die mitteldeutschen Gastgeber ihr Wochenendhäuschen eine Datsche nennen, bis sie merken, daß dies ein ganz selbstverständlicher Sprachgebrauch geworden ist. Manchen Westdeutschen fällt dann ein, daß sie in ihrem Teil des einst gemeinsamen Vaterlands genau das gleiche vollzogen haben: ohne zu stocken, sprechen sie von ihren Bungalows. Jüngste Lehnwörter eines geteilten Volks, beide gänzlich eingedeutscht, an denen sich der aktuelle Stand der Weltgeschichte ebenso ablesen läßt wie an den Speisekarten beiderseits der Elbe: Was mit den Hot dogs an bundesrepublikanischen Würstchenständen die vorderste Grenze unserer Vormacht markiert, das ist in der DDR mit der Soljanka, einer ukrainischen Bauernsuppe, ausgedrückt, die in den Dorfgasthäusern von Rügen bis zum Vogtland zur Tagessuppe geworden ist.

Eine besonders wichtige tiefe Nische sind der Freundeskreis und die Gespräche, die in ihm geführt werden – ein Fels in der Nischenlandschaft. Die Geselligkeit im kleinen Kreis erscheint auf den ersten Blick doppelgesichtig. Einerseits hat sie bisher keinen Anschluß gefunden an die scheinbare Beiläufigkeit des Nur-schnell-auf-einen-Drink-Kommens, aus der der westdeutsche Mittelstand inzwischen bereits wieder mit Hilfe der vom Handel angebotenen Beigaben eine neue Umständlichkeit gemacht hat. Wenn drüben eingeladen wird, dann geschieht es zu Kaffee und Kuchen oder zum Abendbrot, umfänglichen Veranstaltungen, die in hergebrachten bürgerlichen Formen stattfinden. Andererseits ist es gang und gäbe, wirklich nur hereinzuschauen, um die Beine auszustrecken und bei einem Schluck Wodka zusammenzusitzen.

Schließlich kommt man dahinter, daß eben dies – beisammensitzen, sich austauschen, Gespräche führen – auch der vorherrschende Sinn der förmlichen Einladung ist: Das Gastmahl, für die – meist berufstätige – Hausfrau eine größere Mühe als hierzulande, betont nur, feiert nur die Konzentration, die Bedeutung, die man auf das Zusammenkommen verwendet, die man ihm beimißt. Es gibt sowohl weniger Smalltalks als auch intellektuelle Verstiegenheiten, aus denen heraus bei uns die Frage zum strittigen, hitzigen Thema des Abends werden kann, wie viele Engel auf der Spitze einer Stecknadel Platz haben (ein austauschbares Beispiel). Verglichen damit kann ein Gespräch unter Intelligenzlern in der DDR habhafter, immer auch weniger verspielt genannt werden. Sie genieren sich nicht, über Probleme, ihre und allgemeine, ernsthaft zu reden; sie kennen kaum die modische Sorge, aus der schicken Rolle des Understatements herauszufallen; sie werden den Gründen, aus denen sie ihre Probleme wichtig nehmen müssen, gerecht; sie schlagen im Gespräch weniger Pfauenräder. Man nimmt sich mehr Zeit drüben, ist sozusagen langatmiger, weniger abgelenkt, ruhiger im Gestalten von Beziehungen, von Freundschaften, vom Zusammensein. Ein bißchen Bummelantentum, offiziell ein Delikt, durchzieht alle Nischen. Obwohl die sogenannte Verkehrsdichte mit privaten Automobilen in den letzten Jahren stark zugenommen hat, ist es nicht nur in Kleinstädten noch immer ein gewohntes Bild, daß Leute an den Ecken zusammenstehen, um miteinander zu reden, daß sie, ein Kissen unterm Ellenbogen, aus dem Fenster beobachten, was in der Nachbarschaft sich abspielt – ist es vorerst noch so, daß solche Akzente oft stärker sind auf Straßen und Plätzen als der aneinander vorbeirollende Verkehr.

Das größere Beharrungsvermögen der Mitteldeutschen weist sich ebenso wie im geistigen Verhalten auch in Äußerlichkeiten aus. Man besucht nicht nur die hauptstädtische Oper Unter den Linden, sondern auch das Provinztheater mehrheitlich im gedeckten Anzug und feinem, oft langem Kleid. Manche Sitten und Moden übernehmen sie vom Westen mit fünf- bis zehnjähriger Verzögerung: Erst in den letzten Jahren wächst, von den Jugendlichen ausgehend, der Anteil derer, die ohne Krawatte, in Pullover und Jeans zur Operette und Tragödie gehen.

Je mehr vertraute Selbstverständlichkeiten bei der Beschreibung des Privaten ins westdeutsche Bewußtsein treten, um so näher ist, was beschrieben wird, den mitteldeutschen Realitäten. Also Nischen wie überall – aber zwangsläufig, wie ebenfalls in aller Herren Länder, ideell wie materiell von den allgemeinen politischen und wirtschaftlichen Gegebenheiten der jeweiligen staatlichen, gesellschaftlichen Umwelt mit ausgestattet. Für die Deutsche Demokratische Republik bedeutet das, um zunächst vom Materiellen zu sprechen, daß die privaten Winkel stark abhängig sind von Versorgungsmängeln sowie einengenden Verwaltungsvorschriften: und den Fähigkeiten, die von den Mitteldeutschen nun schon über Jahrzehnte hin ausgebildet worden sind, den Mängeln zu steuern und unter den Vorschriften hinwegzutauchen. Ein dichtes Geflecht von Beziehungen, mittels derer drei- und mehreckige Tauschgeschäfte möglich sind, bis das fehlende Gut an der richtigen Stelle angekommen ist, durchzieht das Privatleben (und gelegentlich auch, von Betrieb zu Betrieb, die Planwirtschaft). Der Besitz von D-Mark und der Zugang, direkt oder vermittelt, zu Feierabend-Brigaden, die schwarz arbeiten, verschönern die Wohnungen und befestigen die Datschen für die kalte Jahreszeit. Ein letztes Wertpapier wird in der DDR noch auf verschlungenen Wegen gehandelt: der Anspruchsschein auf Zuteilung eines Personenwagens; zur fälligen Zeit die Berechtigung verschleiert erworben, verkürzt sich so die vieljährige Lieferfrist. Trinkgelder in einer Höhe, in der sie von Schmiergeldern nicht mehr sicher zu unterscheiden sind – man sagt: ein Pfund wachsen lassen –, beschleunigen Installationen und Reparaturen.

Das Denken in Produkten und Dienstleistungen, die man braucht, anstatt in Geld, das man hat, verleitet manche Nischenbewohner zu unschuldig-ungenierten Ansprüchen an das, was die westdeutschen Verwandten das nächste Mal mitbringen sollen: Sie haben nicht im Kopf, daß der Werkzeugkasten, die Bohrmaschine den Vetter aus dem Westen genug Geld kosten, um den sogar für ihn selber die Anschaffung erst einmal durchrechnen zu lassen. Die Sachen, aus dem Werbefernsehen vertraut, sind für Geld zu haben – also kauft man. In ihren Umständen haben die Mitteldeutschen nach meinem Empfinden im Laufe der Zeit, der Übung, die Ansätze zu Eigenschaften entwickelt, die unserer Nation an sich wenig zu Gebote stehen: Schwejk sitzt ihnen gelegentlich im Nacken.

Der Staat, in dem die Nischen mit ihren hochverfeinerten Notbehelfen existieren, nicht ohne immer wieder auch von Versorgungsschwierigkeiten (die oft Dispositionsmängel sind) heimgesucht zu werden, denen gegenüber selbst die gewieften Menschen hilflos sind, die DDR ist nach unseren Maßstäben ein Staat mit einer Übermacht der Polizei. Sie ist jedoch für die

Nischenbewohner kein Willkürstaat. Sie wissen sehr genau – und auf das Wissen ist Verlaß –, wie weit sie gehen können, was sie tun und was sie lassen sollen, damit sie unbehelligt bleiben. Wohlgemerkt: solange man im privaten Winkel sich aufhält. Nicht sicher ist man vor der Verkehrspolizei. Der westdeutsche Transitreisende, der wegen verbotener Geschwindigkeit auf der Autobahn berappen mußte, kann mit seiner Wut, sich hat ertappen zu lassen, kaum mithalten mit den Gefühlen des mitteldeutschen Autofahrers bei Verkehrskontrollen. Nur die Überzeugung des Westdeutschen, er sei speziell als Westler von den kommunistischen Polizisten angehalten worden, als er an falscher Stelle überholte – diese Überzeugung überläßt der dortige Automobilist dem Westdeutschen allein. Er hält sie aus Erfahrung für albern. Wenig Gefühle habe ich in der DDR so einhellig gefunden, wie das der bösen Unlust, das die Bürger und Bürgerinnen gegenüber den Grünen mit den Tellermützen und der Kelle hegen.

Aber sonst: Die Stimmen senken sich nicht automatisch, die Gesprächsthemen werden nicht gewechselt, wenn der Abschnittsbevollmächtigte der Volkspolizei, der Reviervorsteher, auf dem Laubenpieperfest, der venezianischen Nacht, beim Tanz in den Mai vorbeikommt. Es gibt den Druck einer ständigen Aufpasserei nicht. Das Land ist oft schlecht gelaunt: nicht überall in der Republik ist zum Wochenende Bier angeliefert worden; Anzüge, die man tragen kann, sind in eine höhere Preisgruppe gerutscht; die Infrastruktur bei Schichtarbeit, An- und Abtransport, Kantinenessen, funktioniert nicht immer zuverlässig. Aber das Gefühl, mit willkürlichen Maßnahmen könne jederzeit in die Nischen hineingegriffen werden, drückt nicht auf die Stimmung der großen Mehrheit: es existiert nicht. Man wirft nicht reflexhaft vor jeder Unterhaltung einen Blick über die Schulter, um zu sehen, wer hinter einem steht. Den Menschen ist nicht unablässig danach zumute, mit der geballten Faust in der Tasche einherzulaufen. Im Gegenteil: Es gibt viel – berechtigten – Stolz auf das, was man unter schwierigeren Bedingungen als die Deutschen im Westen, in den letzten Jahrzehnten geschaffen hat; dabei sind die Grenzen zwischen der Genugtuung über die durch Leistung vorzeigbare Nische und der über den mitbewirkten Aufstieg des Staats, in dem man lebt, durchaus fließend. Man kann, außer in den einschlägigen, mühseligen Grundsatzartikeln der Propaganda, kein Bewußtsein von einer Nation der DDR entdecken, wohl aber ein Staatsbewußtsein, das auch gefördert worden ist durch den Unwillen der Mitteldeutschen über das gönnerhafte Schulterklopfen mancher wohlhabender westdeutscher Besucher.

Materiell wie ideell von den staatlichen und gesellschaftlichen Gegebenheiten abhängig, mindestens beeinflußt: welche ideellen Werte und Unwerte, Vorlieben und Abneigungen, engen und weiten Horizonte sind maßgeblich für die mitteldeutschen Privatheiten? Allgemeine Grundzüge des Selbstverständnisses und Verhaltens, die von den Fakten, welche das Regime geschaffen hat, in die Nischen übertragen worden sind, habe ich weiter oben in diesem Text bloßgelegt, als ich das Staatsvolk der kleinen Leute und die mit ihm sympathisierenden, älteren Intelligenzler zu beschreiben versuchte. Hinter dieser ersten Bewußtseinsschicht – was ist die nächste und übernächste? Was hat es auf sich mit der Behauptung, die seit einiger Zeit gelegentlich zu hören ist, daß die Menschen drüben *deutscher* geblieben seien als wir hier? Woher kommt der konservative Zug, der durch das mitteldeutsche Leben geht? Ändert sich etwas? Was ändert sich?

Wer oft durch das schöne Land drüben gefahren ist, wer das gar noch privilegiert wie ich tun konnte: nicht unterwegs zu Verwandten, auf ein Ziel hin, sondern schlendernd sozusagen, mit allen Sinnen zum Aufnehmen bereit – der hat immer wieder einmal, wenn er im entsprechenden Alter ist, eine Art Erinnerungsschlag gegen das Herz erhalten. Mir ist das so ergangen, einem Braunschweiger, der drüben lebte, als er fünfzig Jahre alt wurde. Zunächst begriff ich nicht, wenn ich durch ein mecklenburgisches Dorf, eine thüringische Kleinstadt fuhr, was mich anwehte; am Ortsrand etwa, da, wo die Dorfstraße in die Chaussee überging, mit Obstbäumen auf beiden Seiten. Dann aber wurde mir bewußt, daß ich, obwohl als Kind niemals dort gewesen, einen äußeren Eindruck umgesetzt hatte in das Nacherleben einer Autofahrt mit den Eltern in den dreißiger Jahren: durch ein anderes Dorf und eine andere Kleinstadt, aber doch durch dieselbe – und hier muß ich sagen *deutsche* – Ortsbeschaffenheit.

Vordergründig springt beim Reisen in der DDR ins Auge, wieviel Farbe den Häusern fehlt, wie der Verputz von den Fassaden bröckelt. Mit Entsetzen sieht man den dreistöckigen Wohnkasten aus Fertigbauplatten, mit dem die Landwirtschaftliche Produktionsgenossenschaft (LPG) für ihre Traktoristen und Melker städtischen Komfort aufs Land geholt hat. Am häßlichsten sind nach meiner Erinnerung diese Bauten – die innen mit Badezimmer und moderner Küche in der Etagenwohnung erheblich bequemer zu bewohnen sind als Landarbeiterkaten und Kleinbauernhäuser – im Bezirk Neubrandenburg (Flachdächer), am wenigsten häßlich im Bezirk Rostock, wo die Platten mit dünnen Klinkersteinen verkleidet sind. Aber von diesen Blöcken abgesehen, an deren Zahl die Größe der LPG sichtbar wird, ist jedenfalls die Krätze, die unsere Dorfränder mit den vielen Bungalows, die in die Wiesen hineinwuchern, befallen hat, in der DDR vorerst nur allmählich im Vordringen (auch drüben wird der Bau von Einfamilienhäusern gefördert, die ihren Platz am Ortsausgang finden). Es überwiegt für einige Zeit noch, je weiter man sich von den Neubauvierteln der größeren Städte entfernt, je tiefer man in das Land hineinfährt, der unverwechselbare Charakter des Ensemblespiels von Kleinstadt, Dorf und Landstraße, den ältere Deutsche gewohnt sind und der in Westdeutschland weithin verlorenging an Neonreklamen, Supermärkte, Umgehungsstraßen und jene Karawansereien mit Tankstellen, Imbißstuben, Plätzen für Gebrauchtwagen und Reparaturwerkstätten, zu denen unsere Ortsausfahrten geworden sind.

Der Erinnerungshauch, der drüben vom vertrauten Zusammenspiel der zueinander passenden Häuser und Straßen, der von den unverletzten Dorfenden mit den schmalen, nicht asphaltierten Wegen, die in die Feldmark hinausführen, ausgeht – dieser Erinnerungshauch wirkt oft nachhaltiger als die Zeichen des Verfalls. Die DDR also ein deutsches Freiluftmuseum, das nostalgisch stimmt? Gewiß nicht, obwohl für den westdeutschen Reisenden, dessen Gedächtnis ein paar Bilder aus der Vorkriegszeit mit einschließt, manche brandenburgische Allee und sächsische Elbe-Partie auch in Nostalgie getaucht sind. Für die Menschen drüben, jedoch und natürlich, ist das Land in dem Zustand, der den Besucher gelegentlich an *alte, unnennbare Tage* erinnert, die Bühne, der Lebensort ihrer *Gegenwart:* kein Reservat mit künstlich festgehaltenen Gestrigkeiten. Allerdings: Das Sein mitbestimmt das Bewußtsein. Haben die Mitteldeutschen also, bewußt wie unbewußt, einen Teil der sozialistischen Realitäten der DDR sich zu eigen gemacht – und daneben, dazwischen, dahinter in ihren (im Vergleich zu unseren) weniger veränderten, nur älter, schäbiger gewordenen Städten und Dörfern mehr von früher hergebrachte Gewohnheiten und Auffassungen bis heute tradiert, als wir es in Westdeutschland getan haben?

Deutscher geblieben: Was ist das, was soll das sein? Definiert man es zunächst einmal nur als eine stärkere Beharrungskraft, mit der am Vertrauten festgehalten wird und Neues also so gut wie möglich ausgesperrt bleibt, so ergibt sich, daß die jeweiligen Mehrheiten der Deutschen westlich und östlich der Elbe (nicht geographisch, sondern bildlich für die Bundesrepublik und die DDR verstanden) fast unmittelbar nach Kriegsende, jedenfalls Jahre vor den beiden Staatsgründungen, in dieser Hinsicht ihren Unterschied entwickelten: Das Beharrungsvermögen drüben stieg gewaltig an, indes es sich hüben schnell weitgehend verflüchtigte. Für mich drückt sich am deutlichsten aus, was die Mitteldeutschen bewahrten, in dem, was die Westdeutschen preisgaben. Zunächst war es, 1945 und die nächstfolgenden Jahre, noch kein Preisgeben, sondern eine Öffnung, die nach meinem Verständnis zum Besten gehört, zu dem die geschlagenen Deutschen seither imstande gewesen sind: Wer nicht verstockt war, der öffnete sich in den drei westlichen Besatzungszonen – fiebrig fast, glühend vor Neugier, nein: vor Begierde – auch dem, was die Sieger außer Nescafé, Kaugummi und *aktiven* Zigaretten (nicht aus Kippen gedreht) sonst noch mitbrachten. Jean-Paul Sartre; Thornton Wilder; der kräftige Ableger des britischen Broadcasting-Systems im Nordwestdeutschen Rundfunk – im Rekapitulieren noch schlägt die Stunde Null von damals wieder an. Fruchtbare Illusionen der schönsten Art, Utopien beleben sich, die von Wilders ›Kleiner Stadt‹ über die Bühnenrampe ins Parkett zu den Zuschauern gelangten: nicht mehr und nicht weniger als überschaubare gute Nachbarschaft, die auch im Unglück andauert; gewöhnliches Menschenmaß; Leben, erfüllt ohne pathetische Überanstrengungen.

Das blieb nicht lange so, was nicht zu verwundern braucht, denn, natürlich, war das, dem wir uns öffneten, war die Welt, die wir nicht gekannt hatten, so, wie sie sich uns nun zunächst erschloß, von den Realitäten abgehoben, war – eben – utopisch, war lebensfremd, unpraktisch. Das ist ebenso unironisch gemeint wie der Hinweis, daß dies – im Geistigen, im Füllen von Kopf und Gemüt – dem entsprach, was gleichzeitig jenseits der Elbe vorging, wo kommunistische Ideale angeboten wurden. Zurück zur Erde kam man im Laufe der Jahre beiderseits des Stroms, der in dieser Zeit zur Grenze in Deutschland wurde. Mit der Restauration wurde in der Bundesrepublik die Öffnung zum Westen handfester, praktikabler, im platten Sinne politischer: Die westdeutsche Mehrheit befriedigte in ihr die Überbau-Bedürfnisse der wirtschaftlichen Explosion.

Aus der Öffnung wurde weithin ein *Identitätstausch*. Mit den herrschenden Idealen vom Tüchtigen, von den Marktgesetzen, wie in den Konsumgewohnheiten wurden seit den fünfziger Jahren manche, viele Westdeutsche – das findet sich oft unter Konvertiten – sozusagen amerikanischer als die Amerikaner. Es war freilich weniger Wilders Amerika ›Unserer kleinen Stadt‹ als das ›Babbitts‹, als das, dem heute Ronald Reagan präsidiert: das Land der unbegrenzten Möglichkeiten, mit der riesigen Glückslotterie, die dort eine Art Verfassungsrang hat und in der für jeden ein Los ist und die Nieten ein Fingerzeig Gottes sind. Die volle Anwendung solcher Freiheitsideale federten die Westdeutschen zwar durch praktizierten Sozialdemokratismus ab – wer immer regierte, solange es zu finanzieren war –, aber die Wertmaßstäbe und Mentalitäten der USA, wie sie die hiesige Mehrheit begriff, wurden fast ohne Hemmungen kopiert.

Die jungen Westdeutschen, die drüben studiert hatten, unternahmen wenig oder nichts, um ihr Amerika und dessen Tugenden im öffentlichen Bewußtsein Westdeutschlands deutlich genug von den USA abzusetzen, in denen die Lobpreisung von Gewalt als der am stärksten betonte Teil der jungen Entwicklungsgeschichte, eine missionarische Selbstüberzeugtheit, die Zwänge und Eigenschaften einer (jeder) Weltmacht und der Kapitalismus als Heilslehre eine Mischung eingegangen sind, die ebenso brisant ist, wie sie von den tonangebenden Kräften der Bundesrepublik glorifiziert wird. Freilich darf die Mischung nicht analysiert werden. Wer sie in ihre Bestandteile zerlegt, etwa, um das andere Amerika von ihr zu unterscheiden, gilt als antiamerikanisch.

Der mit der Hingabe an die USA verbundene Verlust an eigener Identität erschien geradezu als nützlich. Im Grunde gilt er dafür bei den meisten Bundesbürgern – unreflektiert – auch heute noch, nach mehr als dreißig Jahren. Anders ist, beispielsweise, die Haltung der westdeutschen Mehrheit gegenüber der derzeitigen Krise des Atlantikpakts, ist der Mangel an *gaullistischen Antworten* in der westdeutschen Außenpolitik, worüber in diesem Buch noch zu schreiben sein wird, nicht zu erklären. Erst seit neuerem fragen Minderheiten nach der Solidität westdeutscher Werte, die auf geborgter Identität basieren. Seinerzeit jedenfalls konnte von der raschen Adaption nordamerikanischer Lebensweise, was ihr förderlich war, auch die jüngste deutsche Vergangenheit zugedeckt werden. Der eigene ideelle Substanzverlust wurde so kaschiert.

Die Wahl der Westdeutschen fiel beim Identitätstausch nicht zufällig auf die USA, die freilich von Anfang an die erträglichste Besatzungszone etabliert hatten. England und Frankreich mußten, verglichen mit den Vereinigten Staaten, Sterne zweiter Ordnung am neuen westdeutschen Wertehimmel bleiben; trotz Konrad Adenauers bedeutendem Versöhnungsfest in der Kathedrale von Reims. England, Frankreich und die Bundesrepublik, als Deutschland genommen, kannten einander zu lange zu genau, hatten zu viele europäische Erinnerungen zu teilen, als daß den Westdeutschen, in ihrer Mehrheit, hätte in den Sinn kommen können, zu diesen beiden Ländern eine Hingabe wie an Amerika zu entwickeln; was nach Paris und London hin entstand, blieb, im Vergleich, mehr literarisch, touristisch und snobistisch begründet: es blieb europäisch-distanzierter, weniger hemdsärmelig durchseelt. Außerdem: Diese Nachbarn hielten nicht Schritt mit unserem wachsenden Reichtum. Und vor allem: Sie hatten das traditionsgebundene gesellschaftliche, kulturelle Gefüge beibehalten, das die Deutschen mit dem Nationalsozialismus und dessen Folgen für sich endgültig zerstört hatten; da war nicht viel, um daran anzuknüpfen. Amerika aber, wie es von Westdeutschland aus mehrheitlich verstanden wurde, war *Konservativismus in Bewegung;* ein seltenes Phänomen, das, wo es auftritt, die Etablierung konservativer Werte und Strukturen bei gleichzeitigem Umschmelzen hergebrachter Gewohnheiten ermöglicht. Bezahlt wird später.

Zur Ehrenrettung der Vereinigten Staaten von Amerika muß wiederholt werden: nicht alle ihre Ideale und politischen, nachbarschaftlichen Verhaltensweisen wurden von uns Westdeutschen begriffen; manche ließen wir links liegen; andere blieben kleidsame Tünche unserer politischen Kultur. Wir übernahmen, was uns frommte. Wo sonst gab es auf der nennenswerten Welt eine Gesellschaft frei von Kommunisten, außer in den USA? Wo sonst konnte man so verklärt seines Glückes eigener Schmied sein? Außer in den USA nirgends sonst so wie bei uns. Natürlich ist vieles von dem, was in die westdeutschen Gemüter eingeflossen ist, auch amerikanisch genannt worden, weil es jenseits des Atlantiks zuerst als Mentalitätsfolge einer nicht auf die USA beschränkten Konsumwirtschaft auftrat (und weiter auftritt), die zu ihrer Blüte den schnellen Umsatz, das bedenkenlose Wegwerfen benötigt – die in letzter Konsequenz sich selber verzehren muß. Die DDR ist erst viel später und nur am Rande, noch fast gar nicht, in diesen Teufelskreis der hochindustrialisierten Gesellschaft hineingezogen worden; mindestens die ökonomischen Gründe dafür sind geläufig. Das mental und materiell anfangs ebenso entleerte Westdeutschland wurde in seiner Gesittung, seiner Gesinnung stärker als die europäischen Nachbarn in ihn verstrickt, weil es – nach der seelischen Auspowerung der Deutschen durch den Nationalsozialismus – ohne deren tradierte Abwehrstoffe war. Wenn uns die Zeit bleibt, wird der *scheinbar geglückte Identitätstausch* der Bundesrepublik das westdeutsche Thema des nächsten Jahrzehnts werden. Werden wir mit dem Ende der gewohnten Sicherheiten, die in der Hingabe besiegelt wurden, nicht nur zu gefährlichen Irrationalismen, sondern auch zu vernünftigen eigenen Maßstäben zurückfinden?

Keinerlei Identitätstausch in den mitteldeutschen Nischen. Die jungen Leute jenseits der Elbe, die ich im zweiten Kapitel als Intelligenzler, um mehr als dreißig Jahre älter geworden, skizziert habe, die mit dem Staatsvolk der kleinen Leute sympathisieren, die mit der DDR aus manchen guten Gründen ihren – individuell gelegentlich brüchigen – Frieden geschlossen haben: diese jungen Leute entwickelten ihre Nachkriegsgesinnung, an der sie, wie beschrieben, bis heute festhielten und in die seinerzeit einiges, nicht wenig, aus den linken Idealen und Ideen einfloß, die in der sowjetischen Besatzungszone offeriert wurden. Aber im ganzen gesehen, die Bevölkerung in ihrer Breite genommen, öffnete sich nichts im dortigen Bewußtsein gegenüber dem Sieger, der aus einer großen Fremde, aus einem von uns fürchterlich zerstörten, verbrannten Land kam; nichts jedenfalls, das verglichen werden könnte mit der Aufnahme, die immer bereitwilliger die Amerikaner und ihr Lebensstil bei uns fanden; von einem weitgehenden Verzicht auf die eigene Identität gar nicht zu reden.

Manche Umstände des Einmarschs der Roten Armee; der Stalinismus in der Handhabung der Macht, der Administration wie auch im geistigen Gepäck, das mitgebracht wurde; und die altgewohnten Urteile über den Kommunismus und dessen Gefolgschaft, die nicht als erster, aber besonders effizient Joseph Goebbels die gerade vergangenen zwölf Jahre den Deutschen unter die Haut getrieben hatte; diese Urteile, denen neue Glaubwürdigkeit zuwuchs aus den Angst schaffenden Unsicherheiten, aus drakonischen Strafen, aus dem wachsenden Exodus vertrauter Oberschichten, aus den beginnenden gesellschaftlichen Umwälzungen, die Landwirte und Handwerker mit mittelgroßem Besitz in den Mahlstrom zogen: dies alles machte aus den privaten, den familiären Winkeln über viele Jahre hin Fluchtburgen, die so hermetisch verriegelt waren, wie es die Anpassung an die verlangte gesellschaftliche Aktivität nur irgend zuließ. Zwischen ihnen gab es die alten deutschen Kommunisten, die für ihre Träume, ihre politischen Absichten und Ziele gelitten hatten und die nun, als Teilhaber ihrer Weltmacht, der Sowjetunion, auch ihre Nöte, ihre Qualen hatten mit den lastenden Kompromissen zwischen Parteidisziplin, der Suche nach eigenen Wegen, der Anbindung an Stalins Moskau und weltpolitischen Entwicklungen zum Kalten Krieg hin. Daneben, darunter wuchsen jugendliche Idealisten in ihre Lebensform hinein, ständig, solange einer es vermag, die innere Spannung ausgleichen zu müssen von ideellem Anspruch, erfülltem wie unerfülltem, von vorgegebenem Schein und andauernd nachhinkender Wirklichkeit.

Es nimmt, von den rein materiellen Gründen ganz abgesehen, nicht wunder, daß die Nachkriegsjahre drüben so viel tiefere Spuren, eine so viel kräftigere Erinnerung als hüben hinterlassen haben: Man muß sich von mehr existentieller Erschütterung abnabeln, als es bei uns möglich, nötig war. Ich hege starke Zweifel, daß mir der ruhige Tonfall glückte, in dem ich den anderen deutschen Staat zu ergründen trachte, wenn nicht der Zufall des westdeutschen Geburtsorts mir die Wunden erspart hätte, die drüben Antikommunisten, Kommunisten und sogar den Lauen, den Gleichgültigen, den Mitläufern geschlagen worden sind. Ich vergesse nicht, daß die gelassene Gebärde, der abgeklärte Gedankenschluß kein Indiz für Überlegenheit, sondern nur dafür sind, verschont geblieben zu sein.

Mitteldeutschland ist nach meinen Gesprächserfahrungen angefüllt von Geschichten über seine Besatzungsmacht, seinen heutigen großen Bruder, mit dem die DDR einen immerwährenden Vertrag geschlossen hat, die im Grunde alle demselben Muster folgen: Rotarmisten, nicht nur siegestrunken, spielen gutmütig mit Kindern, sind aber unberechenbar. Wenn es kritisch wird (niemals in bezug auf die Kinder), erscheint in diesen Geschichten meistens ein *Sergeant ex machina*, es kann auch ein Offizier sein, der notfalls auch mit einem Tritt Zucht und Ordnung wiederherstellt. Der im Kern immer ziemlich gleiche

Ablauf ließ mich gelegentlich vermuten, daß es nicht nur zu solchen Begebenheiten gekommen ist, das ist es gewiß, sondern auch eine Art legendärer Verdichtung dieser Vorkommnisse sich entwickelt hat, durch die ein starkes Gefühl der mitteldeutschen Nischenbewohner gefördert wird: das der Überlegenheit in Sitte und Herkommen; wenig geeignet, eine Öffnung zu bewirken. Als die Sowjets kamen, zogen sich viele Mitteldeutsche, solange sie noch im Lande aushielten, nun sozusagen erst recht zu ihren russischen Dichtern des 19. Jahrhunderts zurück, von denen für sie kaum eine Brücke zu den Nachkommen führte.

Bis auf den heutigen Tag blieb es überdies so, daß die sowjetischen Soldaten gewöhnlich nur in Gruppen durch den Park von Sanssouci oder die Grünanlagen ihrer anderen Garnisonstädte spazieren, Gaststätten nicht besuchen und zu Freundschaftsbegegnungen mit dem deutschen Brudervolk nur nach Gedenktagkalender geführt werden. Das mag, ich weiß es nicht, zwischen den höheren Rängen und Stäben anders sein. Aber sonst sind die Russen, auch die Familien ihrer länger dienenden Charger, in ihren Kasernen verwahrt, um die herum einige Häuser gebaut worden sind. Das Ganze ist oft von einem Bretterzaun umgeben, der nach meinem Empfinden nicht nur Einblicke verhindern soll, sondern auch ein Zeugnis von Heimweh ist: Zwar ist die Farbe zum großen Teil schon abgeblättert, aber man kann noch erkennen, daß sie russisch-grün gewesen ist, mit einem gelben Rombus in der Mitte jedes von Pfosten begrenzten Zaunabschnitts – hölzerne Einfriedungen, wie sie in russischen Dörfern und Landstädten zu finden sind. Manchmal sieht man im Frühjahr zwei oder drei junge Soldaten am Waldrand entlangstromern, niemals weit von der Kaserne entfernt, und Blumen pflücken. Oder man erblickt eine Gruppe von ihnen, die sich vor einem Verkehrsschild mit Städtenamen und Kilometerangaben aufgestellt hat, wovon ein Foto gemacht wird, dessen Abzüge dann, wie zu vermuten ist, einen weiten Weg nach Hause nehmen.

Oft hatte ich den Eindruck, daß viele Männer und Frauen drüben nicht nur ein längeres, besseres Gedächtnis haben als viele bei uns, sondern daß auch das allgemeine Bewußtsein, das man in den Nischen von öffentlichen Vorgängen hat, anders geartet ist als in der Bundesrepublik: nach Art einer Feuerwerksrakete hier, die schnell emporsteigt, kurz ein grelles Licht gibt, sternförmig zerplatzt und gleich darauf tiefe Dunkelheit zurückläßt; drüben dagegen wirkte das sich immer wieder erinnernde Bewußtsein von öffentlichen Geschehnissen auf mich wie ein Schwelbrand, der schwer zu löschen, zu ersticken ist.

Das System bringt es mit sich, daß die Mitteldeutschen, obwohl hingebungsvoll beschäftigt, ihr privates Dasein zu organisieren, politisch sehr aufmerksam sind. Sie wissen aus Erfahrung, daß in dem hochrangigen Rechenschaftsbericht nebst Orientierung auf das nächste Planjahr, der auf einer Plenarsitzung des Zentralkomitees der SED über Stunden hin vorgetragen wird, nachzulesen ist, was von ihnen demnächst verlangt werden wird. Natürlich muß man die Vokabeln kennen – sie kennen sie bis in Berufsgruppen hinein, die in unserem System überwiegend mit der Argumentation eines 15-Zeilen-Kommentars in ›Bild‹ auf die nächsten Anforderungen (»Opfer bringen; Gürtel enger schnallen«) getrimmt werden. An Tagen, an denen über das Plenum des ZK berichtet wird, ist ›Neues Deutschland‹ an den Kiosken oft ausverkauft.

Gerade jene in der DDR, die ihrem Staat wohlwollen, habe ich im Laufe meiner Jahre dort immer öfter verbittert höhnen und klagen hören über die Bemäntelung, die den Medien ihres Landes – neben der langstieligen, manchmal chiffrierten, aber weithin korrekten Ausbreitung der nächsten Planziele oder auch kulturpolitischer, allgemein politischer Tendenzen – beim Berichten über Rückschläge, Mängel, Fehler vorgeschrieben ist. Nach ihrer Behauptung bleibt eine solche Dauphin-Ausgabe der Realitäten hinter der Emanzipation zurück, die das Staatsbewußtsein der Bevölkerung der DDR erreicht hat. Eine solche Argumentation, die an das Selbstverständnis der kommunistischen Staatspartei als Vormund rührt – ein Selbstverständnis, das im Machtapparat ebenso tiefe ideologische Wurzeln wie die einer bequemen Opportunität hat –, gehört bereits zu dem allmählichen Wandel, der sich seit einigen Jahren anbahnt. Der Konsum des westdeutschen Fernsehens gibt den Mitteldeutschen nicht nur einen Informationsvorsprung gegenüber der Bevölkerung aller übrigen Staaten des Ostblocks, sondern stattet ihre Kritik an Form und Inhalt der landesüblichen Nachrichten auch mit belegbaren Gegenbeispielen aus.

Aber an mitteldeutschen Reaktionen auf das, was die westdeutsche Television über bestimmte bundesrepublikanische Entwicklungen nach drüben trägt, läßt sich auch erkennen, woran man, konservativ gestimmt, in vielen Nischen Anstoß nimmt. Das Werbefernsehen wird, sehr zu verstehen, mit gemischten Gefühlen aufgenommen: Je nach Versorgungslage erregt es manchmal Ärgernis, ziellos schweifende Verbitterung über die eigenen Zustände, über uns am dickeren Ende der Wurst; öfter erzeugt es Gelächter, etwas gebrochen, aber im Kern doch ausgelöst von der Komik, die für die Menschen drüben der Präsentation unserer Versuchungen anhaftet. Persiflagen, bei denen man nicht ganz sicher sein kann, ob sie mehr dem System der DDR oder unserem gelten, sind im Schwange. Immerhin, ein paarmal bin ich auch von Eltern angesprochen worden, die über die Wirkung der Reklamespots auf ihre halbwüchsigen Kinder besorgt waren.

Häufiger und unmittelbar politischer waren Unbehagen und Unverständnis, was beides sich bei vielen mitteldeutschen Gesprächspartnern artikulierte, wenn in unserem Fernsehen ein besonders hitziger Parteienstreit übertragen oder in einer Diskussionsrunde eine nicht einmal extreme, aber doch ungewöhnliche Meinung vertreten worden waren: Die Menschen in der DDR sind das nicht gewöhnt; der öffentliche Streit, den sie mit ansehen konnten, macht sie sogar etwas verlegen; und bei gar nicht so wenigen zeigt sich, wie schnell sie empfinden, daß sich dies oder jenes nicht gehöre, besser anders gehandhabt werde, ohne Austragen des Konflikts coram publico. Ausnahmen von dieser Einstellung, vor allem unter jüngeren Leuten, bestätigen die Regel. Es gehört wohl zur herrlichen Unlogik menschlicher Reaktionen, die von den Existenzbedingungen der DDR begünstigt wird, daß drüben von vielen ebenso aufrichtig ungeschminkte Nachrichten ersehnt werden, wie sie eine Scheu davor haben, auch nur als Zuschauer, als Zeuge einem öffentlich ausgefochtenen Meinungsstreit beizuwohnen. Dieses Unbehagen wird nach meinen Beobachtungen besonders stark, wenn der Konflikt, den unser Fernsehen überträgt, staatliche Würdenträger in Mitleidenschaft zieht: Gehört sich das denn wirklich? Wie immer auch die Auffassung der mitteldeutschen Nischenbewohner von ihrem Regime jeweils ist – von diesem hergebrachten, bewahrten Respekt nicht ausschließlich der älteren Bürger und Bürgerinnen vor bestimmten hohen Ämtern profitiert auch das Spitzenpersonal der DDR. Nicht jede unserer publizistischen Polemiken gegen den Staatsratsvorsitzenden findet Beifall in den Nischen. *Deutscher* geblieben?

Nur aus dem starren Blickwinkel, den Konfessionsspaltungen auf beiden Seiten, jede für sich im Besitze der Wahrheit, bewirken, können die Realitäten der deutschen Teilung wie ein simples Muster aussehen. So, wie der mehrheitliche westdeutsche Identitätstausch zwar eigene mentale Substanz verkümmern ließ oder verschüttet hat, aber natürlich auch einige althergebrachte Verengungen löste – so hat die mitteldeutsche Beharrungskraft in den Nischen nicht nur anheimelnde, entspannte Formen des Existierens ohne Wegwerfmentalität am Leben erhalten, sondern bis heute auch die eine und andere herkömmliche Beschränktheit, manches Ressentiment und Vorurteil tradiert. Politisch sehr aufgeweckt zu sein, gut unterrichtet, geht, beispielsweise, bei manchen Mitteldeutschen durchaus Hand in Hand damit, gegenüber aller Politik mit ihren unvermeidlichen Konflikten grundsätzlich, gefühlsmäßig negativ eingestellt zu sein. An der Art, wie sie sich hierüber äußern, erkennt man, daß ihnen diese Haltung keineswegs von der SED, unwillentlich, eingebleut worden ist. Das kommt von weiter her. Gelegentlich schimmert ein Ordnungs-, ein Harmoniebedürfnis durch, das an Vormärzliches denken läßt.

Seitdem ich ins Nachdenken über Deutschland gekommen bin, habe ich endgültig gelernt, daß nicht eine einzige Formel existiert, die den Gegebenheiten, den gegenwärtigen wie den künftigen, allein gerecht würde und gar noch eine Lösung enthielte. Auch der Abbruch der Berliner Mauer könnte die Probleme der deutschen Teilung nicht beheben. Ich werde auf diesen Satz zurückkommen. Bei Gesprächen drüben habe ich mir nicht nur, wie schon erwähnt, gelegentlich vorgestellt, wie unsere westdeutsche Auffassung vom Kommunismus (die so, mehrheitlich, nirgends sonst in Westeuropa – vielleicht in der Schweiz? – existiert), wie dessen Dämonisierung in einem gesamtdeutschen Wahlkampf auf die Mitteldeutschen wirken würde. Wenn ich mir die Vielschichtigkeit, die mehrfache Gebrochenheit, die Wirrnis der geistigen Beschaffenheit der Deutschen heute im Detail ins Bewußtsein rufen wollte, dann habe ich manchmal in Gedanken Linien gezogen zwischen Gesinnungen und Grundhaltungen, wie sie bei dieser Gruppe in dem einen deutschen Staat und bei jener in dem anderen auf den zweiten Blick auszumachen sind. (Der erste genügt gewöhnlich nicht, weil er noch nicht zuverlässig über die Scheuklappen hinausführt, die uns vertraut geworden sind.) Auf den dritten Blick hin entstand aus solchen Linien dann ein Labyrinth, aus dem herauszufinden die Garnrolle, wie sie üblich angeboten wird, nicht ausreicht.

Probehalber hier eine der einfachen Varianten dieses Demonstrationsspiels deutscher Zustände: Jene mitteldeutschen Nischenbewohner, die politisch' Lied garstig finden, das der Obrigkeit vorbehalten bleiben sollte, der überdies Respekt zu zollen ist – sie passen so gesehen gar nicht schlecht in die ordnungspolitischen Vorstellungen einiger rechter Gruppen der westdeutschen und bayerischen Union. Aber bevor sie nun gemeinsam ein Feld weiterrücken können, der deutschen Antwort näher, muß folgendes bedacht werden: Dieselben Mitteldeutschen haben trotz ihrer Neigung zur politischen Abstinenz, die sie in manchen westdeutschen Augen so passabel machen könnte, ihren vollen Anteil an den allgemeinen Auffassungen und Werten, die ich im zweiten Kapitel dargelegt habe und die wir doch, nach unserem herrschenden Verständnis, eher links einordnen müssen. Auch das geht – oh, du Schönheit des real existierenden Lebens – Hand in Hand. Wer muß nun zwei Felder zurück, die Mitteldeutschen oder die Unionsgruppen? Beim nächsten Zug ist zu berücksichtigen, daß die genannten Unions-Rechten, wenn sie vornehm borgen, staatspolitisch zwar bei Metternich Anleihe nehmen (es gibt in der Gegend noch andere, übler beleumundete Pfandleihen), aber gleichzeitig auch erheblich zu jener Definition der USA beigetragen haben, die unseren Identitätstausch förderte. Was würde aus den Mitteldeutschen, die wir in dieser einfachen Spielvariante aufs Feld geholt haben, wenn sie einer solchen Mentaltransfusion unterzogen würden? Sie verlören einige, aber nicht alle Maßstäbe, an denen sie in ihren Nischen die Welt gemessen haben. Am Ende könnten sie Schmidtsche Sozialdemokraten, mit gelegentlicher Tendenz zum Aufmucken, werden. Alle eine Runde aussetzen und an den Anfang des Absatzes zurück, damit wir uns erinnern, wie scheinbar durchgehend sich die Linie zunächst ziehen ließ.

Das Gedankenspiel kann intellektuell erheblich erschwert und altersmäßig erweitert werden. Bisher hatten wir es auf gesetztere Menschen beschränkt. Auch meine Beschreibung der Nischen orientierte sich eher an vierzigjährigen Männern und Frauen als an zwanzigjährigen; allerdings wachsen auch drüben, wie überall, die unauffälligen, gleichgültigen, angepaßten Jüngeren in die Gewohnheiten ihrer Eltern hinein und verändern sie nicht radikal, sondern nur generationsbedingt und abhängig von äußeren Umständen. Aber welches Bild ergibt sich, wenn wir mitteldeutsche Minderheiten einbeziehen, die aus den Nischen herausgetreten sind; jüngere Anhänger der unbeliebten Friedensbewegung etwa, die man in die Bundesrepublik entlassen hat? Wie sich die Linien kreuzen, verwirren, zu Spiralen verbiegen: Von hier aus nach drüben gesehen, können wir nur die Oberfläche der auffällig gewordenen, abweichenden Haltung wahrnehmen; darunter liegende, spezielle Gründe, die teils individueller Natur sind, teils aus den spezifischen Bedingungen der DDR stammen, entziehen sich weithin unserem Blick.

Vordergründig geht von den mitteldeutschen Friedensdemonstrationen zunächst einmal eine gerade Linie zur westdeutschen Rechten, die in deren Aktivität ein weiteres Indiz für den baldigen Zusammenbruch der kommunistisch regierten Staaten sieht; jenen Zusammenbruch, den nach der Einsicht einiger Führer unserer amerikanischen Vormacht die Sowjetunion nur mit einem Winseln quittieren wird. Und wenn die jungen Leute aus Jena und anderwärts in der DDR auch noch nicht gleich den Kollaps mit herbeiführen können, so sind sie jedenfalls ein destabilisierendes Element. An dieser Stelle unserer Überlegungen könnte, immerhin, der glatte, gerade Linienzug etwas zittrig werden. Denn neben der Genugtuung über die Schwierigkeiten für die SED, über die schlechte Presse, die sie findet, ist doch rechts von unserer Mitte auch das Gefühl kräftig vorhanden, daß Destabilisation durch Minderheiten ins rechte Bild staatlicher Ordnung schlecht paßt. Die große Volkspartei ist zwar die Addition vieler Interessengruppen, die in geordneter Reihenfolge an einer Tränke und einer Krippe zusammengeführt werden; aber deklariert und auch empfunden wird sie als Volksgemeinschaft, die Minderheiten eher abstößt. Da scheint sich eine ganz andere Linie ziehen zu lassen als die zunächst betrachtete, bis man bemerkt, daß auch das wieder nicht stimmt.

Eine führt natürlich auch von den mitteldeutschen Friedensdemonstranten zur westdeutschen Friedensbewegung. Es ist, im Gegensatz von der zur Rechten hin, die anfangs ganz gerade aussieht, eine gebrochene Linie: Das Zusammenwirken des besonderen Engagements, das sich aus den Gegebenheiten der DDR ableitet, mit dem für allgemeine Abrüstung verwirrt partiell die Geschlossenheit der Gesinnungsfreunde in der Bundesrepublik. Jede neue Schikane der DDR schwächt im Westen die Einsicht in die jetzt angemessene, gebotene Notwendigkeit, die Prioritäten richtig zu setzen. Der Zwang dazu lastet schwer. Die Versuchung, sich ihm zu entziehen und zu meinen, man könne, man müsse in einem Zug die Minderung der Kriegsgefahr verbinden mit der Missionierung des Kommunismus, mit einem Kreuzzug für die Individualrechte, wie wir sie definieren – diese Versuchung ist der stärkste blinde Verbündete jener bei uns, die nach altem Herkommen den Frieden durch Rüstungsfortschritte sichern wollen. Wer ihr erliegt, führt Debatten von gestern fort; bei großem, dann unverdientem Glück schlägt er künftige an; aus der heute notwendigen hat er sich entfernt, oft nur, weil er die Unterstellung nicht erträgt, sich, was man so nennt, machiavellistisch zu verhalten.

Die Ausgebürgerten von drüben davon freigestellt, die jedes Verständnis verdienen, wenn sie mehr fordern als die Stunde einräumt; aber im übrigen muß doch stets gefragt werden: eine Unterstellung aus wessen Mund? Wes Lied singt der sonst? Nur mit dreister Stirn, denen abgesehen, die solche Einreden erheben, könnte die Friedensbewegung, wenn überhaupt, bestehen. Es wird ihr wohl nicht glücken. Die idealistische Geisteshaltung, sagen wir, des entlassenen Bundeswehrgenerals B. ist nach allen Eindrücken anders gebildet als die, wiederum nur ein Beispiel, des Fraktionsvorsitzenden D.: selbstquälerischer, stärker relativierend, weniger stramm, nicht dreist. In einem Satz: stärker an westlichen, abendländischen intellektuellen Positionen orientiert, die in der praktischen Politik oft so lästig sind. Von daher ist auch der Weg der westdeutschen Friedensbewegung in die politische Ohnmacht mit den edelsten Vorsätzen gepflastert.

Wir sind noch immer beim Linienziehen zwischen hüben und drüben. Wohin das mitteldeutsche engagierte Minderheiten, von denen Vertreter zu uns gelangen, schließlich auf unserer Seite führt, hängt von deren Prioritäten ab. Falls sie, in unsere Umstände zwangsverpflanzt, die internen Veränderungen der DDR, von denen sie ein Teil waren, hier zurückstellen und die aktive westdeutsche Minderheit gegen das mechanische Gleichgewichtsdenken in der nuklearen Rüstung uneingeschränkt unterstützen – dann werden sie schnell von brauchbaren Zeugen gegen drüben zu dubiosen Figuren, bei denen man neu nachdenken muß, warum sie wohl ausgebürgert, also zu uns geschickt worden sind. Sie sind dann jenen Reflexen hierzulande ausgeliefert – für die das westdeutsche Mehrheitsgemüt kaum noch von interessierter Hand galvanisiert zu werden braucht –, mit denen sich bei Bedarf zunächst einmal die Überzeugung einstellt, herstellen läßt, daß alle nennenswerten Fälschungen aus der DDR kommen und alle Giftfässer, die die westeuropäische Industrie aus den Augen verloren hat, dort, wegen der Raffgier nach Devisen, verschwunden sind. Wenn wir die DDR nicht hätten, wir müßten sie wohl erfinden; wir scheinen so etwas zu benötigen: eine abstrakte Größe, abgehoben von den Realitäten, guten wie bösen, der wir aufladen, was uns beschwert, sofern die behaupteten Fakten, so falsch sie sein mögen, es nur irgend möglich machen. Widerrufen wird nicht. Sündenböcke, früher wurden sie auch, dann und wann, konkretisiert, verdienten wohl ein besonderes Kapitel in unserer Geschichte: es wäre ein gesamtdeutsches.

Daß sich dies oder jenes nicht gehöre – ich bin in die mitteldeutschen Nischen zurückgekehrt –, ist an diesen bevorzugten Aufenthaltsorten nicht nur eine Ansicht, die sich über allzu deutlich vorgetragene abweichende Meinungen, über öffentliche Konflikte, wie sie unser Fernsehen gelegentlich vermittelt, leicht einstellt; an westlichen Parlamentarismus sind die Bewohner Mitteldeutschlands nie gewöhnt worden. Auch für das private Verhalten, das als angemessen empfunden wird, gab es bis vor wenigen Jahren einen eher starren Kodex in den meisten Nischen. Ausnahmen davon waren auch an diesem Ort oft anstößig. Einiges davon habe ich gespürt in der Art, in der gewisse Themen angesprochen oder eben nicht berührt wurden – etwa Sexualität, Zusammenleben der Geschlechter –, auf anderes habe ich geschlossen aus dem, was die Gesprächspartner, zum Erzählen ermuntert, über den Aufbau ihrer Privatheit und die Spielregeln darin berichteten. Auch hierin sind seit Jahren schon Veränderungen im Gange, aber sie sollten weder im Tempo noch in der Breite überschätzt werden. Wir westdeutschen Beobachter der DDR sind in unseren Wahrnehmungen alle mehr oder weniger dadurch gehandikapt, auch die Schriftsteller sind es, die mit Kollegen von drüben umgehen, daß wir eher Anschluß finden an artikulationsgeübte Gesprächspartner, die zwar auch ihre Nischen besitzen, in denen aber manches vorweggenommen wird und für die – in Grenzen – von der Norm abweichende Regeln gelten. Vor allem aber: Die Ausnahmen springen ins Auge; sichtbare Veränderungen werden zunächst an ihrer Distanz zum Üblichen gemessen und daraufhin beachtet und nicht an der Geschwindigkeit ihrer Breitenwirkung.

Nach meinem – auch beschränktem – Einblick geht der Konformitätsdruck in der DDR beileibe nicht allein von der SED aus, sondern er wird auch bis auf den heutigen Tag in vielen Nischen selber hergestellt. Er wirkt bremsend auf manchen

Wandel, bei dem sich die Wechselwirkung von Sein und Bewußtsein oft deutlich erkennen läßt. Bis vor sieben, acht Jahren waren in Mitteldeutschland die Familienbande zwischen Eltern und halbwüchsigen Kindern noch sehr viel enger, stärker nach tradierten Mustern geknüpft als in der Bundesrepublik. Das hatte sich, zum einen, erhalten als ein Teil des Zusammenrükkens in den privaten Winkeln, mit dem man in den Umwälzungen der Gründerzeit der DDR seinen festen Stand absicherte. Zum anderen aber ergaben sich der herkömmlichere Familienzusammenhalt samt seinen Bewußtseinsfolgen unmittelbar aus materiellen Umständen: Die Motorisierung hatte noch kaum den Vater erreicht; an Motorräder für die Söhne und Mopeds für die Töchter war nicht zu denken. Auch diese Immobilität förderte den Familiensinn. In der zweiten Hälfte der siebziger Jahre jedoch konnte man bei Spaziergängen in Ost-Berliner Vororten immer öfter Jugendliche auf ihren motorisierten Zweirädern in Gruppen zusammensitzen sehen und die Motoren ausprobieren hören. Die Maschinen waren schwächer als ein paar tausend Meter entfernt in West-Berlin; die Lederjakken, soweit vorhanden, Imitation, falls nicht die Großmutter aus dem Westen eine geschickt hatte. Aber im übrigen: nach langem Aufschub die ersten Konturen desselben Bildes wie hüben.

Solche Entwicklungen aus materiellen Ursachen beherrschen, wie sollte es anders sein, die Szene mitteldeutscher Veränderungen weit stärker, als es die demonstrative Abweichung von der offiziellen Politik vermag, die beiderseits der Elbe eine Sache deutscher Minderheiten ist, über welche freilich, soweit sie drüben auftritt, bei uns mehr reflektiert wird als über den Wandel der DDR durch mehr Motorräder. Wie könnte es anders sein. Natürlich hat auch, was aus der in den letzten Jahren vergrößerten, verbreiterten Mobilität der jungen Leute mittelbar folgt, einen hochpolitischen Charakter. Das veränderte Lebensgefühl, das die leichtere, private Beweglichkeit innerhalb des Landes vermittelt; die Möglichkeit, dieses Jazzfestival in der Republik da und jene Sportveranstaltung dort sozusagen selbständig zu besuchen, ohne im Wagen des Vaters mitgenommen zu werden oder öffentlichen Transport zu brauchen; das eigene Vehikel, mit dem man aus der Familiennische schneller und weiter in gleichaltrige Kreise enteilen kann: die Westdeutschen kennen das. In Mitteldeutschland entwickelt es sich, es kann verlangsamt werden durch wirtschaftliche Schwierigkeiten, aber nicht gestoppt. Und das soll es ja auch nicht: Das Regime sieht darin, ganz zu Recht, einen Erfolgsnachweis seiner Politik. Das ist, man soll es bedenken, auch insofern wichtig, als dadurch dieser Wandel von Sein und Bewußtsein – anders als etwa die Kampagne für einen Zivildienst – auch das linientreueste Mitglied der FDJ ergreifen darf.

Jedoch: Zu solchen allmählichen Veränderungen, von denen die per Motorrad nur ein lärmendes Beispiel ist, gehört noch für geraume Zeit auch der Widerstand dagegen. Beim Bekenntnis auf dem Jackenärmel »Schwerter zu Pflugscharen« schreiten die staatlichen Organe ein. Bei der partiellen Auflösung der gewohnten Familienstrukturen, bei der – nicht nur aus der Motorisierung herrührenden – noch ungewohnten, deutlichen Verselbständigung der Jugendlichen als Gruppe (außerhalb der Formierung durch die FDJ) findet die Auseinandersetzung innerhalb der mitteldeutschen Nischen statt; uns weniger zugänglich, aber gewiß ebenso nachhaltig auf viele Familien einwirkend. Das ist, als ein allgemeiner, breiter, sich künftig noch verstärkender Vorgang, neu in den privaten Winkeln. Ich lege meine Hand nicht dafür ins Feuer, wer sich schneller an das Unvertraute anpassen wird; die Staatspartei, die oft so unsensibel ist, oder das Elternhaus, in dem bisher in der Regel kaum erprobt werden mußte, wie man Konflikte solcher Art bewältigt. Die Gewöhnung an die Konformität, die man selber erzeugt, scheint mir so groß zu sein, daß für einige Zeit merkwürdige Bündnisse geschlossen werden könnten: Manche Eltern mögen, Politik beiseite gelassen, es unter den neuen Umständen ganz gut finden, wenn ihre halbwüchsigen Kinder nötigenfalls bei der FDJ aufgehoben sind.

Unausgesprochen, wohl auch unbewußt, hat es nach meinem Empfinden ohnehin schon immer einen spürbaren Einklang zwischen konservativen Auffassungen, altmodischem Geschmack in den Nischen der mitteldeutschen Mehrheit und den Richtlinien der SED für die Behandlung gewisser Themen gegeben. Hausbacken nennt sich da manches schnell. Westdeutsche Intellektuelle sprechen es noch flinker aus als mitteldeutsche, denen doch gelegentlich die Eierschalen ihrer Herrschaftslehre zu schaffen machen, wonach Emanzipation zuerst eine soziale, gesellschaftliche Frage und keine sexuelle ist. Die mitteldeutschen Umstände ermöglichten es ihnen nicht, wie ihre westdeutschen Kollegen intellektuelle Vorspanndienste für – hilfreiche – Freiheiten zu leisten, die in vulgarisierter Form dann vor allem neue Porno-Märkte erschlossen.

Von solchen speziellen Nöten des Intellektualismus in unserem System einmal ebenso abgesehen wie davon, daß gewiß auch viele Nischenbewohner der DDR gern zu den Kassetten für Erwachsene griffen, wenn sie sie und einen Recorder nur haben könnten: Gestützt auf seine tradierten Maßstäbe und im Blick auf seine Kinder stimmt der mitteldeutsche Vater mit mancher Hausbackenheit seiner Herrschaft durchaus überein. Bei einem Vergleich des Kinoprogramms seiner thüringischen Kleinstadt mit dem, sagen wir, einer niederbayerischen – ich weiß: er kann nicht hinfahren –, würde er sich, wie wohl nur noch ein Taufscheinchrist, vermutlich bekreuzigen. Ich habe den Eindruck, daß die bis vor wenigen Jahren tonangebende Prüderie in der DDR früher von der SED – in Grenzen – aufgegeben worden ist als in den meisten Nischen. Die Partei wurde anfällig gegen das Barchent-Image ihres Staates. Wollen wir noch einmal Linien ziehen zwischen hüben und drüben? Mit allen Figuren auf dem Feld, allen Kräften beider Teile, den Kirchen, dem Kreissekretär der SED und dem katholischen Gemeindepfarrer?

Probleme mit den Heranwachsenden in den Nischen und auch außerhalb davon werden aller Voraussicht nach, wie bei uns, in den kommenden Jahren die SED und die mitteldeutsche Bevölkerung nicht gerade außer Atem bringen, aber doch zunehmend bedrängen. Unmittelbar gegen das herrschende System gerichtet ist davon in bewußter Absicht kaum viel mehr als bei Zusammenstößen zwischen Jugendlichen und Gesellschaftsnorm hierzulande. Allerdings sind die Schwierigkeiten mit Jugendlichen und auch manche ihrer Folgen – vor allem, solange sie nicht gewalttätig werden und bei Krawallen Schaufenster, Automobile und anderes Eigentum gefährden – in unserem allgemeinen Bewußtsein sozusagen im Freiheitsspektrum unseres Systems mit angesiedelt; sind ihre Behebung oder wenigstens Eindämmung die Sache von Spezialisten, von Jugendpflegern, von Medizinern gegen den Drogenmißbrauch bis hin zu Polizisten; aber sie sind kein Makel des Systems. Oder?

Die SED indes, Vormund, definiert ihre systemimmanente Zuständigkeit enger, weniger freiheitlich, möchte der eine und andere sagen, und sie zieht der jeweils gegenwärtigen Wirklichkeit schon gern einmal das Zukunftskleid über, an dem sie in ihren Träumen schneidert. So wird sie denn von Fall zu Fall, einerseits, von aktuellen Problemen, beispielsweise mit Jugendlichen, mindestens teilweise überrascht und muß, andererseits, den etwaigen Konflikt, auch eine sichtbar werdende Misere, ganz in ihre Verantwortung übernehmen. Mit der heimzahlenden List der Dialektik geraten damit auch jugendliche Abweichungen von dem, was sich – nach Auffassungen vieler *in den Nischen wie der Staatspartei* – als herkömmlich gehört, in einen Bezug zum System, den vom Anlaß her und anfangs die Abweichler jedenfalls nicht stärker im Auge hatten, als westdeutsche Jugendliche das Ausleben ihrer Frustration nach einem enttäuschenden Fußballspiel politisch meinen. Ich spreche an dieser Stelle nicht von den bewußten Handlungen etwa der staatlich unerwünschten Friedensbewegung in der DDR.

Daß im und vom Kollektiv nicht alle individuellen Schwierigkeiten gelöst werden können, weiß inzwischen auch die Partei. So schwer sie sich auch mit der für sie besonders bürgerlichen Wissenschaft von der Psychologie, der Psychiatrie philosophisch und praktisch tut, so gibt es doch in den letzten Jahren öffentlich formulierte Einsichten, daß Einzelwesen mit Beschwernissen und Verhaltensweisen existieren, denen nicht mit einem aufmunternden, genossenschaftlichen Ellenbogenstoß abgeholfen werden kann. Aber manches muß sich erst bis zur Praxis durchsprechen. Zu meiner Zeit habe ich immer wieder einmal bei Besuchen in mitteldeutschen Kleinstädten am Wochenende vor der einzigen Diskothek einen Zettel aushängen sehen, auf dem vom lokalen Sekretär der FDJ für den jugendlichen Sowieso das ein- oder zweiwöchige Lokalverbot wegen der oder jener Auffälligkeit, auch Sachbeschädigung, verkündet wurde. Der Pranger, der damit aufgestellt war, hat mich abgestoßen. Aber die Maßnahme des Jugendsekretärs, nicht in der Art, jedoch in der Begründung sicherlich allermeistens gerechtfertigt, hat mich oft auch mitleidig für den Funktionär gestimmt: seine Niederlage, das Versagen dessen, was er gelernt hatte und woran er wohl auch glaubte – die provozierte Selbstreinigung des Missetäters mit Hilfe des freundschaftlichen Kollektivs der Disko-Besucher –, waren so unabwendbar vorgezeichnet. Man konnte sich allzu genau vorstellen, wie die Freunde des Gemaßregelten, nicht das Kollektiv, mit ihm zusammen, gemeinsam, die Diskothek für die verhängte Sperrzeit meiden, um es der Autorität zu zeigen und sich auch ein bißchen am Pranger zu fühlen. Und gegen Mitternacht war auf dem Marktplatz dann auch gewöhnlich zu hören, daß der Ausschluß aus dem Jugendlokal den Alkoholkonsum der jungen Leute, vor und nach dem Kinobesuch, gesteigert hatte.

Ein paarmal hat man mir berichtet, daß ein örtlicher Funktionär der Staatsjugend FDJ wegen besonders renitenter Jugendlicher auch mit dem evangelischen Pastor der Gemeinde gesprochen hätte, ob der vielleicht, und sei es mit Gottes Hilfe, etwas tun könne. Ob es stimmt oder nicht, die Adresse war gut. Aufgewecktere, geistig rege Halbwüchsige suchen, wie ich von Pfarrern hörte und auch selber den Eindruck gewann, den Anschluß an die evangelische Jugend oft, weil sie beispielsweise die Diskussionen in diesem Kreis, deren Abläufe interessant finden: außergewöhnlich, nämlich nicht so ritualisiert, routiniert, wie in der Schule und in der FDJ Debatten auf ausgetretener Bahn zum unausweichlichen Ergebnis geführt werden. Zwar steht auch in der Kirche der endgültige Sieger fest. Aber Skepsis, Relativierungen, Umkehrschlüsse auf dem Weg zu ihm sind (heute) nicht nur risikoloser, sondern fast schon feste Meilensteine. Der Pastor kann das von ihm angestrebte Resultat am Ende einer Bibelstunde auch zunächst einmal offenlassen und auf die nächste verweisen. Der Sekretär der so viel jüngeren Kirche ist weit stärker gehalten, jedesmal auf den Punkt zu kommen und Zweifel als ausgeräumt erklären zu können. Weniger die andere Botschaft als die ungewohnte Art ihrer Vermittlung scheint es – mindestens zunächst – zu sein, was manche junge Mitteldeutsche zur evangelischen Gemeindejugend bringt.

Die katholische Kirche Mitteldeutschlands kann hier weitgehend außer acht gelassen werden. Sie existierte in dem Teil Deutschlands, der heute die DDR ist, seit Jahrhunderten schon unter den Bedingungen der Diaspora, was wohl selbst für das Eichsfeld und die Lausitz gilt. So war sie auf die Lebensverhältnisse einer ausgegrenzten, aber selbstbewußt geschlossenen Minderheit, wie die junge Republik der SED sie ihr zuwies, nicht nur eingeübt. Sie sah die Behauptung ihres Glaubens auch am ehesten in der reinlichen Scheidung von dem sich entwickelnden, verfestigenden mitteldeutschen Staat gesichert. In diesen Gegenden Deutschlands nicht Volkskirche wie die evangelische oder die mächtige polnische Schwester nebenan, blieben ihr sowohl Auflösungserscheinungen als auch ungewollte Machtproben vergleichsweise erspart. Sie wollte sich im Grunde über ihren Kreis hinaus nicht einmischen; wo sie regional stark war, konnte sie, nachdem die Sturm- und Drangjahre der DDR abgeklungen waren, einigermaßen auf Respektierung rechnen; im ganzen empfand sie sich als eine Wagenburg, in der eine böse Zeit, eine lange Nacht zu überdauern sind.

Dieser Zustand der katholischen Kirche innerhalb der DDR wurde bildhaft für mich bei meinem Besuch in Neuzelle; vor 700 Jahren als Zisterzienser-Kloster gegründet, noch immer ein katholischer Mittelpunkt nördlich der Lausitz, im Bezirk Frankfurt gelegen, nicht allzu weit vom Einfließen der Neiße in die Oder. Dort hinzukommen, verschafft eine der Überraschungen, die Deutschland drüben bereithält. Durch die Mark Brandenburg angereist, die so aussieht, wie die mitgebrachten Assoziationen es verlangen, gelangt man in Neuzelle in eine barocke Klosteranlage – italienische Deckengemälde, toskanische Bogenhallen auf einem Vorplatz, auch böhmische und Wessobrunner Baumeister waren am Werk –, um die österreichisch-schlesische Luft weht. Dort gewann ich eine der Gesprächseinsichten in die Wirklichkeiten der Deutschen Demokratischen Republik, wieder einmal und diesmal die über die katholische Kirche, für mich ihren konkreten, sinnhaften Ausdruck. In einem der Nebengebäude des Klosters ist, war jedenfalls, als ich Mitte der siebziger Jahre dort war, ein kreiseigenes Schulungsheim der FDJ untergebracht. An jenem Tag fand eine regionale Wallfahrt der Katholiken nach Neuzelle statt. In Omnibussen waren sie gekommen, und nun zogen sie, ein paar Hundert, durch Kastanienallee und über den Vorplatz zur Kirche hin. Einige der Seminaristen der FDJ standen vor ihrem Haus und blickten hinüber. Wer wollte, und ich wollte, konnte sich vorstellen, welche Gedanken, Empfindungen vor allem, da einander stumm begegneten, zusammentrafen.

Ich hatte einen guten Kontakt mit dem 1979 verstorbenen Berliner Kardinal Bengsch. Von Zeit zu Zeit luden mich Eminenz zum Gespräch unter vier Augen in seine Wohnung im Dachgeschoß des Ost-Berliner Ordinariatsgebäudes neben der Hedwigs-Kathedrale. Eine Nonne bediente den Fahrstuhl, und oben empfing mich Alfred Bengsch, ein Mann im vollen Saft politischer Lust und Gefühle; ein Kirchenfürst, bei dem zur pastoralen Berufung, seine Herde zu weiden, ganz unverstellt das engagierte Vergnügen hinzukam, die Weidegründe zäh und schlau zu verteidigen; ein Kardinal mit einem ungeschminkten Urteil auch über seine Amtsbrüder nah und fern, im vatikanischen Rom beispielsweise. Er schrieb gern Briefe an den Vatikan. In seinem Wohnzimmer stand ein Zehnplattenspieler, technische Neuheit der fünfziger Jahre, mit der ohne Wechsel von Hand zehn Schallplatten nacheinander abgespielt werden konnten. Kam ich ihn besuchen, so warf Bengsch die Maschine an; Mozarts Musik sollte etwaige ungeladene Mithörer betäuben. Zwar hatten wir nichts Konspiratives zu erörtern, nur Ansichten auszutauschen, aber der Griff zum Grammophon war ihm zur Gewohnheit geworden. Auch mein Hinweis, daß man längst, so man wollte, die Musik aus unserer Unterhaltung technisch herausfiltern könne, focht ihn nicht an: Hatten wir Platz genommen, dann stellte er die Cognacflasche auf den Tisch, legte seine Zigaretten zur Hand und setzte die erste Schallplatte in Umlauf, stets Mozart.

In der Sicht von Kardinal Bengsch war die Lage der katholischen Kirche Mitteldeutschlands zuvörderst vom Verhältnis dreier *Staaten* zueinander, untereinander bestimmt: die katholische Kirche in der DDR als der eine Staat selber, die DDR als der zweite und der Vatikan als der dritte. Die Plätze zwei und drei, falls sie wertend verstanden werden sollten, konnten – natürlich nur vorderhalb der Glaubensdinge – zwischen Honeckers und Paul Verners Staat (Verner, Jahrgang 1911, ist Sekretär im Politbüro der SED für Sicherheitsfragen auch gerade da, wo diese sich mit der Reinheit der Lehre berühren) und dem vatikanischen wechseln, je nachdem, an welchem sich Alfred Bengsch in bezug auf sein irdisches Reich gerade am stärksten gestoßen hatte; mißtrauisch war er gegenüber beiden. Er holte seit der Mitte der siebziger Jahre aus der SED heraus, was von einer Staatspartei zu erlangen war, die ihre internationalen Beziehungen, auch zum päpstlichen Rom hin, auszugestalten wünschte. Dabei konnte es Bengsch widerfahren, den Bau von mehr neuen Kirchen und Gemeindesälen genehmigt zu bekommen, als es seiner Finanzkraft, kalkuliert nach dem erwarteten niedrigeren Genehmigungsmaß, entsprach. Dann hielt er außerhalb der DDR den Kardinalshut auf, in der gelassenen politischen Gewißheit, daß man sich, der Zukunft wegen, keinesfalls von der Staatsmacht der DDR dabei ertappen lassen darf, mehr beantragt zu haben, als man bezahlen kann.

Das war deswegen ein brauchbares Konzept, weil es der Auffassung von den Staaten entsprach, die nebeneinander, jeder für sich, existieren: keine wechselseitige Einmischung in die jeweils inneren Angelegenheiten, bitte; eine Wagenburg-Existenz, bei der man die Stärke, die Verteidigungskraft des geschlossenen Kreises mit der weitgehenden Spurenlosigkeit außerhalb von ihm bezahlt. Dies Bild der katholischen Kirche innerhalb der DDR ist in seinen Hauptlinien, seiner Schraffur bis heute unverändert geblieben. Neue Schattierungen werden erst in jüngster Zeit, noch zaghaft, aus friedenspolitischem Engagement mitteldeutscher Katholiken an ihm angebracht, was ebenso bemerkenswert wie doch auch nicht verwunderlich ist. Da können noch, wenn diese Bildelemente mehr in den Vordergrund geraten, Verlegenheiten für alle direkt und indirekt beteiligten Hierarchien entstehen; für die in der Kirche drüben und hüben, für die der DDR, für die vatikanische; auch für die bundesrepublikanische, die wieder hin- und hergerissen sein würde zwischen ihren Urteilen über Destabilisierung jenseits und diesseits der Elbe. Die evangelische Kirche Mitteldeutschlands hat sich, im Gegensatz zur katholischen, schon seit langem – auch notgedrungen, ohne den Fels von Diaspora-Tugenden – hineinziehen lassen in das Leben außerhalb des sonntäglichen Gottesdienstes, hat sich eingemischt. Das hat ihre Gemeindejugend heute zu einem Faktor werden lassen, der auch einem lokalen Sekretär der FDJ geläufig ist.

Blättere ich in meinem Manuskript ein paar Absätze zurück, so meine ich fast, ich hätte zuviel über die Jugendlichen in der DDR geschrieben. Das träfe jedenfalls zu, wenn ich den hierzulande gepflegten Eindruck verstärkte, die Republik drüben habe ein größeres Jugendproblem als unsere hier. Auf den Unterschied im Selbstverständnis beider Systeme davon, wie persönlich sozusagen, wie unmittelbar auf die Ideale der eigenen Ordnung bezogen man Abweichungen von der vorherrschenden Norm nimmt, nehmen muß, habe ich ebenso hingewiesen wie auf die Schwierigkeiten mitteldeutscher Eltern, sich im herkömmlichen Konformitätsklima der meisten Nischen auf die Verhaltensfolgen mancher neuer Mobilität, mancher ungewohnter Selbständigkeit der halbwüchsigen Kinder, mindestens zehn Jahre später als westdeutsche Väter und Mütter, einzustellen. Aber von solchen Besonderheiten abgesehen und bedacht, daß jedes bewußt politische Dissidententum junger Deutscher in Jena wie in Regensburg eine Minderheitensache ist, hat die DDR ein paar Probleme weniger mit Jugendlichen als die Bundesrepublik. Derzeit, gegen Mitte der achtziger Jahre, besteht dieser Unterschied nicht nur in Jugendarbeitslosigkeit hier und sicheren Ausbildungsplätzen dort. Das kann sich mittelfristig ändern, bei uns und, unter bestimmten Umständen, auch bei denen drüben, was dann allerdings an den Nerv des Systems rührte.

Hinter dem heute sichtbaren Unterschied steckt auf seiten der DDR, ihre Jugendprobleme mindernd, der in jeder Hinsicht systemimmanente Verzicht, den Lebensabschnitt der Adoleszenz, die schlichte Tatsache des Jungseins, zu vergötzen. Zwar sind formierte Jungen und Mädchen, wie in totalitären Staaten üblich, auch in der DDR die Staffage, vor der das Regime seine Zukunft beschwört und feiert – mit den aufmarschierten Jugendlichen als Zeugen dafür, daß das Leben weitergeht. Aber die Appelle, die sich auf sie berufen, sind inhaltlich überhöht, über-individuell, von abstrakter Allgemeinheit. Gänzlich fehlt in der geistigen Ausstattung des Systems die gezielte Aufforderung an die einzelnen Jungen und Mädchen, sie möchten sich, jeder, jedes, als eine Größe in der Gesellschaft verstehen, die ihren Wert, ihre Ansprüche, ihre Forderungen allein aus dem Lebensalter ableitet und damit ausreichend begründet. Wenn nichts anderes, so haben die ökonomischen Mängel in Mitteldeutschland bis heute verhindert, daß eine solche Verselbständigung einer Altersgruppe – die auch isoliert – bodenständig wie bei uns geworden ist. Es gab keinen merkantilen Anlaß, eher den gegenteiligen Zwang, aus der Jugend einen speziellen, bedeutenden Konsumfaktor wie im Westen zu bilden. Gewiß fließen nicht alle unsere Halbwüchsigenprobleme aus dieser Quelle. Aber die Quantität, mit der im breiten Wohlstand die Heranwachsenden zu einer verkaufsfördernden Selbstidolisierung überredet wurden, zur Jugendmode in vielerlei Gestalt, ist auch in eine Qualität mit überwiegend negativen Vorzeichen umgeschlagen, die ihren Teil zu den natürlichen Schwierigkeiten, erwachsen zu werden, beiträgt.

Und mindestens von diesem Teil ist die DDR bisher weitgehend verschont geblieben. Sie brauchte keine Werbekampagnen, um ihre Motorräder, Jeanshosen und anderen modischen Attribute bewußter Jugendlichkeit an die Konsumenten zu bringen. Daß die Planwirtschaftler der SED, die sowohl mit den zuständigen Genossen für die innere Sicherheit als auch mit denen für die Reinheit der Lehre im selben Politbüro sitzen, was spannende, angespannte Kompromißkombinationen vorstellbar macht – daß die Planwirtschaftler überhaupt solchen Konsumbedürfnissen, zu deren Umfeld auch Diskotheken und einschlägige Fernsehsendungen gehören, in den letzten Jahren möglichst entsprechen wollten, belegt erstens den trotz allem erreichten wirtschaftlichen Standard der DDR. Und es ist zweitens ein Teil des Wandels in Mitteldeutschland, der nicht nur im Materiellen steckenbleiben wird, aber von dem auch noch niemand, weder wir noch die SED, vorhersagen kann, ob und wie weit er schließlich in die eigenständige Mentalität der DDR integriert oder als ein auf Dauer beunruhigender, von außen sich geltend machender Faktor wirken wird. Aber für die Gegenwart und mindestens noch für geraume Zeit ist eine konsumbedingte Vergötzung der Jugend als ein quantitatives Element in Mitteldeutschland, aus dem eine neue, herrschende Bewußtseinsqualität nach westlichem Vorbild entspringt, nicht vorstellbar; wahrhaftig nicht. Die Verhältnisse, sie sind nicht so.

In diesem Umstand, der aussieht, als sei er nur eine Schwäche, verbirgt sich auch jene *passive Stärke*, die für eine Gesellschaft darin besteht, daß ihre Veränderungen, materiell notgedrungen, sich meist nur mählich entwickeln und nicht explosiv auftreten. Für den jungen Mitteldeutschen, der sehr lange auf sein Motorrad warten muß, ist das kaum eine nachvollziehbare Einsicht; aber das Faktum, dem sie entstammt, wirkt auch auf ihn ein. Eine Variante im nachdenklichen Linienziehen basiert auf dem Vorgang, daß junge Leute drüben verständlicherweise das jetzt nachholen wollen, was junge Leute hüben seit einiger Zeit skeptisch macht. Nur im Märchen treffen solche Entwicklungen glücklich in der Mitte aufeinander.

Trotz Jugendaufmärschen mit Schalmeienkapellen und Fanfarenzügen werden die Jugendlichen in der DDR eher wie *junge Erwachsene* behandelt: Sie sind faktisch und im allgemeinen Bewußtsein weit weniger als ihre westdeutschen Altersgenossen eine verselbständigte Gruppe in der Gesellschaft, vorübergehend abgehoben von der Generationenfolge, bis sie sich schließlich doch in sie hineinfinden, schicken müssen. Drüben sind sie, aufs Ganze gesehen, früher eingeplant, verplant. Das liegt, eine leicht zu gewinnende Einsicht, am System. Ganze Serien von hiesigen Sonntagsreden, in denen Systemvergleiche gezogen werden, zehren von dieser Gewißheit. Weniger berichtet wird, daß die frühe Eingliederung junger Leute, ihr fast übergangsloses In-die-Pflicht-genommen-Werden, zu den herkömmlichen Vorstellungen vom Lebensablauf unter Arbeitern, Kleinbürgern und Landwirten gehören.

Auch am System, nämlich an unserem, liegt, daß in unserem bisherigen breiten Wohlstand diese Tradition der sogenannten sozialen Unterschichten teilweise, durch Überwinden von Bildungs- und Ausbildungsschranken, aufgegeben werden konnte und, weit über die noch immer geringe Zahl von Studenten aus Arbeiterfamilien hinaus, vor allem auch im westdeutschen Bewußtsein zurücktrat. Die Bereitschaft zu akzeptieren, daß Jungsein ein Lebensabschnitt mit einem eigenen (Konsum-)Recht ist, mit einem Anspruch auf Gnadenfrist, bevor das *wirkliche Leben* beginnt – diese Bereitschaft, einst den höheren Klassen vorbehalten, ist in den vergangenen zwanzig Jahren auch in Kreisen gewachsen, die gewohnt waren, die es nötig hatten, daß die Kinder möglichst schnell fürs Auskommen der Familie, für das eigene eingespannt, eingeplant wurden. Es war ein Wandel mit vielen guten Folgen, etwa dem neuen Verständnis nicht entsprechend gebildeter Eltern für lange, unvertraute Ausbildungsgänge; aber auch mit negativen wie der Vergötzung, der Selbstidolisierung der Heranwachsenden.

Die Gegenreformation auf diesem Gebiet ist in der Bundesrepublik seit jüngerem, wohl nicht nur aus wirtschaftlichen Gründen, kräftig im Aufblühen. Arbeitsrechtlich, hochschulpolitisch werden überwundene, mindestens vergessene Ideale von dem, was Jugend frommt, wieder konkretisiert. Chancengleichheit in Bildung und Ausbildung, *soweit* die Gesellschaft sie herstellen kann, wird heute in Westdeutschland sehr anders definiert als vor zehn Jahren. Die Kehrtwendung zu älteren Maßstäben, bei der auch auf das Unbehagen spekuliert werden kann, mit dem kleinbürgerliche Eltern den Aufbruch der Töchter und Söhne zu Bildungszielen außerhalb ihres Begriffsvermögens verfolgt haben, erstickt das Loblied, das eben diesen Vätern und Müttern gesungen werden muß: ihrer bänglichen Courage, mit der sie, der Chance ihrer Kinder halber, hinnahmen, daß Bildungsbarrieren, Artikulationsunterschiede, differierende Bewußtseinshorizonte künftig inmitten der Familie entstehen konnten. Werden wir am Ende, wenn Westdeutschlands Wende ganz vollzogen ist, nur die nachteiligen, unguten Folgen der Verselbständigung der Jungen konservieren?

Im Blick auf die DDR ist von diesem Exkurs ins Westdeutsche nur die Erinnerung belangvoll, daß die frühe Anbindung der Menschen an ihren Platz in der Gesellschaft nicht von kommunistischen Planern erfunden worden ist, sondern gerade konservative Befürworter stets gehabt hat und zunehmend wieder findet – und daß sie für den größten Teil des Volks, notgedrungen, eine soziale Gewohnheit teils gewesen, teils auch geblieben ist. Die konservative Komponente, das Privilegierten-Motiv, existiert im bildungspolitischen Zusammenhang im heutigen Mitteldeutschland nicht: dem Staatsvolk der kleinen Leute entsprechend. Das System von Schulen und Hochschulen, überwiegend praxisbezogen, ist in seinem Angebot, sich neben und nach einer Berufsbildung höher zu qualifizieren, in vieler Hinsicht besser als das bundesrepublikanische. Aber, tatsächlich: Die Bedarfsplanung der Gesellschaft, von der SED – nicht immer richtig – aufgestellt, greift früh nach den Jungen und Mädchen.

Ausgehend vom polytechnischen Unterricht – nach meinem Eindruck eine Mischung aus nützlicher Begegnung mit der künftigen Arbeitswelt, einer Last für die Partner-Werkhalle der Schulklasse und gelinder Ausbeutung der Handlangerdienste der Schüler – ist das Bugsieren in die vordringlich benötigten Berufe zu einem Steuerungssystem ausgebaut worden, das gegebenenfalls auch massiv eingesetzt werden kann. Meistens ist das nicht nötig, weil das System zeitig genug die Weichen in das gesellschaftlich Vorgegebene, Vorgeplante stellt. Wer in Mitteldeutschland zur Universität zugelassen wird, erhält ein paar Wochen vor dem ersten Semester eine zwingende Einladung in ein Ferienlager, in dem er seine Kommilitonen kennenlernt, den FDJ-Sekretär seines Studienfachs und die ersten Professoren: Der junge Mann, die junge Frau werden an die Hand genommen, noch bevor sie die Alma mater betreten, wovon sich das Regime einen politischen Zugriff verspricht – und das Vermeiden jener zeitlichen und intellektuellen Reibungsverluste, die bei vielen westdeutschen Studienanfängern in wenig verschulten Fächern auftreten. Wenn der zuständige Apparat der DDR zu dem vorgeplanten Schluß gelangt ist, das Land brauche in soundsoviel Jahren, beispielsweise, elf neue Kunsthistoriker in Museen, nicht zehn oder zwölf oder beliebig viele, so werden zur entsprechenden Zeit vorher elf Erstsemester in den Ofen geschoben, damit sie fertig gebacken sind, sobald die Museumsplätze vakant werden. Falls ein mitteldeutsches Industriekombinat, etwa wegen eines neuen Produktionszweigs, überraschend einen weiteren Spezialingenieur benötigt, dann kann der Betrieb in einer planerischen Ausnahme einen zusätzlichen Studienplatz an einer geeigneten Hochschule erhalten, auf Firmenkosten, nicht aus dem allgemeinen Topf.

Die Regeln wechseln von Zeit zu Zeit, Schwund kann nicht immer zuverlässig einkalkuliert werden, Seitenpfade entziehen sich manchem planenden Blick; aber im Prinzip läuft es ab wie beschrieben. Trotz des Plans, wegen des Plans: Bäckerlehrlinge sind knapp, wie in unserer relativen Planlosigkeit. Aus der starken Verschulung und dem systemimmanenten Zwang heraus, meßbare Resultate, Planerfüllungen vorzuweisen, ist in der

DDR über Jahre hin vernachlässigt worden, Studenten und junge Wissenschaftler ausreichend an Grundlagenforschung heranzuführen. Zweckforschung war Trumpf; das andere wurde weithin Hobby genannt und kurz gehalten. Die Einsicht in die damit verbundenen Mängel, solange sie auch auf sich warten ließ, kam, natürlich, immer noch bedeutend schneller, als es möglich war, die Planmaschine umzuprogrammieren.

Früh bugsiert, gesteuert, fertig gebacken zur vorausgeplanten Zeit: »Orwell, Huxley«, sagen nicht nur unsere Agitatoren. Gegen dieses Erschaudern habe ich die Erinnerung gesetzt, woran das Volk in seiner großen Mehrheit aus materiell und geistig Abhängigen, auf Kargheit und Fronen gestellt, im Blick auf seine Kinder gewöhnt war: für mich, obwohl ich ein konservativ gestimmter Mensch bin, kein Erinnern an ein verklärtes Ideal, an ein Idyll aus guter alter Zeit – denn so war sie ja nicht. Und die DDR ist in ihrer Sozialstuktur und ihrem in der Regel weitgeöffneten Ausbildungssystem in keiner Weise mit den Umständen, den Bedingungen solcher Vergangenheit zu vergleichen. Aber an die gewohnte Einstellung selber, unabhängig von den veränderten Verhältnissen, zu erinnern: daran, daß nach hergebrachter elterlicher Sorge die Hauptsache war, »die Kinder sind von der Straße und lernen etwas«, worin auch das Sich-Bescheiden mit einem Glück steckte, sie *untergebracht* zu haben – diese Erinnerung könnte, sollte Schatten heben von dem Bild, das sich viele Westdeutsche von diesem Teil des Lebens drüben machen; sie könnte, sollte dazu beitragen, das westdeutsche Bewußtsein zu normalisieren.

Woran erinnert wird, ist – bis in die benutzten Floskeln hinein: Hauptsache, sie lernen etwas (gemeint: irgend etwas) und sind untergebracht – eine Lebenshaltung, die in ihrer tradierten Selbstbegrenzung mehr Geduld aufweist, als die Mächtigen sie verdienen, und für die ein Verplantsein zunächst einmal keine Huxleyschen Schrecken beschwört, sondern Sicherheit bedeutet. Das Wirtschaftswunder hat mehr unternehmerische, risikofreudigere Mentalitäten gefeiert und einen entsprechenden Werte-Überbau propagiert, dem bisher erspart geblieben ist, darauf geprüft zu werden, wie beständig seine Rangfolge mit der individuellen Freiheit auf Platz eins gegebenenfalls sein wird. Nicht nur die Kommunisten schönen das Menschenbild, das sie malen. Seit das ökonomische Wunder verblaßt und junge Leute keinen Ausbildungsplatz finden, hört man in der Bundesrepublik wieder viel öfter, daß der Junge, das Mädchen nehmen sollen, was sich ihnen als Lehrstelle bietet; und schaden wird es ihnen auch nicht, wenn sie morgens eine Stunde eher anfangen müssen, das novellierte Jugendarbeitsrecht macht es wieder möglich; und Lehrjahre sind keine Herrenjahre; man weiß das selber noch von früher; was er, was sie lieber hätten lernen wollen, ist ja gut und schön, aber Hauptsache ist, man hat sie überhaupt untergebracht.

Was wieder auftaucht, ist: mehr *Fügsamkeit*, mit der, notgedrungen, altgewohnt, der eigene Lebensplan vorgegebenen Größen, gesellschaftlichen, wirtschaftlichen, unterworfen wird. Ausnahmen bestätigen auch diese Regel; an der zunehmenden Verbitterung, mit der die sogenannten Ausgestiegenen als eine asoziale Last angesehen werden, läßt sich der Stand der Normierung ablesen. Viele westdeutsche Eltern jedenfalls besinnen sich auf die erprobte Regel, die man den Kindern weitergeben soll: sich einfügen. Das hat die Welt noch niemals vorangebracht, aber vielen kleinen Leuten das Überdauern ermöglicht. Was bleibt ihnen denn auch übrig? Und, siehe da: In der Bundesrepublik Deutschland gegen Mitte der achtziger Jahre finden sich für die Bereitschaft zu größerer Fügsamkeit, aus wirtschaftlichen Zwängen wiederbelebt, auch immer akzentuierter die rechten Worte, Begriffe wieder, mit denen sie zu einer alten Tugend stilisiert wird, die nur vorübergehend vergessen war. Recht bedacht, ergibt sich: Manche Mentalitäten, Gewohnheiten, Ordnungen der DDR und ihrer Bewohner könnten den herrschenden Kräften hierzulande gut gefallen, wenn nur die Fragen von Macht und Eigentum drüben anders beantwortet wären.

Am Beispiel des Hineinbugsierens des einzelnen, vorgeplant, fremd gesteuert, in einen Beruf, den die SED als wichtig für die von ihr beherrschte Gesellschaft ansieht, läßt sich auch noch einmal eine Gedankenlosigkeit darlegen, die viele westdeutsche Urteile über mitteldeutsche Realitäten kennzeichnet: die reflexionslose Beschränktheit, mit der Westdeutsche bewerten, was ihnen aus der DDR, bei Reisen dort, bei Berichten über sie ins Bewußtsein gelangt. In den vergangenen zweieinhalb Jahren, seit ich nicht mehr in Berlin (Ost) auf bundesrepublikanischem Posten bin, habe ich in Gesprächen mit vielen Westdeutschen oft gehört, besonders schrecklich sei drüben, daß man nicht werden könne, was man wolle. Das sagten ohne Wimpernzukken, ohne jede betroffene Nachdenklichkeit, nachdem sie es ausgesprochen hatten, Männer und Frauen, deren Töchter und

Söhne dem Numerus clausus der westdeutschen Universitäten unterworfen waren oder bisher noch gar keine Ausbildungschance erhalten hatten und ganz gewiß, Berufswunsch hin und her, das nächste Angebot ergreifen würden, was immer es sein sollte.

In ein und derselben Unterhaltung reihen sich gänzlich beziehungslos hintereinander das besorgte Erörtern der schlechten Berufsaussichten der eigenen Kinder (»Er ist schon halb fertig; Lehrer will er werden«) und die ungebrochene Überzeugung, in unserem System, anders als drüben, sei nicht nur jeder seines Glückes Schmied, sondern könne sich auch noch die Schmiede aussuchen. Solche jeweils auf das eine und das andere beschränkte Betrachtung setzt sich aus dem privaten Kreis fort bis in die Kommentare führender Blätter unseres Landes. Ebenso strikt getrennt voneinander ist, nach meiner Erfahrung, was viele Westdeutsche assoziieren, wenn sie auf derselben Zeitungsseite, in einer Nachrichtensendung einen Bericht über wirtschaftliche Schwierigkeiten hier und einen über solche dort erhalten: der letztere läßt fast immer und jedenfalls immer eher gleich an Zusammenbruch denken, der sich abzeichnet, an die Wurzeln des Systems, die betroffen sind. Gewiß ist eines: Wenn wir westdeutschen Pawlowschen Hunde nicht begreifen, daß es vielfach zunächst einmal, um bei diesem Beispiel zu bleiben, Probleme sind, die – mit Phasenverschiebungen, mit unterschiedlichen Ausprägungen – zwei hochindustrialisierte, rohstoffarme Gesellschaften strukturell, ohne Ansehen der Systeme, treffen, dann werden wir immer befangener, beschränkter werden. Die Identifizierung mit dem System siegt über die mit der Nation.

Nach meinem Empfinden ist das Bildungs- und Ausbildungssystem der DDR bisher darauf angelegt, den anpassungsbereiten, durchschnittlich begabten und gestimmten Heranwachsenden, den, der sich außerhalb des Privaten niemals besonders engagieren will, weil es ihm nicht mitgegeben ist: ihn an einem Platz zu verankern, auf dem er sicher und nützlich ist. Der Begriff *Durchschnitt* muß in diesem Zusammenhang als qualitativ sehr hoch angesetzt verstanden werden, als anspruchsvoll in Fleiß und Leistung. Wer auffällt, weil er, selbst nur vorübergehend, nicht anpassungsfähig ist oder weil ihn eine besondere Begabung auszeichnet, zu deren Entwicklung über eine Zeit hin ein zielloses geistiges Schweifen gehören kann, der rennt an viele Wände. Spitzen, Ausschläge nach oben und unten, fallen schnell aus der vorgegebenen Bandbreite der Erziehung heraus. Das parteiamtliche Erziehungsideal ist, naturgemäß, anders formuliert; und auch der Glaube daran, die Anstrengung, ihm nachzukommen, bewirkt bei vielen kommunistischen Lehrern das mühselige Engagement, immer wieder einen ehrlichen, für die Selbstachtung akzeptablen Kompromiß zwischen Anspruch und Verwirklichung zu finden. Nach dem, was ich gehört habe, sind psychische Schäden unter Lehrern drüben besonders häufig.

Nun, was machen unsere westdeutschen Pawlowschen Reflexe? Aus dieser Förderung der Angepaßten, nicht als Programm, aber faktisch: weil materielle Zwänge, Absicherungsbedürfnis von Verantwortlichen, Mißtrauen gegen selbständiges Suchen im Überbau mit entsprechend ungewissem Resultat, weil dies sich in der Regel zu erprobten Durchschnittswerten verbindet – daraus muß bei uns, für uns doch etwas gegen drüben abzuleiten sein, da schlägt das Glöckchen an. Durch welches gängige Brillenmodell auch immer man von hier nach drüben blickt, den jeweils brauchbaren Splitter entdeckt jeder. Unsere rechten Kräfte, wiewohl dem Angepaßtsein, der Fügsamkeit von Abhängigen sehr hold, hegen in ihrer Geistigkeit die Ideale von wagemutiger Außergewöhnlichkeit, mit der beispielsweise Firmenimperien aus dem Boden gestampft werden, ein wenig Vulgär-Nietzsche in jedem größeren Börsenmanöver; Ideale von einer gesellschaftlich begründeten Exklusivität, in der die Elitemenschen sich heranbilden. Spannend zu erleben ist, wie seit einiger Zeit, seit dem die Geneigtheit zum Krieg auf europäischem Schlachtfeld sich verstärkt, verstärkt wird, in der Publizistik unserer Rechten das *Volk* (etwa die Völker Osteuropas) wieder zu einer Vokabel wird, mit der in Leitartikeln eine monolithische Größe benannt wird: nicht länger der kleine Mann auf der Straße in seiner Durchschnittlichkeit, mit seinem sympathischen Wunsch nach Ruhe und einem bescheidenen Glück, mit welcher Metapher einmal den Westdeutschen die westliche Demokratie erklärt worden ist, sondern seine Summierung zu einem entpersönlichten Element der Geschichte. Links angesiedelte Intellektuelle dagegen, wenn sie hinüberblicken, haben zwar Bertolt Brechts Einsicht parat, wonach ein Land glücklich ist, das keine Helden braucht, aber ihr Hauptaugenmerk, auch ihre Zuneigung gelten den Auffälligen, die sich nicht anbequemen, den Helden eben. Das ist nicht nur verständlich, sondern so gut begründet, daß auch von dieser Seite den *Durchschnittlichen* drüben wenig Aufmerksamkeit zuteil wird.

Genau betrachtet, finden diese Mitteldeutschen, die mit ihrem Nischendasein der größtmöglichen unauffälligen Privatheit eine Allerweltsregel verkörpern, nicht nur bei uns wenig Beachtung, Achtung. Was dem gewöhnlichen Menschen, Hut ab, bekömmlicher ist: die Verplanung mit sechzehn Jahren oder eine relativ freie Berufswahl (abnehmend), die ihn gegen Ende Zwanzig oft günstigenfalls zur Umschulung nötigt – diese Frage, deren Beantwortung ich mir nicht anmaße, wird unter den geistigen Zwängen unserer Konfessionsspaltung kaum einmal ihrem Range gemäß gestellt. Sie ist kein intellektuelles Thema hierzulande, weil darüber wohl zuviel ins Feuer geriete; weil, zum Beispiel, die begründete Erkenntnis, daß der real existierende Sozialismus sich von vielen seiner idealen Absichten unterscheidet, nicht ausreicht für die Antwort auf die im vorigen Satz erhobene Frage. Und, natürlich, ist dies erst recht kein Diskussionsgegenstand der SED; nicht nur nicht, weil sie ihre Antwort (ebenso wie unser System) gegeben hat, sondern weil sie die Menschen in Mitteldeutschland mit ihren Glaubensformeln drapiert, bis jeder Nischenbewohner, der sich zwar durchaus linke Vorstellungen angeeignet hat, daneben aber auch Überkommenes pflegt und vor allem öffentliches Engagement, selbst als Mitläufer, scheut: bis er aussieht wie der neue Mensch.

Deshalb sei den sogenannten durchschnittlichen Menschen, bevor sie möglicherweise drüben wie hüben und anderwärts wieder einmal *verheizt* werden und beim Verheizen helfen, denn dafür werden sie im Ernstfall gebraucht – ihnen sei deshalb im Blick auf die Wirklichkeiten der DDR ein Erinnerungsblatt gewidmet; überreicht jenen Rechten und Linken hier, deren Maßstäben sie nicht gerecht und deren Aufmerksamkeit sie selten teilhaftig werden. Also: Alles in allem gibt es manches Erfolgserlebnis, nicht gar so wenig Glück und auch moderate Zufriedenheit in den Nischen der mitteldeutschen Mehrheit. Dies von mir ausdrücklich festgestellt, der ich als der erste Leiter unserer Ständigen Vertretung dort, als manche Schleusen aufgingen, als wir eine Zeitlang täglich hundert mitteldeutsche Besucher in unseren Büros hatten und Häftlingsbetreuung für anfangs mehr als fünfhundert Westdeutsche und West-Berliner organisieren mußten – dies festgestellt von mir, der ich für meine Mitarbeiter in jenen Jahren und mich beanspruche, die dunkle Seite der Realitäten bewußt, betroffen wahrgenommen zu haben.

Die Frauen in der Nischengesellschaft der DDR sind einerseits, etwa im Vergleich zur westdeutschen Bundesrepublik, begünstigt von einer arbeitsrechtlichen, sozialen und bildungspolitischen Gesetzgebung, wie sie gleichermaßen emanzipiert kaum anderswo, sicherlich nirgends entwickelter besteht. Auch die Zahl von Plätzen in Kinderkrippen und Kindergärten, meistens von den Betrieben unterhalten, auf denen die Kleinen geparkt werden können, ist relativ erheblich höher als in Westdeutschland. Andererseits sind mitteldeutsche Frauen nach meinen Beobachtungen in manchem einem kaum veränderten herkömmlichen Rollenverständnis unterworfen, das sich in vielen Nischen erhalten hat. Aus diesem Sowohl-als-Auch resultieren Belastungen, aber auch vor allem unter denen, die jünger als vierzig Jahre sind, ein Selbstbewußtsein, das häufig zu schnellen, sozusagen *herrischen* Entschlüssen gegenüber dem Partner führt.

In der DDR sind mehr Frauen im arbeitsfähigen Alter berufstätig (um achtzig Prozent) als in fast jedem anderen Staat der Welt. Ihre berufliche Weiterqualifizierung neben der Arbeit ist kein propagandistisches Schlagwort, sondern eine viel benutzte Möglichkeit: Selbstwertgefühl und Anspannung wachsen. Wenn die Frauen dann jedoch nach Hause kommen, so wird nach meinem Eindruck in vielen mitteldeutschen Familien von ihnen erwartet, daß sie die Gleichberechtigung an der kleinbürgerlichen Flurgarderobe ablegen. Für mich sah es so aus, als sei Emanzipation im Bewußtsein der Männer, ganz ehrlich, ohne Hinterlist, eine gute, notwendige Sache, die aber zu den Lebenswirklichkeiten *außerhalb* der Nische gehört.

Zu dieser Auffassung beigetragen haben sicherlich die erst allmählich sich verändernden, tradierten Familienstrukturen, innerhalb deren Frau und Mutter eine hergebrachte Rolle haben, sowie der in derselben Tradition und der Prüderie der SED begründete weitgehende Verzicht der mitteldeutschen Gesellschaft, eine ungenierte, breite sexuelle Aufklärung zu betreiben. Was man sich, zum einen, an Pornographie, an Überforderung der Halbwüchsigen vor westlichen Zeitungskiosken ersparte, das versagte man sich damit, zum anderen, an schneller Bewußtseinsveränderung hinsichtlich des Verhältnisses von Mann und Frau im Privaten. Versuche einer emanzipierten, allgemein zugänglichen Eheberatung, soweit ich sie verfolgen konnte, wurden Ende der siebziger Jahre von den kommunalen Behörden nur zögernd, halbherzig gefördert und stießen bei vielen von denen, für die sie gedacht waren, auf Verlegenheit.

So ist denn vielfach im ganz überkommenen Sinn *der Haushalt eine Frauensache.* Nach meinen natürlich zufälligen Beobachtungen bedeutet das für immer noch viele Frauen, daß sie wie der Mann von der Arbeit außerhalb des Hauses in die Wohnung, zur Familie zurückkommen, um alsbald wieder zum Einkaufen zu gehen, weil das doch Mutti tut. Das klingt harmloser, als es oft ist. Von akuten Versorgungsmängeln abgesehen, ist das entsprechende Problem in der DDR nicht mehr, daß es dies oder jenes nicht gibt; es liegt darin, daß man nicht zuverlässig in der nächsten Kaufhalle, wie die dortigen Supermärkte gewöhnlich heißen, alles erhält, was man an diesem Abend, nach dem langen Arbeitstag, einkaufen will, sondern dafür in drei oder vier Geschäfte laufen muß. (Es bessert sich, aber sehr langsam.)

Das ist ein Beispiel und gewiß nur die Spitze des Eisbergs besonderer Belastungen der mitteldeutschen Frauen, zu denen öffentliche wie private Bedingungen, Umstände und Gewohnheiten beitragen. Aber, und nun macht sich die erwähnte Entschlußkraft vieler Frauen geltend, die ich wegen der Radikalität, mit der sie oft, schnell daherkommt, *herrisch* (noch nach dem Sprachgebrauch der Vor-Emanzipation) genannt habe: Wenn nicht die private, so die gesellschaftliche, gesetzlich abgesicherte Gleichberechtigung läßt häufig die Frauen ihre Ehescheidung betreiben; die DDR hält in Ehescheidungen einen der ersten Weltplätze. Wer kann außer den Beteiligten sagen – und jeder Fall ist ein besonderer, ist der jeweils einzige –, was das im Innersten bedeutet? Erkennen kann man nur, dies allerdings deutlich, daß im heutigen Mitteldeutschland die gesellschaftliche Erscheinung der, wie man sagt, sitzengelassenen Frauen nicht stärker ins Auge fällt als die des sitzengelassenen Mannes.

In anderem Zusammenhang habe ich einige Male die Entschlossenheit, die Willensstärke von Frauen aus der DDR im Vergleich zu ihren Männern kennengelernt. Wenn ich sehr unmittelbar mit der Bitte um Unterstützung des Ausreiseantrags eines Ehepaars konfrontiert war, so habe ich fast immer den Mann auf das allgemeinste klagen und, im Blick auf die Bundesrepublik, schwadronieren hören von Freiheiten und individuellen Rechten; es klang oft nur angelesen, unserem Fernsehen abgelauscht. Die Frau indes artikulierte die Ausreiseabsicht ohne jede Phrase, aber mit einer unüberwindlichen Gewißheit, daß es am Ende nun, trotz aller noch bevorstehender Widrigkeiten, so kommen werde, kommen müsse, wie sie es sich vorgenommen habe. Ich ziehe hier, im Unterschied zu anderen

Stellen dieses Buchs, keine Rückschlüsse, weil ich mich nicht sicher genug fühle. Ich berichte nur, daß ich manche Frauen eben so angetroffen habe: abgespannt, angespannt, aber gegebenenfalls von einer zielstrebigen Überlegenheit.

Gelegentlich des IX. Parteitags der SED im Mai 1976 hörte ich in Ost-Berlin diese Geschichte: Einer Schulklasse von Zehn-, Elfjährigen war als Thema eines Hausaufsatzes gestellt worden: Was hat sich bei uns seit dem VIII. Parteitag verändert? Der war fünf Jahre zuvor gewesen, und natürlich wurde erwartet, daß die Kinder berichten würden, um wieviel schöner seither manches zu Hause geworden sei, wobei ihnen über den Zusammenhang zwischen Walten und Wirken der SED und Papas Automobil ein Licht aufgehen sollte. Ein Mädchen der Klasse präsentierte das Aufsatzthema seiner Mutter; einer seit dem vorigen Parteitag geschiedenen Frau, die inzwischen in einem anderen, niedriger entlohnten Beruf arbeitete, sei es, daß sie einen Ausreiseantrag gestellt hatte, sei es wegen einer anderen Auffälligkeit. Die Mutter führte dem Kind diese Entwicklung vor Augen, beantwortete damit die Aufsatzfrage und verlangte, so möge es das Mädchen schreiben und in der Schule abgeben. Das Kind, begreiflicherweise, hatte andere häusliche Hilfe erhofft, aber die Mutter ließ nicht ab von ihrem Trotz. Der Aufsatz wurde faktengerecht verfaßt, abgeliefert – und unzensiert, aber auch ohne sonstige Weiterungen zurückgegeben. So die Geschichte, die mir glaubhaft berichtet wurde. Wahr oder nicht: Sie kennzeichnete genau einen wichtigen Teil des allmählichen Wandels in der DDR. Daneben gab sie auch noch anderes preis: die pädagogische Bemühung, die segenspendende Staatspartei ins Bewußtsein hineinzuschmeicheln; und vielleicht auch den richtigen Hinweis darauf, daß nicht jeder Funktionär, in diesem Falle der Klassenlehrer, alles gleich an die große Glocke hängt, sondern öfter einmal auch ein Auge zudrückt. Wahrscheinlicher ist es aber, daß die stillschweigende Rückgabe des unkonformistischen Hausaufsatzes zu der Flexibilität gehört, mit der die SED seit einigen Jahren fallweise ebenso reagiert wie mit Härte. Dann gehörte dieses Geschichtenelement, wie das Verhalten der Frau, bereits zum Wandel.

Nachdem ich zuerst in Berichten an die Bundesregierung und in Hintergrundgesprächen mit westdeutschen Parlamentariern und Journalisten von der Nischengesellschaft geschrieben und gesprochen hatte, um diese wichtige mitteldeutsche Wirklichkeit bildhaft gegen gängige Klischees zu Hause zu setzen, lag es nahe, gewisse neue Verhaltensweisen so zu charakterisieren: Manche Mitteldeutschen fangen an, den Kopf aus der Nische zu stecken. Das konnte auf die Weise geschehen, wie es die Mutter mit dem Aufsatz getan hatte, oder auch, im Rahmen bleibend, durch verstärkte Appellation an die Petitionsausschüsse von Kreisebene bis zur Volkskammer. Die Zahl der Briefe an diese Einrichtungen stieg seit 1976 gewaltig an. Nach meinem Eindruck entwickelten sich die Ansätze einer Mentalität, die hierzulande Bürgerinitiativen beseelt; nicht gleich großmächtige, die sich Atomkraft und Raketen in den Weg stellen, sondern von der Art: die Bäume in meiner Straße bleiben stehen.

Die Entwicklung hatte mehrere, ineinander verschlungene Gründe. Nach meiner Vermutung trug vorrangig zu ihr bei, daß die DDR Mitte der siebziger Jahre einen gelinden Wirtschaftsaufschwung erlebte, der durch Honeckers konsumorientierte Politik der Bevölkerung direkt zugute kam. Die Leute stiegen um von einer Befriedigung des Nötigen auf die eines gehobenen Bedarfs; bescheiden im Vergleich zur Bundesrepublik, für die DDR aber eine spürbare Verbesserung der materiellen Lebensumstände. Hinzu gehört, beispielsweise, die erwähnte verstärkte Motorisierung auch der Jugend samt allen oben skizzierten Folgen. Den Menschen wurde der Kopf frei für anderes, für mehr als das Notwendige. Wenn nach dem VIII. Parteitag der SED im Sommer 1971, auf dem Erich Honecker den Kurs seines Vorgängers Walter Ulbricht korrigierte, ein Conférencier auf einem »Bunten Abend« in Sachsen oder Thüringen etwa Eduard Mörikes Gedicht: »Frühling läßt sein blaues Band ...« rezitierte, in dem gesagt wird, daß etwas »ahnungsvoll das Land« streife: »Horch, von fern ein leiser Harfenton! Frühling, ja, du bist's! Dich hab ich vernommen!« – dann, so ist es verbürgt, jubelte das Publikum, und jeder im Saal wußte, wovon die Rede war.

Daß mehr Menschen anfingen, den Kopf aus der Nische zu stecken, hatte auch außenpolitische Gründe. Die internationale Anerkennung der DDR und die Beschlüsse der Europäischen Sicherheitskonferenz in Helsinki 1975, die in der DDR in hoher Auflage veröffentlicht und aufmerksam gelesen wurden, trugen zu einem ungewohnten, aber verheißungsvollen Stimmungsklima im Lande bei. Ein sehr stolzer Pole, ein Journalist, versicherte mir Ende des Jahres 1975 in Ost-Berlin, die DDR sei geistig, mit Teilen ihrer Literatur und ihrer Theaterspielpläne das bemerkenswerteste Land des Ostblocks, gewiß aufregender als Polen. Die SED mußte damals für ihren Staat, die Deutsche Demokratische Republik, das spannungsreiche Lebensgesetz seiner Existenz inmitten der Welt, die ihn anerkannt hatte, entwickeln: Der ständige Versuch, zwei Dinge gleichzeitig unter einen Hut zu bringen, die aufs erste gesehen einander ausschließen – Öffnung, soviel zum internationalen Mitwirken nötig, und Abgrenzung, soweit aus wirklichen und eingebildeten Sicherheitsbedürfnissen möglich. Diese Existenzregel, so habe ich seinerzeit, Mitte der siebziger Jahre, nach Bonn berichtet, läßt den politischen Kurs der DDR nur langfristig als einen berechenbar geraden erscheinen, auf kurze Sicht, etappenweise, wird er immer wieder wie eine Zick-Zack-Linie aussehen. Aber der Eindruck täuscht.

Ich habe keinem meiner mitteldeutschen Gesprächspartner ins Hirn oder ins Herz sehen können. Bei allen Beobachtungen und Schlußfolgerungen war zu unterstellen, daß bestimmte Vorgänge und Entwicklungen sich im Bewußtsein der unmittelbar betroffenen Menschen noch einmal um Grade anders niederschlugen, als sie der nahe, aber geschützte Betrachter begreifen konnte. Bei dieser Einsicht in die eigene Beschränktheit geht es nicht darum, daß die Freunde oder doch Partner so vieler Diskussionen in der DDR den Westdeutschen hätten täuschen, hätten belügen wollen. Der Unterschied in der Erkenntnisfähigkeit besteht auch nicht darin, daß die Mitteldeutschen, wenn es die Lebensumstände in der DDR betraf, immer und in jedem Falle das genauere Urteil gehabt hätten; verwoben, eingesponnen in ihre Realitäten, irrten sie gelegentlich in ihren Einschätzungen, sei es, weil sie notgedrungen gänzlich ohne Distanz zu manchen Veränderungen waren, die sich abzeichneten, sei es, daß sie in ihrer Nische den Kopf zur Wand gedreht hatten. Aber stets besaßen sie, natürlich, den Vorsprung sozusagen im *Empfinden auf der eigenen Haut.* Jedoch ist eine gewisse Annäherung an solche *Klimaempfindlichkeit* dem westdeutschen Zeugen möglich.

So gewann ich in der zweiten Hälfte der siebziger Jahre den Eindruck, daß manche Mitteldeutschen, gar nicht so wenige, sich anschickten, erhobenen Haupts, aufrechten Gangs, in die Amtsstuben zu gehen und den Funktionären hinter den Schaltern zu bedeuten: Ihr sollt mit mir nicht umspringen nach euerem Belieben. Dabei konnten sich die Leute auf Erich Honekker berufen, der auf den Plenartagungen des Zentralkomitees der SED verlangte, die Partei möge sich der Probleme der Bürger vernünftig annehmen. Couragierter, selbstbewußter aufzutreten begannen keineswegs nur solche Männer und Frauen, die auf Ausreise drängten und dies Verlangen mit der Schlußakte von Helsinki rechtfertigten. In jener entstehenden Mischung aus *wirtschaftlicher Erholung,* die dank Honecker – mit mehr Augenmaß ausgestattet als sein Vorgänger Ulbricht – größtenteils in verbesserten Konsum umgesetzt wurde; aus frisch gewonnener *Internationalität:* das Schmuddelkind, als daß der Westen die DDR bis dahin behandelt hatte, durfte mitspielen; aus *Entspannung,* die auch nach innen wirkte – in dieser Stimmung reckten und streckten sich auch jene, die im Lande bleiben wollten. Als die Machthaber im November 1976 den Sänger und Liedertexter Wolf Biermann zu einem westdeutschen Gastspiel ausreisen ließen, damit sie ihn danach aussperren und ausbürgern konnten, kam der öffentliche Widerspruch dagegen nicht nur von namhaften Schriftstellern, sondern auch von unbekannten Intelligenzlern an Universitäten und Instituten in der Provinz.

Machtausübung gerät objektiv wie subjektiv oft an die Grenze des Tragischen – oder auch über sie hinaus. Gibt es genug Nachdenkliche in den beiden deutschen Regierungen, solche, die nicht nur noch selbstgerecht, zynisch oder borniert sind, denen also gelegentlich bewußt wird, wen sie von Fall zu Fall ausgrenzen aus ihrem jeweiligen System? Der Tragik halber soll ihnen zugebilligt sein: wen sie meinen, ausgrenzen zu *müssen?* Kann sie das entschuldigen?

So wie nach meinem Verständnis sich im argumentierenden Teil der derzeitigen westdeutschen Friedensbewegung solche Menschen sammeln, die es mit den Postulaten unseres Systems ganz ernst nehmen, mit dem Gebrauch von Rechten, von Mitsprache nicht nur alle vier Jahre am Wahlsonntag – ebenso meinte es die mitteldeutsche Minderheit, die gegen Biermanns Ausbürgerung protestierte, besonders gut mit ihrem Staat. Seinerzeit habe ich einige Genossen der SED gefragt, warum die Partei die Unterzeichner des Protestbriefs verfolgte, in der Regel die namhaften weniger direkt als die öffentlich unbekannten. Ich erhielt die erwartete Antwort: Die Machtfrage sei gestellt gewesen; die Partei habe Front machen müssen.

Das ist ehrlicher gesagt, als solche Fragen in unserem System üblich beantwortet werden. Wir behaupten, daß die Macht bei uns nur auf Zeit verliehen ist und nach jeder Parlamentswahl in andere Hände übergehen kann. Das stimmt nun gewiß nicht, weil beim Wahlakt nur ein Teil der Macht zur Disposition des Wählers steht; und nicht der wichtigste. Wie stark die Regierungsmacht hierzulande ist, hängt wesentlich davon ab, ob die Parlamentsmehrheit und ihre Klientel auf seiten der *Mächtigen außerhalb des Parlaments* stehen oder ihre Interessen eher gegen sie durchsetzen müssen. Und es sind nicht die Gewerkschaften, blind und bemüht, den pluralistischen Spielregeln gerecht zu werden, die hinter der vordergründigen Bonner Maschinerie am mächtigsten sind. Wer verfügt, beispielsweise, über die Pressefreiheit in unserem Land? Präziser: Wer bildet uns unser allgemeines Bewußtsein, nach dem wir handeln?

Solche Fragen, solche Skepsis gegenüber den behaupteten, angeblichen Wirklichkeiten unseres Systems sind keineswegs ungewöhnlich. Die Einsicht, daß auch unser System geschminkt ist – sie ist banal. In jeder besseren Fernsehdiskussion über Parteienfinanzierung, über den Zugang zur öffentlichen Meinung, über Chancengleichheit wird doch wenigstens einmal auf den Busch geklopft, ob denn tatsächlich alles so sei, wie unser demokratischer Fibelglaube wissen will. Aber es bleiben, alles in allem, zusammenhanglose Fragen; die Teilantworten ergeben nicht mehr als Stückwerk. Die Fragenden selber sind es zumeist, die sich die Schlußfolgerungen versagen. Die Machtfrage, so bescheiden sie sich außerhalb der Nachtprogramme, ist bei uns durch das allgemeine, gleiche und geheime Wahlrecht beantwortet. Es herrscht eine geradezu viktorianische Prüderie unter den meisten westdeutschen Intellektuellen: die parlamentarische Dame hat keinen Unterleib. Hebt man ihren Rock einmal hoch, so läßt man ihn auch schnell wieder herunter: mit der allen geläufigen Beschwichtigung, daß es jedenfalls kein besseres System auf der Welt gäbe – so richtig wie billig. Da rangieren die Formen oft weit vor den Inhalten, was den Interessen der Mächtigen dienlich ist.

Nein, ich möchte nicht dauernd drüben leben. Zu den hiesigen materiellen Annehmlichkeiten kommt hinzu, daß ich – weil privilegiert nach Bildungschance, Berufsmöglichkeit und sozialer Position – die westdeutschen Nischen für mich auch als geistig angemessener betrachte. Was soll der Hohn über diese Wahrheit? Widerlegt er, was ich über die Macht hierzulande, ihre Formen in Bonn und ihre Wirklichkeiten in der bundesrepublikanischen Gesellschaft geschrieben habe? Ich gebe unserem System eindeutig den Vorzug. Aus meinen *Privilegien entspringt die Priorität,* die unsere Individualrechte in der Form für mich besitzen, wie sie in einer bürgerlichen Wohlstandsgesellschaft im vorigen Jahrhundert entwickelt worden sind (in der es übrigens Kinderarbeit gab); ich bin gegen ihre kommunistischen Verengungen. Aber ich kann mir Männer und Frauen vorstellen – in den Hinterhöfen unseres System beispielsweise –, die das Menschenrecht beanspruchen, ihre Prioritäten anders zu setzen. Es kennzeichnet die sich beschleunigende Verwandlung unseres liberalen Systems in eine tendenziell geschlossene Glaubensgemeinschaft, daß man Klarstellungen wie *»Ich gehöre zu Euch«* doch lieber vornimmt.

Von Macht war die Rede; wie sie bei uns sittsam erscheint in den Schranken des Parlaments; und wie die Kommunisten sie in Frage gestellt sahen, als in ihrem deutschen Staat gegen Biermanns Ausbürgerung protestiert wurde. Wahr ist – und für die Betroffenen ist es eine böse, oft schreckliche Wahrheit gewesen –, daß die Machtfrage sich für die Machtinhaber in Osteuropa seit 1945 schärfer gestellt hat als in Westeuropa, in Westdeutschland, wo die Macht, von den wechselnden Parlamentsmehrheiten abgesehen, bei den alten Eigentümern so gut wie ganz verblieb. Ich meine, Schlußfolgerungen, wie weit man im Ernstfall mit Macht, nach innen wie nach außen, in dem einen und in dem anderen Weltsystem gehen wird, sollten aus der bisherigen europäischen Nachkriegszeit nicht gezogen werden. Beispiele anderswo warnen. Die Vereinigten Staaten werden ihre Macht über Mittelamerika, die direkte wie die indirekte, ebensowenig kampflos aufgeben wie die Sowjetunion ihre in Polen; notfalls wird dabei völlig außer acht bleiben, welche Menschenrechte die Mittelamerikaner (die Polen) mehrheitlich als vorrangig für sich ansehen.

Diese Einsicht beruht nicht auf einem Werte-Neutralismus. Aber sie kann dazu beitragen, in beiden Systemen des Kaisers neue Kleider zu durchschauen, so daß nicht auch noch die Reste der nationalen Identität der Deutschen in der *gläubigen, aber geschichtslosen Auffassung* zugrunde gehen, drüben existiere das schlechthin Böse, und hüben würden Machtinteressen von öffentlicher Kritik und durch Parlamentsbeschlüsse zuverlässig gebändigt. Muß ich nun, bevor man den Machtexkurs als eine Entschuldigung dafür nimmt, wie die SED mit jungen Leuten verfahren ist, die den Aufnäher: »Schwerter zu Pflugscharen«, auf dem Ärmel trugen – muß ich vorher schnell wieder in unser Feldgeschrei ausbrechen: »Ich bin euer?«

Der Wandel in der DDR, die Bereitschaft, den Kopf aus der

Nische zu stecken, bleiben als aktiver Vorgang – wie freiwillige Auffälligkeiten bei uns und überall – die Sache einer Minderheit. Aber sie wirkt klimatisch auf das ganze Land, sie berührt auch die Unauffälligen. Eingegrenzt ist sie weiterhin von den in diesem Kapitel beschriebenen überkommenen Sentiments und Ressentiments, aus denen heraus manches Neue skeptisch aufgenommen, sogar abgelehnt wird. An den *Polacken* interessiert die Mehrheit der Nischenbewohner, nach allem, was ich hören konnte, mehr, daß man sie mit durchfüttern muß, als der Ruf nach Solidarität. Gemessen an den Erwartungen von mitteldeutschen Intellektuellen vor zehn Jahren hat die Entwicklung – nicht zu einem westlichen Pluralismus, der das System sprengen würde, aber doch zu mehr Emanzipation innerhalb des vorgebenen Rahmens – Rückschläge erlitten. Ähnliche Enttäuschungen, vielleicht anders, materieller motiviert, sind auch in der breiten Bevölkerung zu spüren. Tatsächlich hat die weltwirtschaftliche Rezession die rohstoffarme DDR schwer getroffen. Was am Wandel, was an dem Empfinden, er finde nun endlich statt, Mitte der siebziger Jahre, ökonomische Wurzeln hatte, ist im Aufblühen faktisch gebremst worden und im Gefühl der Menschen, es gehe aufwärts, zu einem großen Teil verdorrt. Die Verschlechterung der internationalen politischen Lage trägt zur Düsterkeit bei – bewirkt aber auch wieder neues Engagement.

Dennoch ist die DDR heute von der, die sie vor zehn Jahren noch war, sehr unterschieden. Welche Hoffnungen auch unerfüllt blieben: Sie ist *normaler* geworden im Sinne einer hochentwickelten Industriegesellschaft. Diese Entwicklung ist noch lange nicht abgeschlossen; sie kann bei einer allgemeinen wirtschaftlichen Depression und noch weiter verstärkter Kriegsgefahr jäh gestoppt werden durch einen erneuerten politisch-ideologischen Druck auf die mitteldeutsche Gesellschaft; und sie wird bei einem ungestörten Verlauf auch manches zurücklassen, abwerfen, verändern von dem, was die Nischengesellschaft bisher stark mitbestimmt hat. Dazu wird in den nächsten Jahren die endgültige Abnabelung von der Nachkriegszeit gehören, was Werte und Maßstäbe von damals aus der Mitgestaltung der Gegenwart, die bis heute noch geübt wird, in die Erinnerung versetzen wird. Vor allem aber wird die soziale Auffächerung der mitteldeutschen Gesellschaft, die in den Gründerjahren der Republik so homogen war, sich weiter fortsetzen. Das Staatsvolk der kleinen Leute, so tonangebend, so selbstverständlich stilbildend über drei Jahrzehnte hin, gerät sozusagen allmählich ins Familienstammbuch. Bei seinen Kindern und ersten erwachsenen Kindeskindern werden die unterschiedlichen Qualifikationen und Positionen stärkeres Gewicht erhalten. Wird es künftig auch außerhalb der SED mehr Aufsteigermentalität in der DDR geben? Normaler im Sinne einer Wohlstandsgesellschaft ist der Staat drüben in den letzten Jahren auch darin geworden, daß er, wie die Bundesrepublik, wenn auch im bescheideneren Umfang, *Aussteiger* hat: Leute, denen ihre Nische noch nicht tief genug war, so daß sie die Rückseite herausgeschlagen haben, um sozusagen auf die grüne Wiese zu gelangen. Ich kenne Fälle von beruflich hochqualifizierten Menschen, die sich heute als Handwerker im Ein-Mann-Betrieb betätigen, damit sie selber über ihre Zeit, die so zu ihrer individuellen Freiheit wird, verfügen können.

Die SED, vornehmlich in den unteren Rängen der Verwaltung, in Kommunen und Betrieben, überall da also, wo Publikumsverkehr stattfindet, war Mitte der siebziger Jahre auf die neue Angewohnheit mancher Bürger und Bürgerinnen, sich nicht alles bieten zu lassen, wenig vorbereitet. Der Apparat, anders als der westdeutsche von keiner Verwaltungsgerichtsbarkeit wenigstens teilweise domestiziert, sondern jeder seiner Angehörigen ein kleiner Herrscher hinter jedem Schalter, ist nach meinem Eindruck auch weiterhin unsicher. Viele Genossen, so denke ich, müssen zwangsläufig Verständnisschwierigkeiten gegenüber ungewohnten Erscheinungen haben. Sie gehören als Mitglieder einer Kaderpartei zu einem geschlossenen Kreis, dessen interne Postulate, Regeln, Ideale, Anpassungszwänge mächtiger sind, stärker auf die Genossen einwirken als die Verhaltensnormen der Gesellschaft außerhalb dieses Zirkels.

Das gilt nicht ganz so absolut, wie ich es hier, um das Problem zu verdeutlichen, formuliert habe: Je mehr in Funktionen tätig, in denen eine gewisse Abhängigkeit von der Mitarbeit, dem guten Willen von Parteilosen besteht, um so eher begreift das Mitglied der SED, natürlich, was die Nischenbewohner denken und wollen. Also: Die etwaige Borniertheit ist, nach dem, was ich hörte, in der Regel in wissenschaftlichen Instituten größer als in Fabriken und landwirtschaftlichen Produktionsgenossenschaften. Wann immer ein Mann oder eine Frau aus der SED für eine Arbeit, für eine Aufgabe mit ihrer Person einstehen können – viele Bürgermeister beispielsweise –, dann überwiegen oft Courage, Vernunft und Augenmaß die Scheu vor Verantwortung, Opportunismus und parteiliche Enge.

In der anonymen Verwaltung, wo Antragsteller – nicht nur um der Ausreise willen – hinkommen, scheint die Unsicherheit der Funktionäre sich am schnellsten in Sturheit und auch Schikane zu entladen. Grausam kann das werden, wenn Menschen auf ihrer Ausreise bestehen. Da Einschüchterung ganz allgemein, nicht nur, wenn es um das Verlassen der DDR geht, nicht mehr so wirksam ist wie zu Ulbrichts Zeiten, ist die Verantwortung des einzelnen Genossen erheblich gestiegen: versucht er, nur noch mehr einzuschüchtern, weil das gewohnte Maß nicht ausreicht, so kann in seiner Kleinstadt ein administrativer Fall heute zu einem *öffentlichen Ärgernis* werden, indes dieselbe Sache im Nachbarort zur Zufriedenheit aller geregelt wird. Ich kann nicht beurteilen, wieweit die Schulung der Verwaltungsfunktionäre geeignet ist, ihnen zuverlässig die Mitte zu weisen zwischen verlangter Grundsatztreue, *Wachsamkeit* (ein Schlüsselwort des Apparats) und inzwischen notwendiger Flexibilität. Beobachtet habe ich, daß die Verwaltungspraxis der DDR gelegentlich von einiger Zufälligkeit bestimmt wird: was in manchen Städten und Kreisen genehmigt wurde, blieb in anderen versagt.

Unter Gesprächspartnern aus den wissenschaftlichen Stäben der SED habe ich viel Bewußtsein von den Problemen festgestellt, die eine nicht mehr monolithisch erstarrte Gesellschaft aufwirft. Es gibt Ansätze zu neuen Erziehungsidealen, die bis ins Ideologische hineinreichen: Es soll künftig stärker die individuelle Spitzenbegabung gefördert werden – und das nicht mehr nur gezielt im Sport. Geschieht dies, so gibt es mittelfristig weitere Differenzierungen in der Gesellschaft, neue Schichtungen: und auch neue Probleme mit alten Idealen. Das Lohngefüge etwa, ohnehin durch Prämien bereits verbogen, wird die überkommene kommunistische Gerechtigkeit noch weiter einbüßen, wonach der Diplomingenieur am Anfang seiner Karriere nicht viel mehr zu erwarten hat als der Facharbeiter, um mit diesem materiellen Verzicht der Gesellschaft zurückzuerstatten, was sie ihm in der Ausbildung vorgeschossen hat. Mit solchen Absichten entspricht die SED den Forderungen jener Genossen, die nach meinem Eindruck in den letzten Jahren stark an Einfluß in der Partei gewonnen haben: Die selbstbewußten Wirtschaftsmanager, die *Macher*, unter denen ideologische Fragen eines Tages den gleichen Stellenwert haben könnten wie das Neue Testament für

Taufscheinchristen – eine gute, wichtige Sache, aber nichts für den Alltag.

Gelegentlich kann man unter Genossen der SED aber auch Ansichten hören, Töne, in denen eine Hinwendung zum Dogmatischen, eine Rückbesinnung auf die reine Lehre, eine Abkehr von Maßstäben, die allein oder überwiegend ökonomisch bestimmt sind, mitschwingen. Vielleicht kann man sagen, sie wollen nicht, daß ihr System in einen Wettbewerb (mit unserem) eintritt, in dem es aus vielen Gründen, für unabsehbare Zeit, nur einen zweiten Platz erringen kann. Dann lieber sich stützen auf das, was man, wie sie es sehen, allein besitzt: das richtige Bewußtsein. Ob es Rückzugsgefechte sind, die vom Wandel, der sich abzeichnet, noch einmal belebt werden, oder die Vorhut einer gewissen Reideologisierung, vermag ich nicht zu beurteilen.

So hat die Staatspartei der Deutschen Demokratischen Republik künftig neue Spannungen zu gewärtigen. Aber zunächst einmal ist die SED mit ihrem Staat gewachsen. Sie verfügt souverän (manchen alten Genossen zu bedenkenlos) und mit immer weniger entlehnten, mit immer mehr eigenen Bezügen über die deutsche Geschichte, das kulturelle Erbe. Sie versteht sich – mit internationalistischen Traditionen und Pflichten – als das, was sie ist: eine mächtige deutsche Partei.

Die mitteldeutsche Nischengesellschaft: Unterstellt, die Sowjetunion gäbe morgen die DDR aus ihrem Einflußgebiet frei, die Mauer würde fallen – vieles würde sich ändern. Aber nach meiner Einschätzung wäre Deutschlands Teilung nicht übermorgen, nicht über Nacht aufgehoben. Viele, viele Mitteldeutsche verstehen unter ihrer Selbstbestimmung nicht mehr die Eingemeindung in die Bundesrepublik. Sie haben zum Teil andere Maßstäbe entwickelt, linke von ihnen genannt oder auch nicht, als wir sie ihnen bieten können. Sie würden über manches erst einmal verhandeln wollen mit uns. Wie stimmten wir ab, sechzig zu siebzehn Millionen, über die Eigentumsverhältnisse? Stünde sie vor der Tür: Ertrügen Westdeutschlands Mächtige die Wiedervereinigung mit VEB und LPG?

Auch die Deutschen in der DDR meinen, daß sie wieder wer sind. Jüngst erzählte mir ein Pfarrer von drüben, in dem Maße, in dem bei uns das Interesse an Mitteldeutschland seit einiger Zeit wachse, sei das an der Bundesrepublik unter manchen jüngeren Leuten bei ihnen kleiner geworden. Sie interessieren sich mehr für ihren eigenen Staat.

Solche Hinwendung zur DDR (auch mit deren Schattenseiten) wird für das Regime schon auf mittlere Frist außer der Genugtuung zunächst auch Verständnisschwierigkeiten zur Folge haben. Weder die Funktionäre dort noch unsere Agitatoren hier werden unbekümmert die deutsch-deutsche Welt auch weiterhin nach der alten Faustregel teilen können: nicht jeder, der sich drüben nicht nur anpassen will, sondern der statt dessen aufmuckt und für Veränderungen eintritt, ist grundsätzlich gegen die DDR eingestellt. Mit dieser Rechtfertigung haben in den vergangenen Jahren Schriftsteller sich Gehör bei der SED zu schaffen versucht. Jetzt aber akzeptierten zunehmend Engagierte, Sensible aus der jungen Generation, auch außerhalb der intellektuellen Zirkel, den Staat – und nehmen ihn unter eine kritische Lupe. Die jungen Leute, in der DDR herangewachsen, kennen sich in den Mechanismen aus, die von der SED in Verwaltung und Betrieben eingerichtet worden sind. Immer unter der Voraussetzung, die Spannungen zwischen West und Ost wachsen nicht weiter und Entwicklungen werden nicht dadurch gegebenenfalls auch zu einem brutalen Ende gebracht, könnte sich erweisen, daß im vorgegebenen Rahmen einige Freiräume auch außerhalb der Nischen vorhanden sind. Auf der Basis der Anerkennung des Staats und seiner Grundbedingungen kann das neue Faktum vor allem in größerem Freimut, in weniger Unsicherheit beim *Widersprechen* auf Antworten zutage treten, die nicht den Kern des Systems berühren, an die man sich aber als Bürger der DDR dennoch in der Vergangenheit nur sehr zögernd oder auch gar nicht mit Zusatzfragen herangewagt hat.

Für die älteren Mitteldeutschen war der Ausreiseantrag in die Bundesrepublik (auch wenn er oft nur eine Hoffnung blieb) eine natürliche Reaktion, wenn es *gar nicht mehr auszuhalten* war – sozusagen ein gesamtdeutscher Reflex. Die nachwachsenden Jahrgänge werden diesen Ausweg immer weniger als die natürliche Konfliktlösung empfinden. Die SED wird sich darauf einstellen müssen. Und wir werden die Identität der Deutschen auf unabsehbare Zeit auch in der DDR zu suchen haben: in ihren Nischen und außerhalb von ihnen, in der SED und in der Jungen Gemeinde, in ihrer Hausbackenheit und ihren Idealen. Ach, die mitteldeutsche Nischengesellschaft: sie ist so und so und so; sie liebt dies und verabscheut das; sie wird sich dahin entwickeln und dort stehenbleiben; sie ist, sie wird, sie . . .

Das Interesse der Deutschen, soweit es eingebettet ist in die Beziehungen zwischen der Bundesrepublik Deutschland und der Deutschen Demokratischen Republik, ist nach meinem Verständnis am ehesten zu befriedigen, wenn Bonn und Ost-Berlin stets ein besseres Verhältnis zueinander haben als Washington und Moskau es wechselseitig jeweils besitzen. Das ist ein einfacher Satz. Aber wenn man hinter alle seine Bedeutungen kommt, dann gibt er preis, wie schwer zu erfüllen ist, was er fordert. Er enthält Konditionen und umschließt Abhängigkeiten, die eine konsequent zielgerichtete Deutschlandpolitik – im Sinne der Forderung des aufgestellten Satzes – für jede Regierung in den beiden deutschen Staaten *objektiv* schwierig machen und die *subjektiv* Inkonsequenzen und sogar andere Ziele scheinbar rechtfertigen können.

So sind, um die Schwierigkeiten anzudeuten, die Beziehungen zwischen Bonn und Ost-Berlin immer verwoben in die zwischen den beiden Vormächten USA und UdSSR; das ist sozusagen natürlich, es ist ein objektiver Faktor. Er bedeutet (und das ist bedrückend viel): Ein schlechtes, angespanntes Verhältnis (oder auch gutes) zwischen den Großen wirkt auf das der Kleinen ein. Jedoch: Es ist nicht mehr objektiv vorgegeben, sondern führt in die von Bonn und Ost-Berlin gestaltbare Politik hinein, ob sich die beiden deutschen Staaten *nach ihren Möglichkeiten* entsprechend dem obigen Satz verhalten und ob sie das jeweilige Verhältnis der Großen im Interesse der Deutschen, wie er es definiert, zu beeinflussen versuchen.

Darauf zu verzichten, kann aber die erklärte oder auch stillschweigend praktizierte Politik einer Bonner Regierung sein, weil diese subjektiv überzeugt ist, bessere Beziehungen zu Washington als zu Ost-Berlin lägen eher im deutschen Interesse, womit dann die deutsch-deutschen Verhältnisse wieder vollständig den amerikanisch-sowjetischen unterworfen sind. Oder die Bonner Regierung weicht von dem Satz ab, weil sie annimmt, daß Ost-Berlin als eine Satrapie Moskaus ohnehin nichts zu uns hin entwickeln könne, was besser sei als das jeweilige Miteinander oder Gegeneinander der Weltmächte. Oder weil sie meint, sie werde ihre Probleme mit der DDR, der Satrapie, durch Rücksprache mit der Sowjetunion lösen können, weshalb der Kontakt zu Moskau wichtiger sei als der zu Ost-Berlin. Oder weil sie befürchtet, daß innenpolitisch, staatspolitisch in der Bundesrepublik Feindbilder verblassen, wenn die Beziehungen mit Ost-Berlin im Vergleich zu denen mit Washington als zu gut erscheinen. Oder weil sie nicht imstande ist, ein möglichst krisenfestes, innerhalb der objektiven Vorgaben eigenständiges Verhältnis zu Ost-Berlin so unspektakulär, so wenig plakativ, so diskret zu gestalten, daß beide Vormächte der Militärblöcke, die Führung der DDR und alle Nachbarn Deutschlands es ertragen können.

Die bisherige Bonner Deutschlandpolitik – gerechnet von 1969 an, als die erste sozialdemokratisch geführte Bundesregierung bereit war, die DDR nicht länger als ein *Phänomen* zu behandeln – war davon gekennzeichnet, daß sie hineinpaßte in die seinerzeitige Ostpolitik des westlichen Blocks. Sie gehörte zu den allgemeinen Bemühungen, entspanntere Verhältnisse in Europa zu schaffen. Das sind vergangene Zeiten. In den kommenden Jahren wird die auf die DDR gerichtete Politik der Bundesrepublik sich zu entfalten haben gegen den Konfrontationskurs der Blöcke. Damit gewinnt die propagandistische Floskel: *Deutschlandpolitik ist Friedenspolitik* eine sehr reale Bedeutung. Wieviel Eigenständigkeit wird uns Deutschen unter den neuen Klimabedingungen gegeben sein? Werden wir unsere – geringen – Möglichkeiten, auf die Politik der Blöcke einzuwirken, nutzen? Alle objektiven Schwierigkeiten und subjektiven Fehlschlüsse, von denen ich eingangs geschrieben habe, erhalten ein bedrückendes Gewicht. Neben die Phantasielosen, die nur ihre alten Konzepte zur Hand haben, werden zunehmend Schlaumeier und Schwarmgeister treten. Es ist schwer, kein Defätist zu werden.

Die Politik, die Bundeskanzler Brandt zum anderen deutschen Staat hin entwickelte, war ein Teil seiner Vertragspolitik mit der Sowjetunion und den übrigen Ostblockstaaten, vor allem mit Polen und der Tschechoslowakei. Abgesehen davon, daß diese bedeutende Leistung sich einfügte in die damaligen Absichten der westlichen Vormacht USA und ein Zurückbleiben der Bundesrepublik auf Positionen des überwundenen Kalten Krieges verhinderte, war das Konzept der Ostpolitik Brandts auch deswegen richtig, weil es vorrangig Moskau berücksichtigte und gleichzeitig durch die Verträge mit Warschau und Prag das Unbehagen, den Widerstand der Nachbarn Deutschlands gegenüber jeder Bewegung in der *deutschen Frage* beschwichtigte.

Willy Brandt, sein Außenminister Walter Scheel und sein intellektueller Partner und operativer Gehilfe Egon Bahr handelten konsequent nach der Einsicht, daß jeder westliche, jeder westdeutsche Versuch, die Sowjetunion innerhalb ihres Blocks zu isolieren, Politik mit den osteuropäischen Staaten an ihr vorbeizubetreiben, scheitern muß und gegebenenfalls sogar einen offenen Konflikt provozieren kann. Vorangegangene schlaumeierische Anstrengungen einer von der CDU geführten Bundesregierung, die UdSSR unter Druck zu setzen durch ein Techtelmechtel mit Bukarest, dem weitere Flirts mit den anderen osteuropäischen Hauptstädten unter Ausklammerung Moskaus folgen sollten, endeten schnell in einer Sackgasse. Von solchen kriegsgefährlichen Fehlern war die sozialdemokratische Außenpolitik nach 1969 frei. Sie akzeptierte den Status quo in Europa, woraus allein konkrete Verbesserungen für das Leben der Europäer resultieren können. Erst die Anerkennung des Status quo ermöglicht seine *allmähliche, friedliche Veränderung*. Nur die Katastrophe ist flinkfüßig. Im folgenden abschließenden Kapitel sollen die Aussichten künftiger Bonner Politik, wie sie unter den jetzt herrschenden Umständen in der Bundesrepublik, im westlichen Block, im östlichen, zwischen West und Ost zu erwarten sind, betrachtet werden. An dieser Stelle werden zunächst die ersten zwölf Jahre deutsch-deutscher Beziehungen seit Beginn der Kanzlerschaft von Willy Brandt untersucht – mit Seitenblicken auf neue Akzente der Deutschlandpolitik nach der Regierungsübernahme durch die CDU/CSU im Herbst 1982.

In der Konzeption Brandts und Bahrs, soweit sie ausformuliert und operativ erkennbar wurde, waren die Beziehungen zur DDR denen zur Sowjetunion nachgeordnet, was aus allen objektiv vorgegebenen Fakten zwingend war. Das *Besondere* im Verhältnis zum anderen deutschen Staat bezog sich lediglich auf juristische, verfassungsbedingte Einschränkungen; Beispiel: Ständige Vertretungen statt Botschaften. Im übrigen war Ost-Berlin nur ein Glied in der Vertragskette mit Moskau, Warschau und Prag; wenn auch als Partner besonders heikel, weil West-Berlin von seinem Territorium umschlossen ist. Ihrer Art nach war die Deutschlandpolitik zum Unterfall der Ostpolitik geworden. Das hat sie befreit von der zwanzigjährigen Selbstfesselung unter Adenauer, Erhard und Kiesinger. Sie konnte nach so viel Maulheldentum konkret werden. Ihre Erfolge sind so maßgebend, daß Bundeskanzler Kohl und sein Freund Franz

Josef Strauß an sie anknüpfen, soweit ihre Ideologie es ihnen erlaubt.

Aber: Der seinerzeitige – weise, notgedrungene, unbedachte? – Verzicht der sozialdemokratischen Deutschlandpolitiker in Bonn, das *wichtige Besondere* der deutsch-deutschen Verhältnisse, vor dessen Bedeutung die völkerrechtlichen Vorbehalte gering wiegen, wenigstens in Ansätzen konzeptionell zu entwickeln, soweit es die bundesrepublikanische Zwangsjacke, die Abhängigkeiten Bonns zuließen – dieser Verzicht hat unser abnormes Defizit an nationaler Identität bis heute mit prolongiert. Was ist das wichtige Besondere für die beiden deutschen Staaten? Wie ich es sehe, ist es die *Zukunftssicherung der entstaatlichten Nation* (was mehr bedeutet als staatliche Beziehungen) durch legitime, also friedliche Interessenbefriedigung innerhalb eines unverändert von Nationen geprägten Europas. Es ist der unermüdliche, unablässige Versuch, die Frage zu beantworten: Wohin sollen die deutsch-deutschen Beziehungen die Deutschen in zehn, zwanzig Jahren gebracht haben? Ich neige zu der Meinung, daß unter Brandts Kanzlerschaft, als die ersten Schritte auf die DDR zu getan wurden, die Zeit noch nicht gekommen war, um *besondere deutsche Interessen* konkret zu artikulieren. Hätte man in Bonn damals solche Gedanken ausgesprochen, so wäre die Entspannungspolitik der Bundesregierung zum Osten hin schnell am östlichen wie westlichen Mißtrauen, an Unsicherheiten der DDR erstickt. Vor allem aber: Das spezielle Interesse Deutschlands lag noch nicht so auf der Hand, war noch nicht so vielen links und rechts der Elbe bewußt geworden wie im Jahre 1983, am Vorabend einer sogenannten Nachrüstung.

Gleichviel: Die wohl unumgängliche, angemessene Beschränkung der deutschlandpolitischen Konzeption auf eine erste Phase – die des Grundlagenvertrags von 1972 und dessen erste Ausführungen – hat dazu beigetragen, alte Denkgewohnheiten am Leben zu erhalten und für alle längerfristigen Entwicklungen beschwichtigende Phrasen im Munde zu haben, die scheinbar etwas besagen, tatsächlich aber inhaltslos sind. Alle Zukunft wurde weiterhin abgedeckt mit der Leerformel von der staatlichen Wiedervereinigung; der Weg dahin sollte über Europa führen. Daran ist gerade soviel richtig, daß keinerlei grundlegende Veränderung in Mitteleuropa, wo die beiden deutschen Staaten liegen, friedlich möglich ist, ohne daß die Nachbarn und die beiden Weltmächte damit einverstanden sind. Die Lösung, käme sie zustande, wäre eine *gesamteuropäische Friedensordnung:* ein Ziel, aufs innigste zu wünschen. Daß aber ein solcher Qualitätssprung der europäischen Verhältnisse die staatliche Einheit Deutschlands einschließt, ist keineswegs sicher. Was schert das die Bonner Phrasendrescher? Vor allem CDU/CSU und FDP weisen unverändert auf den europäischen Weg hin, an dessen Rain eines Tages das deutsche Wunder erblühen soll – und zementieren gleichzeitig durch den weiteren Ausbau der (West-)Europäischen Wirtschaftsgemeinschaft die Teilung des Kontinents. Über Brüssel, soviel ist gewiß, führt nicht einmal ein Umweg zu Antworten auf deutsche Fragen.

Sicherlich brauchen die hochentwickelten nationalen Volkswirtschaften größere Freihandelsräume als sie die eigenen Grenzen setzen. Aber diese wirtschaftliche Notwendigkeit hätte beileibe nicht die Gestalt der Europäischen Wirtschaftsgemeinschaft (EWG) annehmen müssen. Und das Monster ist ja auch nicht aus ökonomischen Gründen ins Leben getreten. Es war ein konservativer Wechselbalg Frankreichs mit Italien und Adenauers Rheinbundstaat; gedacht als ein Ausfallfort des totalitären Antikommunismus im Kalten Krieg. Inzwischen ist aus dem Karolingerreich die Wirtschaftsgemeinschaft geworden: was sie für die Volkswirtschaften erbringt, hätte auch in anderen Formen der Zusammenarbeit geleistet werden können. Seit die EWG existiert, hat sie außer Bürokratie und Kosten immer auch neue Teilungen hervorgerufen und bestehende vertieft. So hat sie beispielsweise mit dem ihr innewohnenden Automatismus alle Handelsverträge mit Osteuropa ihrer Zuständigkeit unterworfen: sie werden nur noch zwischen der EWG und ihrem östlichen Gegenstück, dem Rat für gemeinsame Wirtschaftshilfe (RGW) abgeschlossen. Bilaterale Handelsabkommen zwischen einzelnen EWG- und RGW-Staaten sind seit einigen Jahren nicht mehr möglich: eine von Brüssel, dem Sitz der EWG, betriebene europäische Spaltungspolitik, von der die ohnehin geringen Handlungsvollmachten der osteuropäischen Staaten noch weiter zu Gunsten der Moskauer RGW-Zentrale eingeengt worden sind. Als diese Regelung Mitte der siebziger Jahre bevorstand, haben genügend osteuropäische Gesprächspartner vor ihr gewarnt. Ich habe gelegentlich bei Bonner Politikern aller Parteien angeregt, ein Mann im Auswärtigen Amt möge weisungsgemäß alle anstehenden EWG-Beschlüsse allein darauf prüfen, ob sie die Spaltung Europas, Deutschlands vertiefen könnten. Das hat stets nur jenes Interesse gefunden, das ebenso höflich wie flüchtig ist. Im Grunde war meine Anregung auch widersinnig: Die EWG selber ist die Säule, auf der westlicherseits die europäische Teilung ruht. Fassadenputzerei im Detail ändert daran nichts.

Allein schon die wirtschaftliche Integration der Bundesrepublik in die Brüsseler Wirtschaftsgemeinschaft und die der DDR in die Moskauer schließt jede staatliche Wiedervereinigung Deutschlands aus; von anderen Gründen zu schweigen. Nur eine Verlangsamung der Integration, die Teilung bedeutet, könnte als Vorstufe zu neuen *Absprachen in Gesamteuropa* die Bonner Behauptungen über deutsche Lösungen auf dem europäischen Weg ehrlich machen. Aber ganz im Gegenteil lassen sich die Bundeskanzler, in diesem Jahr Helmut Kohl, als Europäer feiern, wenn sie die EWG verfestigen helfen. In die meisten Spaltungskonsequenzen aus der Einbindung in die EWG sind die Bonner Parteien *hineingeschlittert,* weil der Kurs nun einmal vorgezeichnet war, weil man sich schon unterwegs befand und den Ausgangspunkt, den Kalten Krieg, bereits aus den Augen verloren hatte.

Willy Brandt hat zwar mutig von Anfang an die Idee einer (Gesamt-)Europäischen Sicherheitskonferenz gefördert. Aber die sonstige Zurückhaltung der SPD im Ausformulieren eines längerfristigen Entwurfs für Mitteleuropa, wahrscheinlich von den außen- wie innenpolitischen Umständen erzwungen, hat die Heuchelei anderer Kräfte im Land begünstigt. Sie mußten sich bisher nicht verteidigen gegen eine breite, öffentliche Aufdeckung ihres Betrugs, die immer noch fortschreitende Wirtschaftsvereinigung von Griechenlands Pfirsichen bis zu Spaniens Apfelsinen als das Europa auszugeben, in dem der Schlüssel für die Linderung deutscher Nöte liegt. Ich kenne keine tiefere Sprachverwirrung der Gegenwart als die, welche sich in diesem Betrug ausdrückt, der für manche westdeutsche Politiker durchaus ein Selbstbetrug sein mag. Ich weiß wahrhaftig nicht, was in bezug auf solchen Orwellschen Vorgang – der Kriegsminister wird Friedensminister genannt – am stärksten unter dem westdeutschen Publikum waltet: die Schafsgeduld; die Unfähigkeit, zwei und zwei zusammenzuzählen, Unsinn zu erkennen; oder die Gleichgültigkeit gegenüber der eigenen nationalen Frage.

Politik wird durch öffentliche Debatten, durch neues Maß gebendes Reden, durch das Benennen auch fernerer Ziele bewegt; auf diese Weise werden Konzeptionen und die schrittweise umsichtige Annäherung an ihre Inhalte erkennbar; werden Absichten in – wenn die Politik vernünftig bleibt – *geduldiges* Handeln umgesetzt. Durch anhaltendes Stillschweigen entsteht ein konzeptionelles Vakuum, in das die Vorstellungen der erwähnten Schlaumeier und Schwarmgeister, die unfruchtbaren Formeln der politisch Sterilen und die Phraseologie der Partei-Geschäftsführer eindringen. Für die Deutschlandpolitik der Bundesregierung Kohls bedeutet das, die Tagespolitik der deutsch-deutschen Beziehungen so weiterzuführen, wie es die vorangegangenen Regierungen Brandts und Schmidts, darob viel gescholten, getan haben (Milliardenkredit); dies aber, aus Überzeugung wohl wie zur Beschwichtigung der Gefolgschaft, mit revanchistischen Bekenntnissen zu Deutschland in den Grenzen von 1937 zu garnieren. Bisheriger Höhepunkt der Luftnummer im neuen Programm: Bundeskanzler Kohl spricht auf einer Pressekonferenz in Moskau von der deutschen Wiedervereinigung. Donnerwetter.

Zunächst werden alle nennenswerten Kräfte im Land zufrieden sein. Wer den Ausgleich mit der DDR wünscht, wird die Kontinuität im Tagesgeschäft begrüßen. Der antikommunistische Totalitäre, der aus der neuen Konfessionsspaltung des deutschen Volks seine Begriffe gewinnt, kann sich am rhetorischen Beiwerk festhalten. Da die Führung der DDR, wenn es den Interessen ihres Staates dienlich ist, ziemlich viel hinnimmt und lange Zeit hindurch Rhetorik nur mit Rhetorik beantwortet – auf dieses Verhalten kann man selbst dann spekulieren, wenn sie nicht noch mehr einsteckt als gewöhnlich, weil sie so auf die Raketenfrage einwirken will –, ist für einige Zeit nicht auszuschließen, daß trotz der neu-alten Bonner Töne deutsch-deutsche Vereinbarungen zustande kommen, aus denen die DDR harte Währung bezieht. Dann wird das – vermeintliche – Glück hierzulande fast vollkommen sein (es fehlt nur die Wiedervereinigung): Seht doch, es geht, auch wenn man aus seinem Herzen keine Mördergrube macht. Allmählich allerdings wird deutlich werden, daß es eine Springprozession mit merkwürdigen Schrittfolgen ist: zuerst ein Hüpfen auf der Stelle, dann zwei Schritte zurück, etwas hüpfen, einen Schritt vor, hüpfen auf der Stelle, zwei Schritte zurück und so weiter. Richtig: es geht zurück.

Warum das schließlich so sein wird, selbst wenn die Stationierung neuer Raketen in Westdeutschland keine Frostperiode heraufführen sollte? Weil auch die DDR eine öffentliche Meinung hat, die von der Führung des Staats und seiner Staatspartei nicht über längere Zeit gänzlich unberücksichtigt bleiben kann; sie ist anders organisiert und hat ein anderes Forum als im Westen, aber sie ist ein sensibler Faktor: Es sind die Genossen der SED auf ihren Parteiversammlungen, vor denen die Linie des Politbüros erläutert wird – nicht immer, ohne daß Fragen gestellt werden. Auf Dauer lassen sich vor der Partei Abkommen mit einer Bonner Regierung, die öffentlich so auftritt wie die jetzige, nur rechtfertigen, falls sie genug Geld ins Land bringen. Andere Themen, solche, die auf lange Sicht einen politischen Dialog zwischen den beiden deutschen Staaten samt dessen segensreichen Folgen bewirken könnten, werden kaum auf den Tisch gelangen. Käme es zum Abschluß eines Kulturabkommens – seine Handhabung durch die DDR wäre im hohen Grade mit abhängig vom herrschenden Bonner Tonfall. Selbst die interne Kulturpolitik der DDR; das Maß ihrer Öffnung zum Westen; alles, was im weitesten Sinne Politik zwischen hüben und drüben ist, ohne in Vertragsform gegossen zu sein: mit abhängig von unserem Verhalten. Ob die Dogmatiker, die Rechtgläubigen auf beiden Seiten der Elbe eben diese Reduzierung der deutsch-deutschen Beziehungen auf Kreditkonditionen bei gleichzeitiger Restaurierung der überkommenen Feindbilder als das beste ansehen? Wahrscheinlich?

Für eine Bundesregierung, die Deutschlandpolitik in der beschriebenen Springprozession praktiziert, könnte es vorübergehend durchaus nützlich sein, wenn eine Kaltwetterfront entstünde, die sich von Washington und Moskau bis Bonn und Ost-Berlin ausdehnte. Übergeordnete, höherrangige Gründe haben dann wieder einmal verhindert, daß man mit der DDR ein Stück weitergekommen ist: jedesmal die gängigste Ausrede in Bonn, sobald man auch durch eigenes Handeln oder Unterlassen der Forderung des Eingangssatzes nicht gerecht wurde. Anderenfalls, wenn es ohne längere Unterbrechung sonnig bleibt, wird noch vorzeitiger offenbar werden, welche Wechselwirkung zwischen bundesrepublikanischen Sonntagsreden im Stil der fünfziger Jahre und unserem Verhältnis zur DDR besteht – auch wenn Kredit gegeben wird. Man muß sich nicht lange bei der Ironie aufhalten, die darin liegt, daß es gerade eine Regierung der CDU/CSU ist, die nach der Anlage ihrer Deutschlandpolitik die deutsch-deutschen Beziehungen praktisch vollständig auf das Monetäre stellt.

Ich habe mich seinerzeit, als die heutigen Regierungspolitiker noch Opposition trieben, oft gefragt, zu welcher moralischen Akrobatik sie fähig sind, damit sie einerseits die Brüder und Schwestern drüben beweinen konnten und andererseits ihnen den Brotkorb höher hängen wollten. Zahlten wir denn auf ein schweizerisches Nummernkonto für die Mitglieder des Politbüros? Hätten wir überhaupt etwas an die DDR gezahlt – Transitgebühren, Autobahnbau –, wenn West-Berlin in der Lüneburger Heide läge? Geld als ein politisches Mittel, die DDR an den Verhandlungstisch zu fesseln, auf dem fast ausschließlich Themen lagen, die halfen, West-Berlin halbwegs lebensfähig zu erhalten: das war für die erste Phase der sozialliberalen Deutschlandpolitik eine hoch nützliche Eröffnung weiterer, künftiger Möglichkeiten. Vorleistungen wurden damals nicht erbracht. Die Ratenzahlungen für die einzelnen Projekte, für die Festpreise ausgehandelt waren, begannen erst nach dem jeweiligen Vertragsabschluß. Als Vorschuß, wenn man so will als *Kasse gegen Hoffnung*, gab es nur den sogenannten *Swing*, den Überziehungskredit der DDR im deutsch-deutschen Handel, wovon auch viele westdeutsche Firmen, wie im Geschäftsleben üblich, profitierten.

Das ist nun, unter Kohl und Strauß, alles anders geworden. Die neuen Deutschlandpolitiker zahlen pränumerando. Dagegen ist grundsätzlich nichts zu sagen. Vorleistungen können manchmal nötig, auch nützlich sein. Nur: Die Reden der Bonner Regierungspolitiker, die das Geld begleiten, entwerten es auch zum Teil wieder – nicht für die DDR, aber in bezug auf langfristige deutsch-deutsche Verständigungen, die über das Materielle hinausgehen. Man kann einiges, nicht sehr viel, von der SED an Erleichterungen kaufen. Grundlegende Entscheidungen jedoch, wie etwa die über eine relative Freizügigkeit in die DDR hinein und aus ihr heraus, also Mindestumtausch und Reisealter, sind *für Geld allein nicht zu haben*. Weit mehr hängen sie für die SED von dem *politischen Umfeld* ab, wie es existiert, wenn Beschlüsse zu fassen sind. Dabei kann Bonn auch einmal ohne eigenes Zutun von allgemeinen Entspannungsinteressen des Ostblocks, denen sich Ost-Berlin anzubequemen hat, begünstigt werden. Ebenso können wir, trotz aller eigenen Anstrengungen, auch in unseren Erwartungen getäuscht werden, weil die andere Seite im Entgegenkommen zu diesem Zeitpunkt ihren politischen Nutzen nicht sieht. Aber die Bundesrepublik kann viel, viel mehr als gar nichts selber dazu tun, die politischen Beziehungen zur DDR so zu gestalten, daß es für die Führung drüben möglich und nützlich ist, Fragen beispielsweise des Reisens hinüber und herüber positiv zu beantworten: und in diesem konkreten Zusammenhang stiftet der neubelebte rhetorische Revanchismus Bonns schweren Schaden. Die Alternative heißt ja nicht, stillschweigend hinzunehmen, was uns die DDR gelegentlich zumutet. Nicht der Protest, den die Bundesregierung gegebenenfalls nachdrücklich, massiv zu erheben hat, ist neu, sondern der betonte Rückfall auf politische Positionen der bundesrepublikanischen Gründerzeit. All unser Geld wird schon mittelfristig nicht ausreichen, um die Fortsetzung der sozialdemokratischen Tagespolitik mit der DDR gegen die von der CDU/CSU nun auch als Regierungspartei immer aufs Neue aufgetürmten Erschwernisse zu finanzieren. Der Trick, wie Brandt und Schmidt zu handeln und wie Adenauer und der frühe Barzel zu reden, ist zu teuer.

Im Kern basiert die Deutschlandpolitik der Kohlschen Regierung auf der Ansicht, daß alles käuflich sei; jedenfalls unter Kommunisten. Ob es gelingen wird, der westdeutschen Mehrheit ebenso glaubhaft zu machen, die SED werde in Fragen mit sich handeln lassen, die nach ihrem Verständnis ihre Überzeugungen und, wo nicht die, ihre Macht berühren, wie man glaubhaft machen konnte, über Brüssel führe der Weg zur deutschen Einheit? Es wird wohl möglich sein. Man müßte den Leuten dann nur verschweigen, daß bloße Kreditpolitik, bis zu welcher konzeptionellen Bedeutung man sie auch stilisieren mag, nur ein kurzer, schwacher Hebel ist: Der Westen hat bei nüchterner Kalkulation ein zu hohes Eigeninteresse an der Kreditvergabe. Er verlangt heute mehr Sicherheiten, weil er lange Zeit, ziemlich gierig aufs Geschäft, nach klassischen Bankiersregeln sehr leichtsinnig war. Aber die wirtschaftenden Herren meinen nach wie vor zu recht, daß es nicht im westlichen Interesse läge, wenn demnächst der gesamte Ostblock, von der Sowjetunion abgesehen, zahlungsunfähig würde. Man dürfte dem Publikum eben nicht sagen, daß in den vergangenen zwei Jahren die Vorstände mancher großer Geschäftsbanken den General Jaruzelski in ihr Abendgebet eingeschlossen haben, damit Polen nicht völlig pleite gehe. Verheimlicht man genug Herrschaftswissen, so stellt sich der Glaube ans Konzept schon ein.

Die Katze wird sich nach einiger Zeit in den Schwanz beißen: Um die Enttäuschung aufzufangen über alles das, was man auch aus eigenem Verschulden, wegen der Schießbefehl-Rhetorik für den westdeutschen Hausgebrauch nicht oder nur im kleinsten

Umfang erreicht hat, muß die Bundesregierung ihre Kraftsprüche forcieren, was wiederum den etwa möglichen Ertrag aus den deutsch-deutschen Beziehungen mindern wird. Bleibt die Bonner Regierung, wie zu erwarten ist, bei ihrer bisherigen Rezeptur, so wird sie in der Deutschlandpolitik gleichzeitig ihr stärkster Opponent sein. Die Ansätze, vom anderen deutschen Staat mehr zu wissen, mehr von ihm zu begreifen, als unsere Klischees über ihn wiedergeben, werden amtlicherseits verkümmern. Das Staatsvolk der kleinen Leute und seine Nischengesellschaft, sein Bewußtsein nach mehr als dreißig Jahren der Trennung, Honeckers Partei und wie tief sie etwa doch schon in Mitteldeutschland gepflügt hat: Das sind keine brauchbaren Versatzstücke im restaurierten Bonner Szenario; sie werden zugedeckt von der unreflektierten Beschwörung des dermaleinst wiederentstehenden deutschen Einheitsstaates, womit der Geschichte, der künftigen, eine Qualitätsverbesserung der deutsch-deutschen Beziehungen, staatliche Einheit oder auch nicht, aufgetragen wird, mit der als Gegenwartsaufgabe heute geduldig, aber konkret begonnen werden müßte. Das konzeptionelle Vakuum, das in den letzten Jahren der sozialliberalen Koalition entstand, es ist vor allem mit Schaumschlägerei aufgefüllt worden.

Vielleicht will Bayerns Ministerpräsident mehr als Schaum schlagen? Warum nicht? Er ist vor allem deswegen immer für eine Überraschung gut, weil seine Person, seine politische Natur fast vollständig hinter den Abziehbildern verschwunden ist, mit denen ihn seit vielen Jahren die westdeutschen Medien beklebt haben. Da kann es dann schon passieren, daß die Realität, wenn sie dramatisch, spektakulär – Strauß bei Honecker – auftaucht, nur noch Verblüffung wachruft. Viele Kommentatoren verlieren dann sogar den Glauben an jene ihrer langjährigen Behauptungen über ihn, die unter so vielen falschen, vergröberten die richtige, die zutreffende war: Strauß wird getrieben von der Sucht, sich und aller Welt zu beweisen, daß er der Kerl ist, der eine Sache durchreißen, umdrehen, notfalls auf den Kopf stellen kann. Die Sache zählt dabei stets sehr viel weniger als der Potenznachweis. Und wäre es denn nicht toll, wenn Strauß vor einem möglicherweise schwierigen Herbst uns allen zeigte, wie er es durch ein, zwei, drei Gespräche zuwege bringt, daß diese Jahreszeit, der Herbst, heuer ausfällt? Mit Deutschlandpolitik, mit Ostpolitik hat das wenig zu tun. Die – späte – richtige Einsicht, daß die Stabilität Osteuropas auch den westeuropäischen Frieden stützt, von Strauß in Warschau ausgesprochen: Na schön, aber was besagt es für die Politik der CDU/CSU und ihrer Regierung? Es ist denkbar, daß die DDR-Führung den Mindestumtausch sozialer gestaltet. Das hat sie schon einmal getan, Ende 1974, nach meinen ersten Gesprächen mit Honecker.

Über die möglichen Gründe für ein etwaiges Entgegenkommen Ost-Berlins wird in diesem Kapitel berichtet – und auch über die Voraussetzungen und Grenzen, die damit verbunden sind. Strauß' Auftritte in Mitteldeutschland sind dabei nur eine Episode. Bemerkenswert daran ist freilich, daß die westdeutschen Medien mehrheitlich bereits ganz und gar das Opfer der *Personalisierung der Politik* geworden sind, die sie selber für ihre Konsumenten erfunden haben: Sie glauben, wie Strauß, daß ein Mann Politik im Handumdrehen wenden kann. Und sie müssen daher auch rätseln, ob Honecker sich den Besuch von Strauß persönlich leisten konnte. Ganz gewiß wird im Politbüro der SED über die Sache, die mit Strauß zum Vorteil oder Nachteil der DDR zusammenhängen könnte, gesprochen werden; der Mann aus Bayern wird dabei eine – farbige – Randfigur sein.

Immerhin, jedenfalls, wenigstens: Die erste Phase der Deutschlandpolitik Brandts und Scheels, in der Egon Bahrs Grundlagenvertrag mit der DDR schrittweise auszuführen und erstes politisches Vertrauenskapital zu sammeln waren, hat zwischen den beiden Staaten, wie ich es Anfang 1977 in einem Interview als Etappenziel formulierte, »ein Geflecht von Interessenausgleichen (entstehen lassen), das keine Seite ohne Nachteil für sich selber zerreißen kann«. Die Grundüberlegung war einfach: Auf der Basis der Anerkennung und *faktischen Behandlung* der DDR (wozu der öffentliche Umgang mit ihr gehört) als einem souveränen Staat, den deutschen Partner an einer Art Dauerverhandlung materiell und politisch zu interessieren, um so West-Berliner Existenzfragen lösen zu können (normalere Verkehrsbedingungen, verbesserte industrielle Infrastruktur durch Wiedereröffnung des Teltow-Kanals etc.) und eine allmähliche, relative Normalisierung zwischen Bonn und Ost-Berlin einzuleiten, damit in kritischen Zeiten und bei gemeinsamen Interessen ein Gesprächsinstrumentarium, ein Konsultationsmechanismus zur Hand wären.

Nachdem ich mit DDR-Vizeaußenminister Kurt Nier 1973 ein Protokoll über den Status der Ständigen Vertretungen ausgehandelt hatte, das am 14. März 1974 in Bonn unterzeichnet wurde, habe ich als Unterhändler im Auftrag der Bundesregierung in Ost-Berlin von 1974 bis 1980 weitere siebzehn vertragliche Vereinbarungen mit der DDR getroffen. Die Themenpalette reichte unter anderem von der Rekonstruktion der Autobahn Helmstedt–Berlin und der neuen Autobahn Berlin–Hamburg über Verbesserungen im Eisenbahnverkehr, Ausbau der Transit-Wasserstraßen und eine langfristige, zehnjährige Festschreibung der Transitgebühren bis zu einem Veterinärabkommen und einer ersten Verständigung über beabsichtigte Maßnahmen zum Umweltschutz. Die Verhandlungen zogen sich mühselig, hartnäckig auf beiden Seiten, jeweils über viele Monate hin.

In dieses Geflecht von Abkommen waren Verbesserungen für die Menschen in beiden Staaten verwoben, die von der DDR einseitig verfügt wurden, weil sie – wie jeder andere Staat – bestimmte Hoheitsrechte nicht in einem zweiseitigen Vertrag aufgehen lassen wollte. Daß ich jedoch auf die andere Seite zugunsten solcher Erleichterungen einwirken konnte, einen Gesprächsfaden dafür in der Hand hielt – das hat zu tun mit der bewußten, unermüdlichen Pflege des politischen Umfelds, dessen Bedeutung ich oben skizziert habe. Ich nenne von den konkreten Verbesserungen drei Beispiele, an denen sich erkennen läßt: erstens, wie schnell wir vergessen, wie es vorher war; zweitens, welche scheinbaren Kleinigkeiten unter den Bedingungen einer Teilung wichtig für die betroffenen Menschen sind; und drittens, was sehr unspektakulär dem so oft beschworenen Zusammenhalt zwischen hüben und drüben dienlich sein kann. Erinnern wir uns daran, daß man noch vor zehn Jahren die DDR mit dem Automobil nur mit Sondergenehmigung (zum Beispiel für Körperbehinderte) besuchen durfte und also in der Regel auf öffentliche Verkehrsmittel angewiesen war? Verstehen wir, was es im geteilten Deutschland für eine Familie bedeutet, daß Erbschaftsgut im Reiseverkehr verbracht werden darf; immer noch kompliziert, aber doch möglich? Begreifen wir, was es für die Familienkontakte, für den Besuch bei den Großeltern drüben bedeutet, daß westdeutsche Kinder solche Besuche machen können, ohne daß ein Erwachsener von hier dabeisein muß? Gegenüber solchen Fortschritten in den deutsch-deutschen Beziehungen gibt es zwei mögliche politische Einstellungen. Man kann entweder, unter Vernachlässigung aller Fakten und auch aller Gründe, aus denen sie entstanden, die DDR dafür anklagen, daß solche Regelungen nicht selbstverständlich sind. Oder man kann sich bemühen, solche Regelungen zu erreichen.

Ich schreibe mit diesem Buch keine Memoiren. Also gibt es kein Nachzeichnen langwieriger Verhandlungen, die oft schwierig waren wegen der – stets erreichten – Einbeziehung von West-Berlin; keine Indiskretionen über amtliche Bonner Besucher in Ost-Berlin; nichts aus dem Nähkästchen, was Schaden anrichten könnte. Einige Grundeinsichten und Erfahrungen, die ich als Verhandlungsführer unserer Seite gewonnen habe, halte ich fest: Alles, was mit der DDR auf Punkt und Komma genau ausgehandelt werden *kann*, wird von ihr auf Punkt und Komma genau erfüllt. Dafür gibt es kein Gegenbeispiel. Nicht alles läßt sich unter Privatpersonen, Geschäftsfirmen und auch Staaten in solcher wünschenswerten Eindeutigkeit vereinbaren; anderslautende Behauptungen sind Parteipropaganda und sollen Ressentiments fördern. Die Vielschichtigkeit eines Themas, unbestimmte Abhängigkeiten von vorgeschalteten, übergeordneten Verträgen zum selben Themenkomplex können in einem angestrebten Abkommen eine *Grauzone* entstehen lassen; ohne bösen Willen und Nachlässigkeit. In einem solchen Fall muß politisch entschieden werden, ob das Abkommen trotz einer vorhersehbaren, gewissen Auslegungsbreite (für die es eine Grenze geben muß) den eigenen Interessen nützlicher ist als eine andauernde Vertragslosigkeit.

Das ist keine Besonderheit, die es etwa nur im zwischenstaatlichen Verkehr mit Ost-Berlin gibt. Nach meiner Einsicht sprechen mindestens zwei Gründe dafür, in der Regel auch das Unvollkommene zu riskieren: Es gibt kaum einen Staat auf der Welt, mit dem wir so wenige Vereinbarungen haben wie mit der DDR, mit der wir doch zur Milderung der Trennungsfolgen mehr haben sollten als mit jedem anderen; also können auch schon – relativ – interpretationsoffene Abkommen einen ersten praktischen Nutzen für viele Menschen erbringen. Hinzu kommt, zweiter Grund, daß ein solcher Vertrag stets ein Anknüpfungspunkt sein kann, die DDR – gestützt auf eben den Vertragstext – in Gespräche über weitere Verbesserungen hineinzuziehen. Das kann sowohl der jeweiligen Sache selber dienen als auch der wichtigen Grundforderung: nach Möglichkeit immer Verhandlungsmaterie auf dem deutsch-deutschen Tisch haben, den Faden niemals abreißen lassen. Um Mißdeutungen vorzubeugen: Ich habe die Frage einer etwaigen Grauzone, einer Interpretationsbreite vor allem auch aufgeworfen, weil die Gegner der sozialliberalen Deutschlandpolitik, die heutigen Nachfahren dieser Politik, gern mit falschen Behauptungen über angeblich schludrige Verträge Stimmung machen. Nicht eines der Abkommen beispielsweise, aus denen die DDR Geld für erbrachte Bauleistungen erhält, ist anders als auf Punkt und Komma genau abgeschlossen worden.

Die DDR hat vom System her, strukturell, gegenüber der Bundesrepublik in zwischenstaatlichen Verhandlungen einen großen Vorteil, der sich aus mehreren Faktoren zusammensetzt. Das beginnt mit der Disziplin ihrer Politiker und ausführenden Funktionäre, bei uns Beamte genannt, die um so vieles größer ist als hierzulande, daß man sagen kann: wir haben gar keine im Vergleich zu drüben. Es gibt dort keine öffentlichen und halböffentlichen Indiskretionen, von denen bei uns Verhandlungen gewöhnlich begleitet werden. Nein, ich will nicht diskutieren, ob dieser Unterschied die Transparenz unseres öffentlichen Lebens, unsere Demokratie belegt: Er tut es nicht. Er hat nichts mit der Herstellung von Öffentlichkeit zu tun, sondern mit dem Kalkül von Politikern, daß auch sie einmal auf eine Gefälligkeit rechnen können, wenn sie von ihrem Wissen den Medien vorzeitig etwas abgeben. Oder man will so die Verhandlungen torpedieren, was dann vollends in unserem Sinn undemokratisch ist, weil doch über das Ergebnis gewählte Gremien entscheiden sollen.

Ich sehe niemanden an, ich stelle nur einen Vorteil der DDR fest. Er setzt sich darin fort, daß der Unterhändler der DDR, wenn die politische Führung es will, sehr viel schneller als der Mann auf unserer Seite verbindliche Weisungen erhält, wie er in diesem und jenem Punkt abschließen soll. Nur im seltenen Ausnahmefall ist der Entscheidungsstrang bei uns so kurz, wie er es drüben regelmäßig ist. Dies ist zum Teil der Preis, den wir für den Parlamentarismus zu entrichten haben; Absicherungen in den Fraktionen und in der Koalition bei jedem wichtigeren Schritt einer Verhandlung sind das legitime Interesse der verantwortlichen Minister und des Kanzlers. Aber in manchen Ministergesprächen auch unter Kanzlervorsitz, bei denen ich über den jeweiligen Verhandlungsstand berichtete, wurde zuweilen offenkundig, daß einige Herren am Tisch, gelegentlich auch der Vorsitzende, ihre Schulaufgaben nicht gemacht, die – sehr gestrafften – Unterlagen nicht gelesen hatten oder aber, wenn die öffentliche Meinung gerade besonders kritsich war, die entscheidungsreife Frage gerne noch auf der Beamtenebene ihres Hauses festhalten wollten.

Der strukturelle – nur strukturelle? – Vorteil der DDR wird noch deutlicher, sobald man sich das Bonner Zuständigkeitsschema vor Augen führt: Wir betrachten die DDR als souveränen Staat, aber nicht als Ausland, also ressortieren die Beziehungen zu ihr nicht im Auswärtigen Amt. Das AA, an seiner Spitze der Vizekanzler und Vorsitzende des kleineren Koalitionspartners, ist aber ein mächtiges Haus und will nicht nur unterrichtet sein, sondern in den Kulissen auch kräftig mitsprechen – was es bis zu einem gewissen Grade auch muß, damit zum Beispiel West-Berliner Fragen gegenüber dem Ostblock koordiniert werden können. Für den Umgang mit dem anderen deutschen Staat existiert in Bonn ein spezielles Ministerium, das innerdeutsche, mit dem freilich die DDR nur sehr bedingt Umgang zu pflegen bereit ist. Es gibt in dem Haus viel Sachverstand, aber seine Unsicherheit über die eigene Rolle – handelnd kann es gegenüber Ost-Berlin nicht direkt tätig werden (außer im humanitären Bereich, was aber auf zwei, drei Spitzenleute beschränkt ist), bloße Propaganda ist ein trockenes Brot – dörrt das Expertentum gelegentlich aus, macht die Leitung des Hauses mißtrauisch, ob sie auch immer über alles informiert ist: ein Turnlehrer am altsprachlichen Gymnasium. Notgedrungen mußte das Kanzleramt, obwohl nach seinen Funktionen schlecht dafür geeignet, die operative Arbeit übernehmen, sobald die Deutschlandpolitik 1969 konkret wurde.

Zu diesem Dreibund von Kanzleramt, innerdeutschem Ministerium und AA gesellt sich dann noch, je nach Verhandlungsthema mit der DDR, das zuständige Bonner Fachministerium, eifersüchtig und deutschlandpolitisch ahnungslos. Und von außen tritt der Bonner Gesandte des Berliner Senats hinzu. Die Einigung zwischen allen Beteiligten muß auf jeder Ebene, Stufe um Stufe, erreicht werden: von den Referenten über die Abteilungsleiter bis hin zu den Staatssekretären und Ministern. Ich habe beim Aushandeln von siebzehn Vereinbarungen ebensoviel Zeit, vielleicht mehr in Bonner Besprechungszimmern verbracht wie mit meinem Verhandlungspartner von der DDR. Es wäre gut, das innerdeutsche Ministerium aufzulösen und sein Fachpersonal in einer neuen Abteilung des Kanzleramts, seine Propagandatruppen im Presseamt unterzubringen. Kohl mit einer sozialdemokratischen Opposition könnte sich leisten, was seine Vorgänger mit einer christdemokratischen nicht riskieren mochten.

Im Laufe der Jahre sind die Schwerfälligkeiten und Kompetenzrangeleien so selbstverständlich geworden, hat man sich im Arbeitsablauf schon so unbewußt auf sie eingestellt, daß es trotz allem funktioniert und der Reibungsverlust, um ein Bild zu gebrauchen, angesehen wird wie ein Kropf: überflüssig, aber vorhanden. Anfangs, als nach 1974 die Verhandlungsmöglichkeiten mit der DDR sich auffächerten, hing die Beweglichkeit der zuständigen Bonner Maschinerie von zwei Ministerialdirektoren ab: Carl Werner Sanne, außenpolitischer Abteilungsleiter im Bundeskanzleramt, und Jürgen Weichert, Leiter der politischen Abteilung im innerdeutschen Ministerium. Inzwischen sind beide tot. Die neue Deutschlandpolitik hat vor allem mit ihrer Hilfe laufen gelernt. Der freundschaftliche Kontakt zwischen ihnen und mir ersetzte für einige Zeit den Apparat, der sich zwischen den Bonner Häusern und zwischen Bonn und der frisch etablierten Ständigen Vertretung in Ost-Berlin seine Regeln erst bilden mußte. Um den Koordinationsvorsprung und die straffere Organisation der DDR wettzumachen, um zuverlässig zu verhindern, daß die kommenden Verhandlungen bei uns auseinanderliefen, der Überblick gefährdet würde, richteten wir für die bundesrepublikanische Seite eine *zentrale Verhandlungsführung* ein: in der Person des Ständigen Vertreters.

Mit Ausnahme jener Themen, über die Gespräche schon begonnen hatten, bevor es die Vertretung gab – Grenzfestlegung, Postgebühren, Abkommen über Gesundheitswesen, Wissenschaft (noch nicht abgeschlossen wegen West-Berlin) und Rechtshilfe (nicht abgeschlossen wegen Staatsbürgerschaftsfrage) –, wurden alle Verhandlungen unserem Missionschef in Ost-Berlin übertragen. Das machte diese Funktion einigermaßen einzigartig. Üblicherweise führen Botschafter keine Vertragsverhandlungen; in der Regel reist dafür Personal von zu Hause an. Bonns Ständiger Vertreter bei der DDR jedoch trägt bisher zwei Hüte: den des Missionschefs und den des unterhandelnden Staatssekretärs, der in der heimischen Zentrale seine Verhandlungsrichtlinien mitformuliert. Er wechselt die Kopfbedeckung im Flugzeug zwischen Berlin und Bonn und zurück. Diese Position wurde noch durch die jahrelange Abneigung des Bonner Spitzenpersonals gegen offizielle Besuche in Ost-Berlin verstärkt. Solche Zurückhaltung ist vernünftigerweise aufgegeben worden. Die DDR war mit unserer zentralen Verhandlungsführung zunächst nicht einverstanden. Sie witterte darin, nicht zu unrecht, ein Abweichen von den allgemeinen Usancen des zwischenstaatlichen Verkehrs. Aber sie gab nach.

Nun kommt er um die Ecke, inzwischen fast eine landläufige Erscheinung (wäre er es nicht, so würde ich nicht über ihn schreiben), damals weisungsgemäß noch sehr scheu, immer mit dem Verlangen auf den Lippen: Und grüß mich nicht Unter den Linden – Alexander Schalck (vom zweiten Teil seines Doppelnamens: Schalck-Golodkowski macht er im persönlichen Umgang keinen Gebrauch), Mitglied der SED, zweiter Staatssekretär im Außenhandelsministerium der DDR, führend beteiligt an den internationalen Bankgeschäften seines Staates.

Wir schreiben das Jahr 1975. Sanne hatte im Auftrag von Bundeskanzler Schmidt zwei kurze Unterredungen mit Schalck gehabt; die Neufestsetzung der Transitpauschale für Reisen von und nach West-Berlin stand an. Dann wurde Alexander Schalck mir präsentiert: Die Führung der DDR hatte sich entschieden, auch für ihre Seite einen zentralen Unterhändler einzusetzen. Schalck und ich haben 1975 und von 1978 bis 1980 jeweils über Monate hin uns zwei-, gelegentlich dreimal wöchentlich getroffen, um unter vier Augen zu deutsch-deutschen Vereinbarungen zu gelangen. Nach jeder Runde beriet ich mich mit unseren Experten in der Ständigen Vertretung; nach jeder wichtigeren Etappe eilte ich nach Bonn, um – über die nach jedem Gespräch abgegangenen Fernschreiben hinaus – zusammenfassend zu berichten, die je nach Verhandlungsstand von mir angeforderten Papiere der Bonner Fachleute mit diesen zu erörtern und neue Weisungen einzuholen. Über alle diese Verhandlungen ist nichts vor ihrem Abschluß an die Öffentlichkeit gelangt, außer im Februar 1980, als es in Bonn zu gezielten, inhaltlich unzutreffenden Indiskretionen kam.

Das Mißtrauen der DDR wegen der üblichen Bonner Geschwätzigkeit ist berechtigt. Aber die Geheimniskrämerei Ost-Berlins ist gelegentlich grotesk. So trat Schalck in mein Leben als bundesrepublikanischer Unterhändler: Ich verbrachte einen Sonntag im Haus des sogenannten *bekannten Anwalts* Wolfgang Vogel südlich von Berlin. (Die Erwähnung Dr. Vogels in diesem Buch gibt mir Gelegenheit, dankbar festzustellen: Er ist ein Mann, der niemals den Mund zu voll nimmt, der einhält, was er zusagt. Ich weiß aus eigener Erfahrung, wie vielen Menschen er geholfen hat.) Kurz bevor ich zurückfuhr, gab mir Vogel, öfter einmal Honeckers Bote in vertraulichen Angelegenheiten, eine Telefonnummer, die ich noch am selben Abend anrufen möge. Zu Hause angekommen, wählte ich das Ortsgespräch, es meldete sich Schalck. Die Unterhaltung war kurz: Er sei beauftragt, mit mir zu sprechen, aber auch angewiesen, dies weder in seinem noch in meinem Büro zu tun, damit unsere Zusammenkunft unbeobachtet bleibe. Am einfachsten träfen wir uns morgen um 15 Uhr auf dem und dem Parkplatz nahe der Ständigen Vertretung (er sagte: Botschaft), wo er in seinem Automobil, ohne Fahrer, auf mich warten und dann mit nach Hause nehmen werde. Ich fragte, ob ich mir einen Bart umhängen sollte, was er mit knappem Lachen verneinte. Also stiefelte ich am nächsten Nachmittag mit meinem Aktenköfferchen zum angegebenen Parkplatz, pries ein weiteres Mal ehrlichen Herzens mein Glück, das mir gerade diesen Posten beschert hatte, und traf Alexander Schalck.

Vom nächsten Tag an und alle weiteren Male kamen wir in meiner Wohnung, der Residenz des Leiters der Ständigen Vertretung in Niederschönhausen, zusammen. Schalck ließ stets seinen Wagen, jetzt mit Fahrer, an der letzten Ecke halten und kam zu Fuß, damit nicht etwa ein Korrespondent, der zufällig des Wegs käme, ihn vorfahren sähe. Hatten wir nach Monaten ein Verhandlungspaket fertig verschnürt, so verabschiedete er sich; bat mich, auf Empfängen der Staatsführung oder des diplomatischen Korps, auf denen wir uns etwa begegneten, nicht so zu tun, als ob wir uns gut kennten; und ich unterzeichnete ein, zwei Tage später im Ost-Berliner Außenministerium die Abkommen, die wir ausgehandelt hatten, unter Scheinwerferlicht und vor Fernsehkameras, mit Vertretern der Fachministerien der DDR, ohne Schalck. Ich habe den anderen deutschen Staat oft um diese Dienstauffassung seiner Funktionäre beneidet: schließlich zeichnete die Hintansetzung von persönlichem Ehrgeiz nicht nur Schalck, sondern auch jene aus, die zum Unterschreiben an den Tisch kamen.

Alexander Schalck, 1932 in Berlin geboren, ist ein schwergewichtiger, massiger Mann, groß und breit, mit einem runden, glatten Gesicht. Er ißt mit großem Vergnügen, wofür er sich von Zeit zu Zeit mit strenger Diät bestrafen muß. Nach dem Krieg sollte er Bäcker lernen. Ausgebildet wurde er als Außenhandelskaufmann, aufgestiegen ist er im Export-Import-Apparat der DDR (Devise: lieber Ausfuhr als Einfuhr), in dem er auch eine Zeitlang Parteisekretär der SED gewesen ist. Nach meinem Eindruck mag Schalck den Umgang mit Menschen; er ist vorsichtig, aber dann und wann blitzt die Lust am Verhandeln als einer geistigen Anspannung durch: wohl eher ein Mann des Dialogs als der Schreibtischarbeit. Er ist als Verhandlungspartner angenehm: die Fakten im Kopf; präzise; mit der natürlichen Einsicht ausgestattet, daß Kompromisse nötig sind; schnell lernfähig gegenüber neu auftauchenden Sachproblemen; zuverlässig, wenn er sagt, dieser und jener Punkt können als einvernehmlich abgehakt gelten. Seine Absicherung führt, soweit ich es erkennen konnte, über den ZK-Sekretär für Wirtschaft, Politbüromitglied Günter Mittag, zum Generalsekretär der SED, Erich Honecker; gegebenenfalls wohl auch direkt zu ihm. Ich weiß es nicht genau, es kann auch falsch sein, aber ich hatte gelegentlich den Eindruck, daß Verhandlungsergebnisse dem gesamten Führungsgremium erst vorgelegt wurden, wenn sie entscheidungsreif waren, und nicht schrittweise. Es wäre eine Erklärung für gewisse Flexibilitäten im Verhandlungsverlauf.

Gipfeldiplomatie, der Gedanke einer Spitzenbegegnung von Bundeskanzler und Staatsratsvorsitzendem der DDR ist nach den Treffen Brandts und Stophs erst Ende der siebziger Jahre in Bonn wieder konkret erwogen worden (ein Zusammentreffen am Rande der europäischen Sicherheitskonferenz 1975 in Helsinki war praktisch unumgänglich). Der Schatten Guilleaumes lastete auf der deutsch-deutschen Szene, und außerdem gehörte der damalige Bundeskanzler Schmidt zu der Bonner Denkschule, die das Arrangement mit der DDR vor allem, wenn nicht ausschließlich, in Moskau sucht. Schmidt hat den zweiten deutschen Staat lange Zeit seiner Beachtung nicht für wert befunden. Aber immerhin, er ließ Verhandlungen führen. Schließlich glückte die überfällige Begegnung mit Honecker erst im zweiten Anlauf: Der Zusammenkunft im Dezember 1981 am Werbellin-See war die Absage eines Treffens im Sommer 1980, wegen der ungewissen Lage in Polen erteilt, vorangegangen.

Gipfeldiplomatie ist bekanntlich immer ein Risiko: wider alle Vernunft konzentrieren sich alle Erwartungen auf einen Punkt, auf zwei überforderte Personen. Aber das westliche System, vom Fernsehen längst um sein Gleichgewicht gebracht, zur Produktion von Politik als Schau genötigt, kann sich dem Verlangen seines Publikums nach der allerprächtigsten Revue, der auf einem Gipfel, nicht entziehen. Es steckt wohl auch in der Forderung, die Spitzenleute sollten zusammenkommen, nicht nur Schaulust, die am Fernsehapparat befriedigt wird. Der

Glaube an ein Wunder schwingt mit, von dem alle Spannungen, deren Ursachen man nicht mehr durchschaut, mildtätig aufgehoben werden. Dabei wissen wir doch, daß selbst westliche Gipfeltreffen gewöhnlich wenig konkrete Ergebnisse bringen.

Für die deutsch-deutschen Beziehungen ist die Politik auf höchster Ebene noch bedenklicher – solange sie eine Ausnahme bleibt und nicht zur Regel wird. Um den Erwartungsdruck, der auf einer Begegnung zwischen Bundeskanzler und Staatsratsvorsitzendem lastet, entscheidend zu mildern, sollte bei nächster Gelegenheit ein Abkommen zwischen Bonn und Ost-Berlin geschlossen werden, das regelmäßige Gipfelkonsultationen festlegt. Was wir mit Frankreich für nützlich halten, warum sollten wir es in Deutschland nicht auch als das ansehen? Anderenfalls, wenn jede deutsch-deutsche Gipfelbesteigung ein Drama unerfüllbarer Hoffungen bleibt, nehmen die Beziehungen eher Schaden als daß sie davon profitieren. Na schön, die hohen Herren lernen sich kennen. Aber im übrigen: Bevor sie sich treffen, schlafen Verhandlungen oft für Monate ein, damit die Themen, Erfolg muß sein, von den beiden wieder wachgeküßt werden können. So, wie wir im Westen geartet sind, wird es bei jedem Gipfelaufstieg, solange er keine alljährliche Routine ist, zuviel Trommeln vorher geben; zuviel Troß beim Klettern selber; zuviel notwendige Erklärungen hinterher, daß der etwa erreichte Nebengipfel doch der angestrebte war. Die dauerhafte Qualität der deutsch-deutschen Beziehungen hängt von vier, fünf richtigen, zuverlässigen, realistischen Entscheidungen pro Monat auf mittlerer Arbeitsebene, die zunächst meist unterhalb öffentlicher Beachtung bleiben, stärker ab als von der Fixierung auf Gipfel. Von den konkreten Problemen zwischen den beiden Staaten ist nicht eines, wie Schmidt in einem Ministergespräch einmal meinte, beim Spitzentreffen »in einer Viertelstunde« zu lösen.

Das entstandene deutsch-deutsche Vertragsgeflecht hat für beide Staaten und für West-Berlin großen Nutzen gebracht; es ist preiswert gewesen. Ich vermute begründet, daß die DDR, die in einer Inflationswelt auf unser Verlangen zu Festpreisen abschließen mußte, nicht an allen Bauten jene Gewinnspanne erreichte, die als üblich gilt. Das politische Umfeld, der allgemeine Zustand der deutsch-deutschen Beziehungen, dessen konsequente Pflege Vereinbarungen zum Vorteil beider Seiten erleichtert, deren Abschluß dann wieder auf das Umfeld günstig einwirkt – von leichteren Spannungen abgesehen, die es immer wieder auch zwischen Staaten gibt, die es weniger schwer miteinander haben als die beiden deutschen, ist das Verhältnis zwischen Bonn und Ost-Berlin in all den Jahren nur von einem wirklich gravierenden Rückschlag getroffen worden: der drastischen Erhöhung des Mindestumtauschs im Herbst 1980. Damals fiel die polnische Krise in Galopp, die kostspielige Subventionierung Polens durch die DDR begann, und die SED – die so ist, wie sie ist, und nicht, wie wir sie gern malen würden – ordnete so gut wie alle Interessen dem Sicherheitsbedürfnis ihres Regimes unter (sie mochte sich nicht allein auf die starken antipolnischen Gefühle der mitteldeutschen Bevölkerung verlassen): Welcher Fortschritt in der Bundesrepublik wäre es, wenn man beispielsweise den Hinweis auf diese Fakten endlich doch als die Erläuterung einer bestimmten Situation verstünde und nicht länger als eine beschwichtigende Parteinahme. Von welcher Lust an unserer Selbstblendung sind wir besessen.

Ich kann es nicht beweisen, denke aber, daß trotz aller ökonomischen und politischen Gründe, die der SED eine Eindämmung des Besucherstroms damals angeraten erscheinen ließen, der Mindestumtausch dennoch nicht erhöht worden wäre oder doch nur mit einer sozialen Staffelung, wenn nicht im Frühjahr und Sommer 1980 zwei deutsch-deutsche Tatsachen zu der allgemeinen Lage hinzugekommen wären: die bis in protokollarische Details bereits vorbereitete Begegnung zwischen Schmidt und Honecker, hätte sie seinerzeit stattgefunden, so wäre das wohl kaum ohne Einfluß auf die Entscheidung der DDR über den Mindestumtausch geblieben. Aber Polen war in Bewegung, und in der Bundesrepublik herrschte Wahlkampf: Der Gefühlsbauch des parlamentarischen Systems forderte seinen Tribut, die Reise wurde wenige Tage vor Antritt telefonisch abgesagt. Knapp anderthalb Jahre später fuhr der seinerzeitige Bundeskanzler schließlich doch, nun unter der Last des erhöhten Mindestumtauschs und mitten in die Verhängung des polnischen Kriegsrechts hinein. Es war richtig zu fahren; eine nochmalige Absage hätte schweren Schaden verursacht. Unter dem Dach einer festen Verabredung von regelmäßigen Gipfelkonsultationen hätte der Kanzler auch zum früheren Termin, unter günstigeren Umständen, trotz der Ungewißheiten in Polen, reisen können. Von den versammelten Politikern haben auf der Hamburger Besprechung 1980 (Schmidt war zum Wochenende nach

Hause gefahren), auf der die Absage formal beschlossen wurde – tatsächlich war im Kanzleramt schon am Vorabend entschieden worden –, nur der innerdeutsche Minister Egon Franke und der Berliner Regierende Bürgermeister Dietrich Stobbe widersprochen.

Ein zweiter Faktor, der die Beziehungen lähmte, trat ebenfalls von westdeutscher Seite zu der Reiseabsage hinzu: Durch eine Bonner Entscheidung zeichnete sich seit Februar 1980 ab, daß nach Abschluß meiner damaligen Gespräche mit Schalck (unter anderem über erste Umweltfragen) Ende April zunächst keine deutsch-deutschen Verhandlungen mehr geführt werden würden. Zum einen sollten einige Themen aufgespart werden für den nahen Gipfel (der dann doch nicht bestiegen wurde), zum anderen wurden auch Konzeptionsmängel sichtbar. In einer Ministerbesprechung unter Vorsitz des Kanzlers war am 13. Februar 1980 beschlossen worden, vorläufig nichts von dem aufzugreifen, worüber ich als etwaige, künftige Vereinbarungen referiert hatte. Es fehlte die Einsicht, daß möglichst immer ein konkreter Verhandlungsstrang – über einen Gegenstand, der die DDR auch materiell interessiert – zum anderen deutschen Staat bestehen muß, um die Gesprächsmöglichkeiten auch über andere, kritische Themen zu erweitern.

Gefördert wurde die Bonner Fehlentscheidung durch die angespannte Haushaltslage, in der sich der konzeptionelle Fehler voll auswirkte, nicht regelmäßig Gelder für weitere Existenzsicherungen West-Berlins durch Verhandlungen mit der DDR – die meisten sind nur durch solche Verhandlungen zu realisieren – in die mittelfristige Finanzplanung einzustellen. Die Themen, die ich damals nach unverbindlicher Sondierung der Gesprächsbereitschaft Ost-Berlins vergeblich an den Kanzlertisch brachte, sind Punkt für Punkt dieselben, über die heute die neue Bundesregierung mit der DDR zu Abkommen gelangen möchte; die Anbindung West-Berlins an den Intercity-Zugverkehr ebenso wie, weiter unten auf der Liste, eine Kläranlage für das kleine fränkische Flüßchen Röden, womit inzwischen unter anderem der bayerische Ministerpräsident seine Mitwirkung an dem Kredit für die DDR begründet hat. In der Regel verbessert sich nach meinen Erfahrungen unsere Verhandlungsposition gegenüber der DDR durch Abwarten nicht.

Ob der Rückschlag in den deutsch-deutschen Beziehungen, die rigorose Erhöhung des Mindestumtauschs, unterblieben wäre, wenn Schmidt seinen Besuch nicht abgesagt hätte und die

Verhandlungen mit Schalck fortgesetzt worden wären – das zu fragen, ist kein müßiges Nachtarocken. Die Überlegung könnte Wiederholungstäter zögern lassen. Wären konkrete Gespräche im Gange gewesen, als die Eintrittsgebühr in die DDR erhöht wurde, so hätte die Bundesregierung sie abbrechen, unterbrechen können: kein starkes Mittel, teilweise auch gegen die eigenen, die West-Berliner Interessen wirksam, aber doch mehr als nur ein papierener Protest. Die neue Deutschlandpolitik auf Kredit gibt Bonn nicht einmal dieses Mittelchen in die Hand. Solange die DDR ihre Schuldenlast erfüllt, und darin sind die Deutschen drüben sehr korrekt, besitzt die Bundesregierung in der Kreditabwicklung keinerlei Instrument, mit dem sie auf etwaige negative Maßnahmen der DDR reagieren könnte – wie sollte sie denn den Banken die profitable Vertragserfüllung gegenüber Ost-Berlin verwehren? Könnte aber die DDR wider jedes begründete Erwarten die Tilgungsraten nicht einhalten (unter welchen Bedrängnissen würden dann die Mitteldeutschen schon vorher leben müssen?), würde also die Bundesregierung verpfändete vertragliche Ansprüche der DDR aus Transit- und Postgebühren einbehalten, um die westdeutschen Banken zu bedienen – in welchem Zustand befänden sich Europa, die Welt. Die DDR, ein stabiler Staat, bräche doch nicht allein zusammen. Wenn morgen Brasilien und Polen, Mexiko und Rumänien, übermorgen auch die DDR (ich setze die Reihe weiterer westlicher, östlicher und neutraler Staaten nicht fort) durch Konkurs, ohne Umschuldungshilfen, aus der finanziellen Kommunikation der Welt ausschieden – gäbe es außer einem neuen Weltkrieg eine vergleichbare Katastrophe, die bis auf die westdeutschen Rentner durchschlüge?

Möge das Geld den Mitteldeutschen nützen. Die schlaumeierische Kreditvermittlung von Kohl und Strauß, deren Interpretation so dummdreist war, wie die westdeutsche Öffentlichkeit, sie hinzunehmen bereit, präpariert ist – sie wird, wenn dieses Buch erscheint, in der Bundesrepublik schon so gut wie vergessen sein, flüchtigen Sinnes, wie wir gewohnheitsmäßig sind; nur dramatische Verwicklungen könnten unsere Erinnerung daran wachhalten. Aber der Vorgang bleibt über das kurze westdeutsche Gedächtnis hinaus erwähnenswert: als ein Beleg für eine Geisteshaltung, von der mittelfristig nichts Gutes für das deutsch-deutsche Verhältnis zu erwarten ist; langfristig ist sie ohnehin perspektivlos. Eine Wende, eine Hinwendung zur Deutschlandpolitik der Regierungen unter Brandt und Schmidt haben manche im Land die Kreditvergabe genannt. Sie kennzeichnet tatsächlich das Gegenteil davon: Die politischen Kräfte, die jetzt wieder in Bonn regieren, haben nichts begriffen, als sie in der Opposition waren. Sie haben wirklich geglaubt, die Behandlung der DDR als einen *souveränen Staat von Dauer* durch die Sozialdemokraten sei Liebedienerei, gegründet auf linke Artverwandtschaft zwischen hüben und drüben. Sie waren überzeugt, man könne folgenlos mit der SED umspringen wie mit einem Hintersassen, dem man Vorschriften machen kann, solange man ihn gegebenenfalls verköstigt. Zurück in den Bonner Ämtern werden ihre Vorstellungen in konkrete Politik umgesetzt, nach einem Drehbuch wie zu einem Ufa-Film über Bismarck, den Mann, der mit so vielen Bällen jonglieren konnte: der Milliardenkredit an die DDR als Entree für Kohl in Moskau; als Mann, der es sich etwas kosten läßt, kann er dann seinen Gastgebern das spätere, aber gewisse Ende der DDR durch einen bürgerlich-parlamentarischen deutschen Einheitsstaat ankündigen, auf friedlichem Wege natürlich; den Untergang jener DDR, die man als Westdeutscher von Moskau aus kaum noch wahrnimmt – was soll man sich um Schmidtchen kümmern, wenn man bei Schmidt ist? – und die ja ohnehin vorher im Kreml um Erlaubnis hatte fragen müssen, ob sie das Geld nehmen dürfe. Alles ist von dem Glauben gestützt: wer zahlt, schafft an.

Die Führung der DDR kann keine Frage selbständig beantworten, die entscheidende Interessen der Sowjetunion und des von ihr dominierten Blocks berührt – so wenig, wie die Bundesregierung es gegenüber den USA ohne harsche Folgen vermöchte, wenn sie es versuchte. Überhaupt: Was sind entscheidende Interessen? Das wichtigste an der Antwort darauf ist die Einsicht, daß – zum Glück – die allermeisten, auch bedeutenden Fragen unterhalb der Reizschwelle des Entscheidenden, der Entmündigung liegen. Entgegen der bequemen Ansicht, wie sie in der Bundesrepublik landläufig ist, besitzt Ost-Berlin gegenüber Moskau durchaus nennenswerte Möglichkeiten der Mitsprache, auch der Widerrede und nutzt sie, wie ich vor Ort beobachtet habe, aus. Manche Umarmungsgeste, manche Anlehnungsfloskel, von der DDR der Sowjetunion dargebracht, erschien mir gelegentlich um gerade soviel übertrieben, daß die Wahrung eigener Interessen darin kleidsam eingehüllt werden konnte. Ich habe zu meiner Zeit verschiedene Hinweise zu erkennen gemeint, daß die DDR etwa bei Preisdiskussionen im

RGW sich keineswegs widerspruchslos einem Moskauer Diktat gebeugt hat; daß sie ihre Position als hochindustrialisierter Staat zu wahren wußte: in den Grenzen, die ihr nicht Unterwürfigkeit, sondern Rohstoffarmut zieht; daß Honecker den damaligen sowjetischen Botschafter Abrassimow in seine Schranken verwies, wenn es ihm angebracht erschien. Bei alledem darf hier kein Zweifel daran entstehen, daß die mitteldeutschen Kommunisten die Sowjetunion aufrichtig verehren: als die gleichgesinnte Macht, die Hitler besiegt hat. Zu unterstellen, ihre Gefühlsbindung an die *Partei Lenins* beruhe nur auf dem bewaffneten Schutz, den sie der DDR bietet – das gehört wieder zu unserer Verblendung.

Unter den Wirtschaftsmanagern der DDR wird nach meinem Eindruck stark auf planökonomische Reformen in der UdSSR gehofft, die als überfällig angesehen werden, aber am Ruhebedürfnis Moskaus in den letzten Regierungsjahren Breschnews scheiterten: Reformen, wie sie in den ersten programmatischen Reden Andropows angedeutet worden sind und von denen sich auch die DDR Erleichterungen, Vorteile in den wirtschaftlichen Beziehungen mit der Sowjetunion verspricht. Mitteldeutschland hat in den nächsten Jahren wirtschaftliche und soziale Schwierigkeiten zu erwarten, die neuartig für das Land sind: Bei anhaltendem allgemeinem Arbeitskräftemangel wird es in einigen Industriebereichen als Folge von Automation erste Ansätze von struktureller Arbeitslosigkeit geben; da und dort, so hört man, tritt sie bereits auf, von aktuell entstehenden Engpässen in der Zulieferung, von der Fabrikationen abhängen, noch verstärkt. Mängel in der Infrastruktur (Transport von Personen und Gütern), die gesellschaftspolitischen Verpflichtungen des Regimes und die Gewöhnung des mitteldeutschen Staatsvolks an seine sozialen Sicherheiten und die ortsgebundenen, vertrauten Nischen machen Umsetzungen von einem Arbeitsplatz an einen anderen, entfernteren zu einem heiklen Vorgang.

Angesichts dieser Probleme ist die Hoffnung der mitteldeutschen Ökonomen auf Reformen in den Volkswirtschaften der osteuropäischen Wirtschaftsgemeinschaft – mit dem Kopf, gelegentlich dem Wasserkopf Moskaus – vielleicht eitel, aber um so brennender. Die Kreditbedürfnisse der DDR werden noch wachsen – die *politische Wachsamkeit* der SED jedoch, wie sie die Befestigung ihrer Herrschaft umschreibt, wird ihnen immer um wenigstens einen Schritt voraus sein. Polnische Verhältnisse wie in den letzten drei Jahren, solche *polnische Wirtschaft* in

Mitteldeutschland, verstanden in dem Sinne der alten, bösen, hochmütigen deutschen Metapher – sie wären der Vorabend des Kriegs in Europa. Das gilt nur dann nicht, wenn sich der Westen, Westdeutschland im eingetretenen Falle schnell ducken würden, Augen und Ohren schlössen, sich nicht beim Wort der vorher stellvertretend angestimmten Freiheitslieder nehmen ließen: als lautstark stillhaltende Hinterbliebene der geschürten Hoffnungen anderer, die die Zeche bezahlen müßten.

Läßt sich die Chance einer vernunftbestimmten, evolutionären Entwicklung in Gesamteuropa am Leben erhalten, so wird die SED, wenn *wirtschaftlich und politisch* die Rechnung für sie aufgeht (was nicht von ihr allein abhängt), eines Tages den Mindestumtausch sozial staffeln, die Altersgrenze für Reisende in den Westen senken und weiteren Normalisierungen in den zwischenstaatlichen Beziehungen der Deutschen zustimmen: jederzeit widerrufbar, wenn die Umstände, wie die Führung der DDR sie sieht, es nötig machen. Dabei wird sie die internen Ventilfunktionen mancher Maßnahmen und das internationale Renommee des von ihr geführten Staats immer ebenso im Auge zu behalten versuchen wie die Kontrollmechanismen. Über das Abwägen des einen gegen das andere kann es – wie in jeder politischen Kraft in jedem System – zum Streit in der Partei kommen: wie überall heute, in unsicheren Zeiten, eher als vor zehn Jahren. So wird der schon erwähnte, vermeintliche Zick-Zack-Kurs fortgesetzt werden, der auf längere Sicht durchaus eine gerade Linie ist. Wer in der Bundesrepublik die damit verbundene partielle bittere Ohnmacht nicht erträgt, der sollte Deutschlandpolitik besser nicht betreiben. Den anderen, den Geduldigen, denen ohne zwanghaften Selbstbetrug und mit mehr europäischen, deutschen Perspektiven als einem wiederbegründeten Bismarckschen Einheitsstaat, bleiben für lange Zeit – *wenn uns die Zeit bleibt* – genug deutsch-deutsche Möglichkeiten. Ich vermute, daß Strauß dies eher begreifen kann als Kohl.

Die Verhandlungspalette muß, so gut es geht, wenn die Bundesregierung von der Beschränkung auf das Monetäre noch abzugehen lernt, über die bisher vorherrschenden West-Berliner Themen hinaus erweitert werden: Ihnen galten die ersten Schritte, die meisten von ihnen sind getan. In meinen Verhandlungen hat es – außer dem Veterinärabkommen und Vorbereitungen zum Gewässerschutz der Werra – nur einen Vertrag gegeben, der nicht unmittelbar mit der Existenzverbesserung der Insel inmitten der DDR zu tun hatte: die Pauschalierung der Straßenbenutzungsgebühren für Reisende in und durch den anderen deutschen Staat. Mir ist diese Vereinbarung besonders wichtig gewesen. Ob man sie auf eine gesamteuropäische Zukunft bezieht, auf deutsche Perspektiven oder auf die Westdeutschen, die heute mit ihrem Automobil nach Mitteldeutschland fahren: Sie hat nicht nur materielle Erleichterung für den einzelnen gebracht, sondern allgemeine Beklemmungen, Aggressionen beim Annähern an die deutsch-deutsche Grenze abgebaut. Warum sollte nicht – mit Gleitklausel je nach Besucherzahl, wenn es nicht anders zu haben ist – ein Abkommen zur Pauschalierung des Mindestumtauschs ausgehandelt werden, damit wenigstens diese Freizügigkeit von West nach Ost so weit gegen politische Rückschläge abgesichert wird, wie es in einem Vertrag zwischen zwei souveränen Staaten über Einreisebestimmungen (ein besonders empfindlicher Punkt jeder staatlichen Hoheit) möglich ist? Bonn wird freilich, damit es ein solches Abkommen geben kann, anders reden müssen als derzeit: das Umfeld, das Umfeld. Zwei andere fruchtbare Äcker für künftige deutsch-deutsche Ernten sind der Umweltschutz und gemeinsame wirtschaftliche Unternehmungen auf dritten Märkten. Die Basis für alles, soweit Bonn es in der Hand hat, sind *auch Statusfragen:* vor allem die zweifelsfreie *Respektierung* der Staatsbürgerschaft der DDR – was nicht dasselbe ist wie ein Abgehen von unserer Definition einer deutschen Staatsbürgerschaft.

Lohnt die DDR solchen Aufwand? Ich erinnere an das erste Kapitel und weiß, daß unter den Linken, den Liberalen in Westdeutschland die Frage nach der nationalen Identität mehrheitlich wenig Interesse weckt, indes die Rechte Antworten darauf bereit hat, die an ein liberal-konservatives Nationalbewußtsein anknüpfen: als ob die Teilung, die auch eine soziale ist, spurlos an den Menschen vorübergegangen wäre. Mit der Gleichgültigkeit wie mit den blinden Antworten stehen nach meiner Einsicht die Deutschen in der Bundesrepublik, wie unser Volk schon öfter, außerhalb der europäischen Normalität, innerhalb der unter anderem das Denken und Empfinden in realen nationalen Gewohnheiten, Vertrautheiten einen wichtigen Maßstab setzt. Auch das Vakuum unserer nationalen Identität kann nicht von Dauer sein: Falsche Vorstellungen und deren politische Folgen werden es wieder einmal auffüllen, wenn ihnen nicht rationale, realistische Auffassungen den Platz streitig machen.

Im Grunde ist das Unglück schon eingetreten. Nach außen setzen maßgebende Kräfte die Raison d'être der Bundesrepublik Deutschland mit der Mitgliedschaft im westlichen Militärbündnis gleich. Nach innen hat die Existenz der DDR es in Westdeutschland möglich gemacht, alle Ideen und Tugenden aus der deutschen Geschichte, die links angesiedelt sind, zu verketzern: Konfessionsspaltung. Beides, die interessenbedingte Reduzierung nach außen wie innen, ist nicht normal und wird sich rächen, wenn es andauert. Ob wir es ändern können?

Die deutsche Nation ist heute nur *entstaatlicht* zu denken. Die Vorstellung, den national-bürgerlichen Einheitsstaat wieder herstellen zu können, wurzelt in der Hoffnung, den meisten unbewußt, es lasse sich ungeschehen machen, was außerhalb des besitzbürgerlichen Zugriffs in Deutschland auch entstanden ist, seit das Land geteilt wurde: Reduzierung der westdeutschen Ideenwelt mit konkreten Folgen nach innen und außen. Die Menschenrechte in ihrer Individualausprägung, unverzichtbar für uns Privilegierte, sind dabei das stärkste Argument der hiesigen Konfession. Da es als Feldgeschrei gebraucht wird, übertönt es die Einsicht, daß die Freiheitsdefinition mittels des berühmten Milchmanns, der es ist, wenn es morgens um sechs an der Tür klingelt, den systemübergreifenden neuartigen Freiheitsbedrohungen in den Industriegesellschaften schon nicht mehr gerecht wird. Die *innere Anerkennung der DDR* durch uns, nach der erfolgten äußeren, kann langfristig einen Zustand begründen, der den Deutschen einen ungeteilten geistigen Besitz sichert. Diese Art Anerkennung bedeutet nicht, die Augen vor den Mängeln des anderen deutschen Staats zu verschließen, wohl aber, ihn im Guten und Bösen als eine deutsche Realität zu akzeptieren. Noch ist weder der eine noch der andere deutsche Staat zu einer Existenz ohne geistige Ausgrenzungen fähig. In Europa mit sehr langem Atem auf Verhältnisse hinzuwirken, die beide deutsche Staaten innen wie außen souveräner werden lassen: das ist der Versuch, den Augsburger Religionsfrieden herbeizuführen ohne vorangegangenen Religionskrieg.

Ich verstehe unter dem Abbau der wechselseitigen geistigen Ausgrenzung, unter der Herstellung des ungeteilten geistigen Besitzes die Wiedergewinnung der nationalen Identität, den endlich doch erreichten, wirklichen Einklang mit Europa. Der Begriff *Nation* ist nicht wichtig. Aber warum ein neues Kunstwort suchen? Nationalist zu werden, ist mir wie den meisten meiner Generation, soweit sie links von der politischen Mitte siedeln, nicht möglich. Die *Gnade der späten Geburt*, unter der diese Jahrgänge leben – um 1930 geboren; zu jung, um den Versuchungen des Nationalsozialismus widerstehen zu müssen; alt genug, um die letzte Kriegszeit und die Besinnungsjahre danach bewußt aufzunehmen –, schließt einiges aus. Das gibt es: Ein Nationalgefühl zu haben, ohne daß es gleich das schönste, höchste aller Gefühle wäre; eher ist es von Skepsis durchsäuert; regionale Bindungen wirken stärker als Vorstellungen vom großen Ganzen; die Muttersprache ist mehr als das Vaterland; aber auf Dauer von der Entwicklung geistig abgetrennt zu sein, die man in Thüringen nimmt und in Mecklenburg – dem will sich das Gefühl (das ich vor meiner praktischen Kenntnisnahme der Teilung nicht kannte) nicht anbequemen. So schwer es zu definieren ist, soviel steht wohl fest: es berücksichtigt die Teilung, es lebt nicht aus der Konfrontation, es wurzelt hinter den Systemen auf Erfahrungen mit den Menschen. Ich bin frei von jeder Hingabe an eine nationale Idee; aber ich empfinde Zuneigung, sagen wir, zu den Sachsen, Vertrautheiten, die von weit her kommen, gegenwärtig sind und hoffentlich Zukunft haben.

Wo Deutschland liegt, eine Ortsbestimmung, die für den Fall eines neuen Kriegs in Europa leicht zu treffen ist: mitten auf dem ersten Schlachtfeld; ob der Krieg atomar oder konventionell geführt wird. Viele Menschen in Westdeutschland haben sich zusammengefunden, um den nächsten Schritt zum Krieg hin, den sie in weiterer Aufrüstung sehen, zu verhindern. Sie beginnen, ganz zu recht, vor der eigenen Tür, mit der sogenannten Nachrüstung im eigenen Lager: Gehör, wenn überhaupt, können sie nur dort finden. Wenn sie klug sind, begegnen sie dem abgefeimten Vorwurf, sie seien einäugig, mit der Antwort: immerhin einäugig, nicht blind. Diese Menschen haben in den vergangenen zwei Jahren gelegentlich Versammlungen von *unüberwindlicher Friedfertigkeit* zustande gebracht; etwa mit der Demonstration im Bonner Hofgarten im Herbst 1981. Dennoch stelle ich der westdeutschen Friedensbewegung keine günstige Prognose.

Ich befürchte, die Friedensbewegung wird zum einen gelähmt werden von der *Gewaltfrage*, wenn nicht gar an ihr zerbrechen. Von Staats wegen wird versucht, diesen Fall, der sich von allein einstellen wird, auch noch zu konstruieren. Zum anderen, wichtiger, wird die *Gewöhnung* die Demonstranten ermüden. Die Geschichte, zumal die deutsche, vermittelt die bittere Erkenntnis vom Auseinanderlaufen, vom Versickern großer Volksbewegungen in ungeduldige Resignation, in Sektierertum und auch in Anpassung, sobald der Anlaß, sich zu versammeln, vertraut geworden ist. Die Nachrüstung bringt uns nach meiner festen Überzeugung dem Krieg näher. Aber er wird aller Voraussicht nach nicht sogleich mit ihrem Beginn ausbrechen. Wer kann sich die hämischen Glossen über die engagierte Minderheit nicht heute schon vorstellen, deren Irrtum nun zutage liege, wenn sich der Untergang Deutschlands, Europas nicht alsbald einstellt?

Manches wird gesagt und geschrieben im Land, derzeit schon und in den kommenden Jahren noch mehr, das nach dem nächsten Krieg, wenn dies noch im nennenswerten Umfang möglich wäre, so kommentiert werden würde wie Warnungen aus der Entstehungszeit des bisher letzten Kriegs hier, als er uns in den Trümmern zurückgelassen hatte: Es war vorhersehbar, wurde damals, nach 1945, gesagt. Das nächste Mal werden wir aufmerksamer sein. (Es waren übrigens nicht die Mahnungen der Rüstungspolitiker, aus denen man etwas zur Verhinderung Hitlers und des Kriegs von 1939 hätte lernen können.)

Aber vorerst, wenn die nächste Umdrehung der Rüstungsschraube den Funken noch nicht zünden läßt, wird der Hohn über die Warnungen obsiegen: sein Gelächter wird die neuen Raketen und die weiter wachsende Kriegsgefahr begleiten. Man wird sich in der zusätzlichen Wappnung einrichten, räkeln sogar, an sie gewöhnen. Manche in der Friedensbewegung werden beim Argumentieren mit den Raketenzählern in Verlegenheit geraten und verstummen. *Kassandra ist nur in Nachkriegszeiten populär;* vor der Katastrophe wirkt sie oft wie eine Hysterikerin.

Der Mißerfolg der Friedensbewegung ist nach meinem Eindruck auch deshalb zu erwarten, weil gar nicht so wenige unter ihren Anhängern nicht wirklich glauben, daß es zum Krieg kommen wird. Anders sind gewisse Unsicherheiten, die notwendige Priorität eindeutig zu setzen: *Frieden und nichts sonst,* nicht zu erklären. Viele *taktieren* und sorgen sich vor übler Nachrede; sie wollen die Gegner, die schiedsrichternden Medien und die ängstliche, verunsicherte, aber abseitsstehende Mehrheit der Bevölkerung argumentativ unterlaufen, indem sie das Verlangen: Frieden und nichts sonst konditionieren und garnieren mit Postulaten, die angesichts der Kriegsgefahr nicht über den zweiten Platz auf der Prioritätenliste hinausgelangen dürften. Das gilt zum Beispiel für einige Gewerkschaftsvorsitzende, deren Appelle so ausgewogen formuliert sind, als sollten sie auch noch für die erste Mitgliederversammlung gleich nach dem nächsten Krieg als mehrheitsfähiger Rechenschaftsbericht dienen.

Andere verbinden die Friedensparole mit Auflagen, was sich *gleichzeitig* mit der Verhinderung des Kriegs zu verändern habe in der Welt; in der Regel gute Forderungen, denen man sich widmen muß, sobald sicherer als heute ist, daß uns der Frieden dafür Zeit läßt, die aber vor der Frage: Krieg oder Frieden einigermaßen müßig sind, wenn man wahrhaftig überzeugt ist, die Furie wird losgelassen, falls die Nachrüstung nicht verhindert wird. Alles in allem ein Bild, wie es demokratische Friedensbewegungen, seit es sie gibt, wohl vor jedem Krieg gemacht haben. Wenn die neuen Waffen vorläufig in ihren Bunkern, auf ihren Rampen bleiben, so werden sich manche aus der Bewegung, deren Engangement vor allem gefühlsmäßig ist, wohl anderen Selbstverpflichtungen zuwenden.

Tatsächlich aber wächst mit der Rüstung das, was ich die *Geneigtheit zum Krieg* nenne. Ich spreche vom Westen, von den Vereinigten Staaten, von Westdeutschland. Ob solche Geneigtheit auch auf der anderen Seite sich geltend macht, kann ich nicht beurteilen. Auf das bekannte: Aha, von daher weht der Wind, brauche ich nicht einzugehen. Denn meine begründeten Mutmaßungen bedürfen nicht des Aufrechnens zwischen West und Ost, und meine Schlußfolgerungen sehen keine Unterwerfung vor. Geistige und emotionale Geneigtheit zum Krieg, wie sie seit einigen Jahren im Westen entsteht, hat mit Kriegslüsternheit nichts zu tun. Europa hatte die Geneigtheit 1914; im Jahre 1939 hatte es sie nicht mehr. Sie entspringt einem Gefühlsbündel von zweifelsfreiem Vertrauen in die eigene Sache, von Stärke, vor allem aber aus dem Eindruck, so gehe es nun nicht mehr weiter, jetzt helfe nur noch ein befreiender Ruck, den man sich geben müsse. Kriegserfahrungen im eigenen Land wirken wachstumshemmend auf solche Geneigtheit. Es kann auch ohne die Geneigtheit zum Krieg kommen, aber ihre An- oder Abwesenheit wirkt nach meiner Überzeugung stark daran mit, ob ein Konflikt blutig oder schiedlich gelöst wird. Ich denke, daß zwischen West und Ost eine Entwicklung in Gang gesetzt worden ist, die längstens in zehn, fünfzehn Jahren zu einem Krieg in Europa führen wird, wenn sie nicht durchbrochen wird. Auch ein waffentechnischer Kompromiß bei den Genfer Verhandlungen, sollte es ihn geben, kann das Rad noch nicht aufhalten.

Die Geneigtheit, sich und der eigenen Sache einen befreienden Ruck zu geben, wächst, weil der vorerst letzte Krieg auf unserem Kontinent lange genug zurückliegt, so daß sich zunehmend Menschen, die als Politiker und Publizisten das Bewußtsein anderer mit bilden, wund denken an dem, was sie als das *Ende der Geschichte* empfinden; als Ausweglosigkeit einer politischen Lage, die vom eigenen Standpunkt, von der eigenen Gesinnung, den Interessen und der Konfession als unerträglich betrachtet wird: und ohne Ausweg nur, weil seit Hiroshima der Krieg keine Fortsetzung der Politik mehr sein soll. Schließlich hat es anderswo doch welche gegeben seither. Und wahr ist auch, daß es mit dem früher gewohnten, herkömmlichen Instrumentarium zwischenstaatlicher Politik beispielsweise über Polen längst zu einem Krieg gekommen wäre. Aus dem – bewußten, unbewußten – Bedürfnis, wieder *geschichtsmächtig* im überkommenen Sinne zu werden, entwickeln sich Denkansätze, werden erste Formulierungen wieder gewagt, wonach der Krieg nicht das Schlimmste ist. Ich unterstelle einen Zusammenhang, von seinen Verursachern wohl nicht zu Ende gedacht, zwischen solchem Bedürfnis und der waffentechnischen, politischen, psychologischen Idee, kleinere, brauchbarere Nuklearwaffen auf das Schlachtfeld, niedlicher: aufs Gefechtsfeld zu bringen; Husaren aus dem Busch.

Aus derselben Wurzel speist sich der erkennbare Drang, die Machtverhältnisse in Osteuropa, ihr heutiges politisches Muster jetzt, bald, morgen ohne Geduld verändert zu sehen. Die Diskussionen darüber werden in der Bundesrepublik rechts und links geführt. Die meisten unserer Konservativen sind nur noch totalitäre Antikommunisten. Was sie anders haben wollen in Deutschland, in Europa, liegt auf der Hand. Daran ist im Blick auf die wachsende Geneigtheit zum Krieg nur bemerkenswert, daß aus ihren grundsätzlichen Urteilen über die Sowjetunion und deren sogenannte Satrapien, Kolonien in Osteuropa, im Laufe der letzten zwei, drei Jahre, seit *Polen offen* ist, wie unsere erinnerungsschwere Umgangssprache sagt, zunehmend konkrete Spekulationen auf Zusammenbrüche, auf die Niederlage der anderen Seite geworden sind. Unter den Linken, in Teilen der Friedensbewegung, wird seit jüngerem in die gleiche Richtung gedacht, ebenso wie rechts von Emotionen, von Gläubigkeiten gestützt. Die Motive, natürlich, sind andere als auf den Parkettsesseln rechts im westeuropäischen Zuschauerraum, von dem aus man auf osteuropäische Vorgänge blickt: sozialistische, sozialdemokratische, linksliberale. Einstimmen in die – beispielsweise polnischen – Freiheitslieder aber will jedermann; ein Hundsfott, der Vernunft bewahrt.

Das Ziel, atemlos angestrebt, heißt rechts wie links: Fort mit dem sogenannten System von Jalta, der faktischen Aufteilung Europas in die Einflußzonen der beiden Weltmächte. Ich argwöhne, daß in unsicher werdenden Verhältnissen aus der Geneigtheit, es darauf ankommen zu lassen, oder aus Irrationalismen, aus Ängsten der Wunsch nach schnellen, *nicht-evolutionären* Veränderungen resultiert: Destabilisierung als Vorsatz in Zeitläufen, in denen, um den Krieg zu verhindern, stabile Zustände vorrangig sind. Wer nach rechts und links hin auf die möglichen Folgen dieser Lust zu schubsen, zu schüren aufmerksam macht, der wird von den einen als Kommunist oder deren Freund, von den anderen als Machiavellist, als Metternichianer ins Abseits gestellt. Weder das eine noch das andere, muß er sich immer wieder verdeutlichen, daß er zwischen den Stühlen auf dem Boden der Tatsachen steht. Es ist freilich in den Augen der Bewegten eine schäbige, wenig kleidsame Position, in der man nicht die Freiheit auf den Lippen – auf den Lippen – führt, sondern nur: Frieden und nichts sonst.

Es geht nicht um den Weltfrieden. Ihn hat es, bekanntlich, auch nach 1945, nach Hiroshima, nicht gegeben. Es wird mit Sicherheit nicht zu ihm kommen. Die beiden Weltmächte USA und UdSSR folgen den Gesetzen ihrer Größe, ihrer Macht und den Verpflichtungen, die sich jeweils daraus ergeben. Solche pragmatische Auffassung, ich weiß es, verletzt die Gefühle der Gläubigen beider Konfessionen; sie haben andere Gründe, mit denen sie das Verhältnis zwischen Rom und Karthago erklären. Ich kann sie nicht alle als falsch bezeichnen; wie käme ich dazu. Auch zögere ich nicht, meinen Eindruck preiszugeben, daß in der Regel eher die Sowjetunion die Unterprivilegierten stützt als die USA es heute tun, deren Erinnerung an ihre revolutionäre Herkunft ziemlich verblaßt ist. Ebensowenig verhehle ich, daß mir die Kreuzzugsmentalität der Vereinigten Staaten von Amerika derzeit aggressiver zu sein scheint als der weltrevolutionäre Elan der UdSSR. Und der Westen hat auch nach wie vor seine Schwierigkeiten, die *weltpolitische Gleichberechtigung Moskaus* als selbstverständlich anzusehen und sie nicht für Anmaßung, für Streben nach Überlegenheit zu nehmen. Wie sollte es anders sein? Was waren Rußland und später die Sowjetunion, als in westlichen Ländern viele Schulkinder mit der Anekdote von dem britischen Admiral aufwuchsen, der bei einer strittigen Einflußfrage vor einer unterentwickelten Insel in einem Weltmeer einen Eimer Wasser an Bord hieven ließ, seinen Finger hineinsteckte, ihn ableckte und sagte: salzig, also britisches Einflußgebiet? Auch die Russen stecken heute ihren Finger in das Salzwasser.

Unterm Strich bleibt jedenfalls übrig, was außereuropäische Völker in den vergangenen Jahren bereits leidvoll erfahren haben: Die beiden Weltmächte führen ihre Kriege, mittels Stellvertretern und notfalls auch direkt. Jederzeit kann dabei aus einem regionalen Konflikt – im Nahen Osten, in Mittelamerika, demnächst über Südafrika – der Weltbrand werden. Vor dieser Tatsache besteht Europas kleine Chance darin, den Vorteil nicht aufzugeben, bisher der einzige Teil der Welt zu sein, in dem es deutlich markierte Einflußzonen gibt. Die Alternative zur teilbaren Entspannung ist die ungeteilte Spannung. Europas Frieden hängt noch auf unabsehbare Zeit vom System von Jalta ab und auch von den grenzsichernden Blöcken, die auf ihm fußen. Im Blick auf diese Lage den etwaigen hundertsten Schritt einer grundlegenden Veränderung zu planen, noch bevor man weiß, ob der erste, der weiterführt, möglich ist: das tendiert schon, auch wenn man es ganz anders meint, zu jener Geneigtheit, die wirtschaftliche Schwierigkeiten im Ostblock, dortige *Instabilitäten durch Wandel* ausnutzen will. Im Handumdrehen, so schnell, wie Waffen entsichert sind, kann Europa darüber zum Nahen Osten werden, zum Balkan der Gegenwart, wenn freilich auch nur mit einem einzigen balkanischen Krieg.

Wenn Militarismus nicht im Sinne eines Operettenklischees als der Glanz des schmucken, bunten Tuchs definiert wird, sondern Vorrang des militärtechnischen Denkens vor dem politischen – dann ist die Bundesrepublik Deutschland ein *militaristischer Staat.* Mit ihren Verbündeten im Nordatlantikpakt hat sie gemeinsam bewirkt, daß die Ostpolitik des westlichen Blocks binnen weniger Jahre in ihrem Kern auf militärische Erwägungen, Maßstäbe, Forderungen reduziert worden ist. Bis in höchste politische Ämter verbreitete sich der Stolz, beschlagen zu sein in allen Expertenfragen wie ein Major im Generalstab. Auch der einzige politische Gedanke der letzten Zeit, eine atomwaffenfreie Zone in Europa zu schaffen, einen Ansatzpunkt für künftige Entwicklungen, fand nur eine militärische Antwort: daß man ja mit Atomwaffen in die Zone hineinschießen könne. Die Albernheit dieses Arguments, die Frechheit, politischen Überlegungen mit der Einsichtskraft eines Kasino-Stammtisches zu begegnen: Sie entspringen nicht böser Absicht, sondern kennzeichnen die Gefangenschaft unserer Mehrheitspolitiker in militärischen Kategorien. Jeder Abrüstungsschritt ist gut, aber er allein führt aus dem Denkgefängnis noch nicht heraus. Dazu müßte erst ein Weltbild erschüttert werden: viele Politiker bewegen sich heute in Denkgewohnheiten, leben aus einem Begriffsvermögen, die – um einen Vergleich zu ziehen – sozusagen im ptolomäischen System von Himmel und Erde angesiedelt sind. Innerhalb dieser Vorstellungswelt ist dann alles ganz richtig: das Raketenzählen, das Beharren auf einem mechanischen Gleichgewicht unter den Waffen – alles ganz richtig, weil ja die Erde bekanntlich eine Scheibe ist.

Wahrscheinlich ist ein Krieg in Europa nicht zu vermeiden. Es gibt kein ausformuliertes Gegenkonzept, das Schritt halten könnte mit dem Wachstum der einschlägigen Geneigtheiten. Den theoretischen Einsichten und Ansätzen wird wohl die Zeit nicht bleiben, Praxis zu werden. Nur auf Hoffnung lassen sich Überlegungen noch gründen: Sowohl der Warschauer Pakt als auch die NATO sind heute nicht mehr, was sie noch vor drei Jahren gewesen sind. Das eine Lager ist von den polnischen Vorgängen verändert worden; das andere, unseres, von der Bewußtseinserhellung, ausgelöst durch die Raketenfrage, über die unterschiedliche Sicherheitsqualität der amerikanischen Zitadelle und ihres westeuropäischen Vorfelds. Das sichere Empfinden der Sensiblen, dem Krieg näher gekommen zu sein, führte die westliche Diskussion über den Punkt hinaus, an dem sie früher gewöhnlich haltmachte. Die Lebenslüge der NATO, der Sinn der abgestuften Vergeltung traten ans Licht: Die USA werden für uns keinen Selbstmord begehen.

Aus den Veränderungen in beiden Lagern könnte ein stärkeres *Mitspracherecht* der kleinen und mittleren Staaten resultieren. Dies dürfte allerdings keine Forderung des Westens an die andere Seite sein, sondern müßte mit einer inneren Reform des Nordatlantikpakts seinen Anfang nehmen. Ist es gänzlich ausgeschlossen, im westeuropäischen Teil der NATO, mit Frankreich, eine nukleare Abschreckungsmacht zu etablieren, über die entsprechend jener europäischen Interessen verfügt würde, die von den amerikanischen abweichen? Wenn das nicht geht: stünden wir dann nicht unter dem nationalen französischen Schirm immer noch besser als unter dem amerikanischen? Es ist Zeit für *gaullistische Antworten.* Wichtig ist, sie in Abstimmung mit Washington, nicht in Gegnerschaft zu ihm, zu geben. Die Einwände sind bekannt; die Risiken, daß falsche Schlüsse gezogen werden, schnell erstickt wird, was langsam entstehen müßte, sind groß. Aber was ist die Alternative zu einem Versuch, schrittweise vom Abgrund zurückzutreten?

Gaullistische Antworten in zwischenstaatlichen Beziehungen sind im Grunde nichts anderes als die Konsequenzen aus einer *nüchternen Betrachtung der Interessenlage eines Bündnisses.* Für Westeuropa innerhalb der NATO heißt das konkret, Schlußfolgerungen aus der Tatsache zu ziehen, daß die Vormacht des Nordatlantikpakts, die USA, den atomaren Suizid für Stuttgart, für Amsterdam, für Reims nicht machen wird. Er ist ihr auch in der Tat nicht zuzumuten. Um die USA dennoch im Bündnis halten zu können, mußte Westeuropa eine *verabredete Ungleichheit* der Bündnispartner akzeptieren, die über die geographisch ohnehin gegebene – Amerika trennt vom Kriegsfeind der Atlantik, uns nur die Elbe – noch hinausgeht: neben der konventionellen wurde auch die atomare Rüstung mehr und mehr so gestaltet, daß die Chance der Vereinigten Staaten wuchs, ein nuklearer Schlagabtausch werde ihr Territorium verschonen; keine Garantie, aber immerhin eine Chance, die nur die USA, nicht die westeuropäischen Staaten haben.

Weil viele Westeuropäer, vor allem die Mehrheit der Westdeutschen im Nordatlantikpakt immer auch, hauptsächlich sogar die antikommunistische Lebensgemeinschaft gesehen haben, kam die nüchterne Einsicht in den Nutzen und den Preis der NATO jedenfalls hierzulande stets zu kurz. Heute, vor der Wahrscheinlichkeit des Punischen Krieges – drei wird es in Westeuropa gewiß nicht geben –, ist diese mangelnde Einsichtskraft lebensgefährlich. Die Stabilität Europas beruht für jede kalkulierbare Zeitspanne auf der ordnenden Kraft der Blöcke: deren innere Reform und schrittweise Annäherung, nicht ihre alsbaldige Auflösung sind das friedenssichernde Ziel. Dabei muß Westeuropa aus Eigennutz und als Vorleistung an das schwächere Osteuropa vorangehen, so daß die andere Seite entsprechend reagieren kann.

Ist es unmöglich, mit den Vereinigten Staaten von Amerika, unserem Partner, zu der gemeinsamen Auffassung zu gelangen, daß ein NATO-Konzept, in dem Westeuropas Bedürfnisse differenziert berücksichtigt werden, auch im amerikanischen Interesse liegt? Wenn es unmöglich ist, so wird es zu dem kommen, was ich die *Vietnamisierung der NATO* genannt habe: Die Militärstäbe und Ministerräte arbeiten zusammen, indes die westeuropäischen Völker sich mehr und mehr in diesem Pakt nicht mehr gut aufgehoben fühlen – so, wie es zwischen Washington und Saigon mal besser, mal schlechter bis zum Ende funktionierte, das südvietnamesische Volk jedoch den Krieg zwar erleiden mußte, das Bündnis aber nicht mehr als seine Sache ansah. Vielleicht, sicherlich ist mein Hinweis auf den französischen Atomschirm ein allzu grober Einfall. Es gibt militärische Experten, die von den Politikern angewiesen werden könnten, Konzeptionen zu erarbeiten: vorausgesetzt, es finden sich Politiker, die an eine Bündnisreform *denken* können.

Unterstellt, nur einmal unterstellt, eine solche innere Reform des Bündnisses, nicht seine Auflösung, nähme Gestalt an; begleitet vom westlichen Verzicht auf weitere atomare Aufrüstung, weil die europäische Zukunft, die sich da anbahnen würde, noch einmal unter den Schutz des *großen amerikanischen Knüppels,* nicht der kleineren, abgestuften gestellt würde – vorübergehend, bis das Kind selber stehen kann. Dies also unterstellt: Hätte der Westen dann nicht der Sowjetunion einige zukunftsträchtige Vorschläge für allmählich entstehende gesamteuropäische Regelungen zu machen? Auch Moskau braucht Erleichterung im Umgang mit seinen Partnern im Warschauer Pakt. Ließe sich ein Marshallplan zwischen West- und Osteuropa verabreden, ohne politische Konditionen, aber mit Nutzen für beide Seiten? Könnten in einer atomwaffenfreien Zone, abgesichert von einem *europäischen Gleichgewicht* und garantiert von Washington und Moskau, in Mitteleuropa, wo auch Deutschland liegt, Ansätze zu *Konföderationen auf Teilgebieten* sich bilden?

So gut wie alles steht solcher gesamteuropäischen Zukunft im Wege. Die Unsicherheiten werden wachsen. Westdeutschland ohne eigenen Gleichgewichtssinn, weil es sich so lange schon an fremdes Gleichgewicht anlehnt: Intoleranz, zum Teil schon in Gesetzesform gebracht, Resignation und Irrationalismen werden eine günstige Konjunktur haben. Ich bin in Sorge, Deutschlands Unglück hat sein volles Maß noch nicht erreicht.